ASU MANSUR

ŞAMAN GÖZÜ

(KHAM KARAK)

D1662999

DESTEK
yayınları

DESTEK YAYINLARI: 668
KİŞİSEL GELİŞİM: 160

ASU MANSUR / ŞAMAN GÖZÜ

İmtiyaz Sahibi: Yelda Cumalıoğlu
Genel Yayın Yönetmeni: Ertürk Akşun
Yayın Koordinatörü: Özlem Esmergül
Editör: Devrim Yalkut
Kapak Tasarım: İlknur Muştu
Sayfa Düzeni: Cansu Poroy
Sosyal Medya-Grafik: Tuğçe Budak - Ali Türkmen

Destek Yayınları: Nisan 2016
1.-6.Baskı: Nisan 2016
7.-8.Baskı: Haziran 2016
9.-10.Baskı: Temmuz 2016
11. Baskı: Eylül 2016
12.Baskı: Ocak 2017
13.Baskı: Mayıs 2017
14.Baskı: Ağustos 2017
Yayıncı Sertifika No. 13226

ISBN 978-605-311-103-0

© Destek Yayınları
Abdi İpekçi Caddesi No. 31/5 Nişantaşı/İstanbul
Tel.: (0) 212 252 22 42
Faks: (0) 212 252 22 43
www.destekdukkani.com
info@destekyayinlari.com
facebook.com/DestekYayinevi
twitter.com/destekyayinlari
instagram.com/destekyayinlari

Deniz Ofset – Nazlı Koçak
Sertifika No. 29652
Maltepe Mah. Gümüşsuyu Cad.
Odin İş Mrk. B Blok No. 403/2
Zeytinburnu / İstanbul

ASU MANSUR

Dünyada ilk defa
gerçek bir Şaman'ın gözünden
Şamanizm ve ritüelleri

ŞAMAN GÖZÜ

(KHAM KARAK)

Yaratanın teni doğadır.

DESTEK yayınları

İÇİNDEKİLER

III. BÖLÜM
DOĞUM VE ÖLÜM GELENEKLERİ

IV. BÖLÜM
NAZAR (KÖZ) DEĞMESİ,
NAZAR BONCUKLARI VE TÜTSÜLER

V. BÖLÜM
BÜYÜ VE SİHİR

GİRİŞ

Ulu Kayra Han'ın adıyla!

Şu ana dek Şamanizm üzerine yazılan kitapların tümü Şaman'ın kendisi tarafından değil, onu gözlemleyen tarafından yazılmıştır. Her ne kadar Şamanizm'i bilmeyenler açısından iyi birer giriş kitabı sayılsalar da Şamanizm'in içyüzünü ve gerçeğini doğru yansıtamamışlardır. Çünkü Şaman'ı gözlemlerken kendi algılarında oluşan mantık ve hayal gücü çerçevesinden konuya bakmışlardır. Oysaki bir Şaman'ın gözünden hayata bakıldığında ortaya bambaşka bir görüntü çıkar.

Geleneksel Türk Şamanizmi'ni hem aileden gelen kalıtsallıkla hem de Sibirya'da gördüğü eğitim sonucunda Kham (Şaman) olmayı başarmış birinin gözünden yazılan bu kitap, emsallerinden ayrıcalıklı ve özel bir değere sahiptir.

Kham Karak dünya üzerinde ilk kez bir Şaman tarafından kaleme alınan ve Şamanizm'i içeriden anlatan bir kitaptır.

Bu kitapta "Şaman" kelimesi yerine çoğu yerde "Kham" sözü kullanılmaktadır. Bu kasıtlı bir yaklaşımdır. Dünya genelinde Şamanizm kavramı birçok kabilenin öğretileri arasında bulunabilir. Geleneksel Türk Khamlığı'nı onlardan ayıran çok önemli bir faktör vardır. O da Geleneksel Türk Khamlığı'nın bir din olmayışıdır. Dinin uygulanış biçimi oluşudur.

Geleneksel Türk Khamlığı tek yaratanı olan bir dine bağlıdır. Bu dinin adı Töre'dir ve Türeyiş anlamına gelir. Töre'yi kabul eden ve bağlılık gösterenler Törük/Türük/Türk adını taşımaya başlamışlardır. Töre'nin kurallarını ve öğretilerini koruyarak nesillere aktaran kişiye "Kham" denir. Khamlık, Töre'nin tasavvuf koludur. Bunun içinde ibadet şekillerinin, doğaya olan saygının, toplum içerisindeki edep ve ahlak anlayışının düzenlenmesi, sıhhatin korunması gibi konular da yer almaktadır. Kham kişi bu nedenlerden ötürü Şamanlarla bir tutulmamalıdır. Kitabın bazı yerlerinde "Şamanizm" sözü sadece açıklayıcılık açısından ve okuyucunun kulağında yer edinmiş bir algıyla daha kolay anlaşılabileceğinden dolayı kullanılmıştır.

"Geleneksel" kelimesinin özellikle kullanılmasının nedeni de Türk Khamlığı'nın ilk halinden hiç şaşmaması ve herhangi bir dinin (Budizm, İslam) etkisi altında kalmadan ilkel haliyle yaşatılıyor olmasıyla bağlantılıdır.

Geleneksel Türk Khamlığı'nın gelenekleri binlerce yıldır varlığını korumaktadır. Bu gelenek, doğayla iç içe geçmiş ruhani güç ve şifaya dayalıdır. Ata mirası, kültürü ve uygulamaları hakkında bilgilendirmeye devam ederek varlığını sürdürür. *Kham Karak*'ın yegâne amacı da budur.

Bu mirası okuyucuda deneyimsel olarak pekiştirmek ve binlerce yıllık kadim geleneklerin kuşaktan kuşağa aktarılmasına destek olmak adına kitapta uygulamalı yöntemlere ağırlık verilmiştir.

Uygulamalar arasında derin bir ilme sahip olmayı gerektirmeyen sihir, tılsım, şifa ve tölge (doğurulan) yöntemleri yer almaktadır. Bunun yanı sıra ataların geleneklerindeki saklı sırlar da, günümüze dek süre gelen kültür mirasının gizemi de aydınlatılmaktadır.

Kham Karak'ta özellikle öz Türkçe terimler kullanılmıştır. Nasıl ki her ilmin, bilimin kendine has bir dili ve terminolojisi var ise, Geleneksel Türk Khamlığı'nın da özel bir lügati vardır. Bu sebeple özüne uygun bir kullanım gerçekleştirmek adına öz anlamı teşkil eden kelimeler ve tanımlar kullanılmıştır.

Bu kitap sayesinde on binlerce yılın deneyimini ve bilgisini köklerinize katmanızı dilerim. Bir ağacın kökleri güçlü ve derin ise her türlü zorluğa dayanabilecek güce sahip olur. Kışın en soğuğuna, yazın en kurağına ve fırtınanın en sertine karşı gücünü korur. İnsanın da öyle bir güce ihtiyacı vardır. Bu güç sayesinde hayatın en zor şartlarına karşı, tıpkı bir çınar gibi, dimdik bir duruş sergilenir. Şartlar ne olursa olsun, ona karşı nasıl bir tedbir alınması gerektiği bu güç sayesinde içgüdüsel olarak bilinir.

Deneyim ve bilgi bir kuşun iki kanadı gibidir. Bunun için ise uygulama esastır. Bir Kham yetişirken bilgiden önce deneyim kazandırılır. Deneyimden sonra bilgisi verilir ki deneyimi pekişsin ve ustalığa doğru ilerleyebilsin.

Aynı yöntem bu kitaptan en iyi şekilde faydalanabilmek açısından Kham olarak yetişen bir kişiye ne tür bir yöntem uygulanıyorsa, o türde bir yaklaşımla uygulamalar ve öğretiler sunulmuştur.

Ulu yaratanın izni ve ataların desteği ile *Kham Karak*'ın her okuyucunun özüne güç katmasını ve her daim yoldaş olmasını içtenlikle dilerim.

Yurun!

I. BÖLÜM

ÜÇ RUH

Geleneksel Türk Khamlığı'na göre insanların üç ruhu vardır:

1. Sülde
2. Süne
3. Özüt

Bu üç ruhtan biri bedenden uzaklaştığında, zayıfladığında ya da yerinden oynadığında kişinin üzerinde bedensel ve ruhsal açıdan birtakım değişimler gözlenir.

Sülde

Bu ruh, beynin tam orta bölümünde oturur. Bilincin kendisidir. Gözlerin ardından bakandır. Maddi ve manevi açıdan dünya üzerinde göz gezdirendir. Dili konuşturan, konuşanı dinleyendir. Dilde tadı bilendir, tattırandır. Burunda koklayan, koklatan, kulakta işittiren, duyandır. Deneyimleyen, gülen, ağlayandır... Dünyaya doğuş gerçekleşmeden önce süldeler, sütgölde toplanırlar. "Sütgöl" göğün dördüncü katıdır ve doğumdan önce süldelerin toplandığı yerdir.

Doğum anında sülde, bıngıldaktan girer ve beyne oturur. Dünyaya gelen insanoğlu da, bu şekilde bilinçlenmiş olur. Sülde, ölüm anında yine aynı yerden çıkarak bedeni terk eder.

Sülde çok hassastır ve bulunduğu alandan çabuk kayabilir. Yerinden oynadığında beyin fonksiyonlarında sorunlar meydana gelir. Böylece algı problemleri oluşmaya başlar.

Sülde beynin ön lobuna doğru kayarsa, beynin o bölgedeki işlevselliğinde bir artış gözlenir.

Örneğin sülde, öğrenmenin, odağın ve dikkatin merkezi olan ön loba kaydığında, kişinin bu yeteneklerinde bir aşırılık meydana gelir. Aşırı dikkat, aşırı öğrenme dürtüsü, acelecilik, sıkılganlık, aşırı titizlik gibi...

Sülde beynin ön lobuna kaydığında bu bölgede aşırılık yaşanırken doğal olarak beynin arka lobunda da bir enerji kaybı söz konusu olur. Diğer bir deyişle ön lobun işlevinde aşırılık yaşanırken arka lobda da zayıflama yaşanır. Buna göre aşırı dikkat, acelecilik ve aşırı titizlik gösterenlerde görme bozuklukları medyana gelir. Okulun en çalışkan, en dikkatli ve derslerine en odaklı çocuklarının gözlüklü olmaları rastlantı değildir.

Sülde, beynin duygusallık ve soyutsallık merkezi olan sağ bölgesine doğru kaydığında ise, kişi aşırı duygusal, alıngan ve kırılgan olur. Dünyadan kopuk halde ve geniş bir hayal âlemi içinde yaşar. Doğal olarak beynin sağ bölgesinde işlevsellik artarken sol bölgede de bir enerji kaybı meydana gelir. Buna göre aşırı duygusal, alıngan ve hayalci kişilerde, mantık sorunu oluşur. İdrak ve kontrolden uzaklaşırlar. Çabuk âşık olurlar ve terk edildiklerinde bu durumu kendilerinde ciddi bir takıntı haline getirirler. Şairane hislere kapılarak, kaderin onları ayırdığına ve bir gün mutlaka kavuşacaklarına inanırlar. Bu insanların inançları zedelendiğinde çok sarsılırlar. Yıkım hissederler.

Süldesi beynin sol lobuna kaymış insanlar aşırı kontrolcü ve mantıklı olurlar. Soyut kavramlara güven duymazlar. Çok zaman duygudan da yoksundurlar. Ateizme daha meyillidirler. İnançla bağlı olma ve adanmışlık refleksleri yoktur. Çünkü gözle göremedikleri şeylere inanmakta güçlük çekerler.

Sülde beynin üst bölgesine kaydığında ise kişi komaya girer.

Sülde, üç ruh arasında en önemli olandır. Süne ve özüt ruhları, süldenin varlığını sürdürebilmesi için çalışırlar.

İnsan bedenindeki refleksler, süldenin ne derece hassas ve önemli olduğunu vurgular niteliktedir. Zira en küçük bir tehlike anında bile yapılan ilk hamle başı korumaya almaktır. Şiddetli bir darp sonucu bu bölgedeki ruh gittiğinde, süne ve özüt ruhlarında yapılabildiği gibi geri getirilemez. Sülde gittiğinde kişi ölmüştür.

Bebeklerin kas dokuları henüz sertleşip zırhlanmadığı için darptan ziyade esen rüzgârla bile süldelerini kaybedebilirler. Bebeklerin yüzüne üflendiğinde onların nefessiz kaldıklarına ve çırpındıklarına şahit olmuşsunuzdur. Bu süldelerinin yavaş yavaş uzaklaşıyor olduğunun göstergesidir ya da süldeleri yerinden oynuyordur. Bebeğin yüzüne uzun süre üflendiğinde sülde beynin arka lobuna kayabilir. Bu da bebekte yüz felci ya da göz bozukluğu meydana getirir. Bu yüzden sadece üflemek değil, bebeğin yüzünü rüzgâra dönük bırakmak da aynı sonucu doğurabilir ve hatta ölümü çağırabilir. Buna dikkat edilmesi gerekir.

Süldenin kayması halinde yerine oturtulması masajla

mümkündür ancak bu masajın bir Kham tarafından yapılması daha uygundur.

Göz bozukluğu yaşayan ve süldesinin kaydığı belirtilerini gösteren bir bebeğe annesinin masaj yapması doğru değildir. Zira annelerin süldeyle konuşma kabiliyetleri yoktur. Eğer Kham görülerine de sahip değilse, süldenin kaydığı yönü görmesi mümkün değildir. Kham'ların bu yönde görüleri olduğundan süldenin gidiş yönünü takip edebilir, buna göre masaj yapabilirler. Görme bozukluğu sadece süldenin kaydığının belirtisi değildir. Karaciğer fonksiyonlarıyla ilgili bir belirti de sayılabileceğinden dolayı, annelerin bir Kham'dan destek alarak bu teşhisleri yapması ve tedaviyi de Kham'a bırakması daha doğru olur. Aksi halde uygulayacağı tedavi bebeği olumsuz etkileyebilir.

Sülde yapılan iyiliklerle, edinilen olumlu deneyimlerle ve yeteneklerin olgunlaşarak ifade bulmasıyla gelişip güçlenir.

Sülde gücünü akciğerden alır. Akciğerde bir sıkıntı oluştuğunda, süldeye giden güçte azalma söz konusu olacağından akciğerlerin korunması önemlidir.

Süne

Bu ruh yürekte oturur. Sezgi gücüdür ve hisleri üretir. Süne sayesinde tehlikeler sezilir, öngörülerde bulunulur.

İnsan sadece beyniyle düşünen bir varlık değildir. Beynin mükemmel bir işletimci olmasına karşılık tek başına düşünebilme kapasitesi yoktur. Verileri depolayarak bedenin ilgili bölgelerine ulaştıran beyin, edinmediği bilgiyle ilgili düşünme yetisine sahip değildir.

İnsan ancak sünesini gönderebildiği yerler kadar düşünebilir. Sünenin gittiği yerler geçmişteki olaylar ve gelecekteki muhtemel sonuçların bulunduğu boyutlardır ki bu boyutlar, gözle görülemezler. Geçmişteki ve gelecekteki muhtemel sonuçların bulunduğu boyutu sadece süne görebilir ve buradan kişiye birtakım görüntüler gönderir. Bu görüntülere de "içgörü" denir.

Süne gezgindir. Özellikle gece uykusu sırasında çok gezer. Bu özelliğinden dolayı Şamanların lügatinde "möngün at" (gümüş at) olarak da bilinir.

Sünenin bizzat yaşadığı geçmişe ve olası geleceğe yolculuk yapabilmesi sayesinde, hafızada toplanan ve "anı" olarak bilinen geçmiş görüntülerin hatırlanması mümkün olur.

Şiddetli korku ve travmatik olaylar neticesinde süne kaçabilir ve o korkunun ya da travmanın varlığını sürdürdüğü boyutta takılı kalır. Bunun sonucunda süne, bulunduğu yerden süldeye hep aynı hisleri gönderir. Geçmişte takılı kalıp, bilinçli ya da bilinçsizce de olsa o anıya göre hayatı şekillendirmeye devam etmek, sünenin geçmiş boyutta kaldığının işaretidir.

Kişinin hayatında travmatik bir olay meydana geldiğinde, eğer sünesi o bölgede ve olaya takılı kaldıysa, yaşanan travmanın görüntülerini kişiye göndermeye devam eder. Sürekli aynı sahneleri izlemek istemeyen kişi, bir süre sonra bu görüntülerden kaçma eğilimi gösterir. Yağmurdan kaçarken doluya tutulduğunu fark etmez ve ne yazık ki zaman içinde kaçtığı şeyi deneyimlemeye başlar. Örneğin, çocukken anne ve babasının kavgasına tanık olmuş birinin sünesi bu travmaya takılıp kaldıysa, kişi ailesine benzememek için belki kendisine bir söz verir ve bu yolda dikkatli davranmaya çalışır fakat ilerleyen zamanda tıpkı anne ve babasınınkine benzeyen bir evlilik yapar.

Süne, şiddetli korku ve travma sonucu kaçabilen, ancak

istendiğinde de verilebilen bir şeydir: Örneğin, şiddetli geçimsizlikten dolayı eşinden ayrılan biri, zaman içinde anlaşamadığı eşini özlemeye başladığını hisseder. Yaşanan anlaşmazlıklar ve sorunlar, bu özlem duygusuyla birlikte önemini yitirmeye başlar. Çünkü evlilik boyunca taraflardan biri diğerine ya da bazen karşılıklı olarak birbirlerine ruhlarını vermişlerdir. Fakat onca çatışmaya rağmen, ayrılıklardan sonra oluşan özlem hissi, kişiye duyulan sevgiden dolayı değildir. Her iki taraf da eşinde kalan kendi sünesini özler. Burada kişilerini özlemeleri değil, birbirlerindeki kendi sünelerini özlemeleri söz konusudur. Kendi ruhuna yani kendi sünesine yakın olmak istedikleri için bazen birbirlerine geri dönüp o ilişkiye yeniden başlarlar. Çatışmaya neden olan aynı sorunlar yaşanmaya devam ettiği halde kendileri bile bu ilişkiye neden geri dönmek istediklerini bir türlü anlayamazlar. Bu yüzden şiddetli ayrılıkların ardından barışan çiftler, kısa bir süre sonra yine aynı nedenlerle çatışma içine düşerler. Çünkü sünelerine yakın olduklarında özlem hissi de ortadan kalkar ve mevcut sorunlar varlığını korumaya devam eder.

Sülde gök tarafından verilen bir ruhken, süne anne tarafından yavruya verilir. Anne doğum yaptığında sünesi de doğum yapar. Yani gümüş atın bir tayı olur. O tay da annenin doğurduğu yavruya gider. Böylece dünyaya gelen yavrunun da bir sünesi olur.

Çocuğun sünesi 16 yaşına kadar annesinin sünesine bağlıdır. Çünkü kendi oto kontrolü ancak bu yaşta oluşur. Çocukların sünesi 16 yaşına kadar annelerinin sünesi nereye gidiyorsa oraya gider. Bu yüzden Şamanlar, tedavi amacıyla kendisine getirilen çocukların yaşları eğer 16'dan küçükse anneyi iyileştirmeyi tercih ederler.

Süne, kişiye faydası olmayacak buluşmaları, ziyaretleri,

ortaklıkları ve beraberlikleri de önceden haber verir. Şamanlar buna "ön-deneyim" derler.

Tam-deneyim, kişinin bedeniyle ve ruhuyla orada bulunup bütün duyularıyla o tecrübeyi yaşamasıdır. Ön-deneyim ise, yakın gelecekte deneyimlenecek olayla ilgili, oraya gitmeden evvel yaşanacak tecrübeyi süne sayesinde önceden bilmektir. Süne, yakın gelecekte gerçekleşecek olan buluşmayla ilgili kişiye deneyimin bir parçasını gönderir. Kişi de buna göre o deneyimle karşılaşmayı ya kabul eder ya da etmez.

Örneğin, telefonla gelen bir buluşma davetiyle ilgili öncelikle içinizde bir his oluşur ve bu hisse dayanarak buluşmayı reddedersiniz. Fakat sonrasında hislerinizi yok sayarak kendinizi o buluşmaya bir şekilde ikna edip gidersiniz. Buluşma yerine geldiğinizde sezdiğiniz olumsuzluğu deneyimlersiniz ve "Ben bunun böyle olacağını biliyordum. Keşke ruhumu dinleseydim de buraya gelmeseydim" dersiniz. İşte bu, sünenin sezgilerle haber verdiği bir deneyimdir.

Süne kaçtığında, Kham onu bulmak için göğe çıkar ve oradan sünenin özündeki sesi düngüründe yani Kham davulunda çalar.

Her sünenin kendine has özel bir tınısı vardır. Bu melodik bir ritimdir ve çoğu zaman sekiz sesten oluşur. Sünenin tınısının duyulması da bulunması da kolay değildir. Gelecek nesilde sünenin kaçmasını tamamen engellemek için Şamanların uyguladığı bir yöntem vardır. Buna göre anne yeni doğmuş bebeğinin sünesinin melodisini bir ninni gibi sürekli tekrarladığında, çocuğun sünesinin kaçma ihtimali giderek imkânsızlaşır. Bebeğe ninni olarak söylenecek melodi, bebekle birlikte Kham'a gidildiğinde anneye verilir. Yaşı ilerlemiş ve böyle bir uygulamaya tabi tutulmamış olan herkesin sünesi kaçabilir.

Sünelerin kendine has bilinçleri ve karakter yapıları vardır. Küsebilir, kırılabilir, kızabilir ya da korkabilirler. Süne, Kham tarafından bulunduğunda bedene geri dönmesi için ikna edilmelidir. İkna olan süne, bedene geri dönerek yüreğe oturur ve böylece kişi de geçmişiyle ya da geleceğiyle ilgili korkularından sıyrılmış olur. Geleceğini daha olumlu ve kendinden emin bir şekilde geliştirmeye başlar.

Süne kaçtığında kişide oluşan belirtiler nelerdir?

• Rutinlerle dolu, otomatik bir hayat yaşar ve bu sıkıcı yaşamından dolayı sürekli şikâyet ederek üzüntü duyar.

• Farkındalıkla ve bilinçle değil, genelde hisleriyle hareket eder.

• Neyi sevip neyi sevmediğinden emin olamaz. Başkalarının ona uygun bulduğu şeyleri kabullenir.

• İşleri yolunda gitmez. Güçlüklerle ya da aksiliklerle karşılaşır. Hep bir sorun söz konusudur.

• Kendini ifade etmekte zorlanır. Çünkü "ışığı" azdır.

• Uyuşturucuya ilgi duyabilir.

• Deneyimlerinden kazanç sağlayamaz. Yaşadıklarından kendine olumlu paydalar çıkaramaz. Neyi neden yaşadığının farkına varamaz.

• Hatalarından ders almaz.

• Doğadan kopuktur.

• Dünyevi zevklerin peşindedir.

• Sünenin kaçmasına neden olan travma aklına takılıp kalmıştır ve bu travmanın mayasıyla kendine bir gelecek yoğurmaya çalışır.

• Hayatında sürekli terslikler söz konusudur. Anlam veremediği sorunlar yaşar ve her defasında "Bütün bunlar neden hep beni buluyor?" diye yakınır.

• Fikrini açıkça ortaya koyamaz. Karşı taraf onu dinlediği halde fikirleri de varlığı da siliktir. Fark edilmez. Işıldamaz.

• Fiziksel açıdan akciğerlerinde ve yüreğinde rahatsızlıklar yaşamaya başlar.

Süne nasıl geri çağrılır?

Yukarıdaki belirtileri gösteren kişilerin süneleri kaçmıştır ve süneyi bedene geri çağırmak mümkündür. Sünesi kaçmış olan kişilerin izlemesi gereken başlıca yollar vardır:

• Üç ay boyunca aklına geleni yapmamak çok önemlidir. Çünkü her akla geleni derhal uygulamak iradeyi zayıflatan bir harekettir. Süne de zaten bu zayıf iradeden dolayı bedene geri dönememiştir. Bu nedenle iradeyi güçlendirmek adına akla gelen her şeyi uygulamamak gerekir.

• Sünesi kaçmış olanlar, sevdiği şeylerle ilgilenmeli, yemeli, içmeli ve bütün bunları yaparken de derin bir sevgi duymalıdır.

• Geçmişini ve bilinçaltını temizlemelidir. Olan olmuştur ve artık geçmişte kalmıştır. Bunu kabul etmelidir. Bahçesindeki kötü kokan çiçeğe su verir gibi sürekli acıklı geçmişini sulamaya devam etmemelidir. Eski defterleri kapatmalı, zihin bahçesindeki güzel kokan çiçeklerini yani mutlu ve güzel deneyimlerini hatırlayarak onları sulamalı, olumlu yaşanmışlıklarını onore etmelidir. Kötü yaşanmışlıkları, duygu ve düşüncelerle beslemeye devam ettikçe süne de hep o alanda kalacaktır.

• İyilik yapmak süneyi bedene geri getirmek açısından çok değerlidir. Hesapsızca ve bütün ideolojilerden uzak kalarak tamamen iyiliğe odaklanmak gerekir. Samimiyetten uzak iyiliklerin yüreğe zararı büyüktür. Kurgulanmış, sahte iyilikler yürekte zehir etkisi yaratır. Hesapsız iyilikler yüreği yumuşatarak manevi alanı güçlendirir. İyilik dünyevi bir kavram değildir, uhrevidir ve tamamen yaratanla ilgilidir. Süne güçlü ve temiz bir yüreğe geri döner. Çünkü yüreği iyilik temizler.

• Sünesi kaçmış olanlar, merhamet duygusuyla dolmalıdır. Merhametli olmak, iyilik yapmanın önkoşuludur. "Benim varsa onun da olsun" erdeminden doğar. Uçmağın (cennetin) duygusudur. Ne kadar merhametli olunursa yürek de o kadar temizlenmiş olur. Süne o yüreği yuvası gibi görüp geri döner ve bir daha da gitmez.

• 21 gün boyunca karşılaşılan insanların iyi taraflarına odaklanmak önemlidir. Onlara iyi yönleri söylenmelidir.

• Göçüp gitmiş atalar bolca anılmalı, hatırlanmalı, ziyaretlerine gidilmeli ve onların adına hayır işlenmelidir. Destekleri için onlara teşekkür edilmelidir. Böylece atalar da sünenin geri dönmesi için destek verirler.

• Süneyi bedene geri çağırmak için ağaç ekilmelidir. Bu iyiliğe karşılık ormanın iyesi (sahibi) de sünenin geri dönmesi için destek verir. Ağaçların birbirleriyle olan bağları sayesinde süne bedene geri döner.

• Çocuklarla uzun vakitler geçirilmeli, onlarla oyunlar oynanmalıdır. Çocuk kahkahaları taş yürekleri bile yumuşatmaya yetecek güçtedir.

Özüt

Bu ruh batın bölgesinde, iki leğen kemiği arasında oturur. Bedenin yaşamsal işlevini yerine getirir, onun hayatta kalmasından sorumludur. Beden hücreden organa kadar her şeyiyle bir bütündür ve özüt de bu bütünü işletir. Yüreğin atmasını, hormonların salgılanmasını, kasların kasılıp gevşemesini, sperm ve yumurta üretimini, kan dolaşımını, hazmı ve bütün yaşamsal faaliyetleri özüt yönetir. Diğer bir deyişle bedenin yaşamsal bütün faaliyetleri özütle gerçekleşir. Buna bedenin cinsel işlevi de dahildir. Cinsel birleşmenin özütün bulunduğu bölgede gerçekleşiyor olması rastlantı değildir. Cinsel birleşmeden bir çocuk oluşacaksa eğer, bu ilk etapta özütün işletim sahasına girer.

Bebek annesinin özütünün içinde büyür. Özüt o kadar güçlüdür ki, dokuz buçuk ayda toz tanesi kadar küçük bir varlığı elli santimlik bir canlı haline getirebilir. Bazı kadınların özütleri iyi beslenmediği ve zayıf kaldığı için erken doğum yaparak prematüre bebekler dünyaya getirirler. Özütün sadece kendini besleyebilecek kadar gücü varsa, bebeği erken doğuma zorlar. Aynı sebepten ötürü sıklıkla düşük vakaları yaşanır. İyi beslenmeyle ve özütün güçlendirilmesiyle bu sorun ortadan kalkar.

Erkeklerin sperm sayılarında oluşan düşüklüğün nedeni de yine özütlerinin zayıf olmasıdır. Çünkü erkeğin ancak kendi organlarını ayakta tutabilecek kadar özütleri varsa, özüt sperm üreterek değerli amino asitlerini harcamak istemez.

Kadınların bir diğer özüt sorunu da menopozdur. Özüt aşırı düzeyde zayıflamaya başladığında bedensel fonksiyonlardan kısıtlama yapma yoluna giderek hayatta kalmaya çalışır. Bu nedenle bazı hormonları salgılamayı ve yumurta üretimini bırakır. Sadece hayati önem taşıyan salgıları üretmeye devam eder. Elindeki gücü idareli kullanmayı seçer. Özüt hayatta kalmak konusunda doğadaki en güçlü uzmanıdır. Bazı kadınlar 70 yaşına geldiklerinde bile doğum yapabilmekte ve göçene kadar âdet görmeye devam etmektedirler. Çünkü özütlerine iyi bakmışlar ve doğru beslenmişlerdir.

Özüt sayesinde duygular da var olur zira özütün iletişimi duygular yoluyladır. Bedenin bir organında herhangi bir sıkıntı meydana geldiğinde, özüt bu sıkıntıya bir duyguyla işaret eder. Buna göre kişide keyifsizlik varsa yürekte, üzüntü varsa akciğerde, öfke varsa karaciğerde, endişe varsa midede, korku varsa böbreklerde bir zorlanma ya da yetersizlik söz konusudur.

Özüt spermle birlikte babadan yavruya aktarılır. Çocuğun bedensel gücü, direnci ve bağışıklık sistemi, doğrudan babanınkine benzer. Bu sebeple kadınlar ergenleşip anaç olmaya başladıkları evrede güçlü, sağlıklı ve dayanıklı erkekleri "çocuğu dünyaya getirilebilecek potansiyel baba" olarak görmeye başlarlar.

Özüt, süne gibi gezgin değildir, fakat söner. Özütü, sobanın ateşi gibi görmek mümkündür. Nasıl ki ateş söndüğünde ev ahalisi üşümeye başlıyorsa, özüt de sönmeye başladığında bedenin ahalisi olan organlar üşümeye başlar. Bunula birlikte önce hazımsızlık sorunu ortaya çıkar. Özütün ateşini yeniden harlamak için ona güçlü ve sağlıklı gıdalar vermek gerekir. Tersi söz konusu olduğunda, özüt coşkuyla yanmaz ve bedende doğurganlık sıkıntıları baş gösterir. Erkeklerin meni üretiminde, kadınların da yumurtlama işlevinde sorunlar doğar.

Duyuların düzenli çalışabilmeleri ve ömür boyu iyi hizmet verebilmeleri için özüt güçlü olmalıdır. Kitabın ilerleyen bölümlerinde "Duyuların Orucu" adlı başlığın altında bu konuya etraflıca yer verilecektir.

Geleneksel Türk Khamlığı'nda, tüm rahatsızlıkların ruhsal bir kaynağı olduğu bilindiğinden, uygulanacak tedavi yöntemleri de buna göre geliştirilmiştir.

Özüt yine bir Kham tarafından güçlendirilebilir fakat bunun herhangi bir mecburiyeti yoktur. Kişi yediklerine dikkat eder ve daha hareketli olursa özütünü kendisi de güçlendirebilir. Kham bu süreci hızlandırabilir ve ek güç verebilir. Bunu sağlayabilmek için özütün tınısını düngüründe vurarak yaratanın adıyla atalardan destek ister.

Geleneksel Türk Khamlığı'nda üç ruh bilgisi kadimdir ve fazlasıyla yerleşiktir. Bilinçle dile getirilmiyor olsa da bu kadim bilgiler günlük yaşamın içinde varlığını gösterir. Ruhu kaçmış birine "kendine gel" denmesi aslında bu yerleşik bilgi sayesindedir. Halk arasında kullanılan "dalıp gitmek" deyimi de aynı kadim bilgiye dayanır. "Ruhsuzun teki" diyerek birini tanımlamak da o kişinin ruhunun kaçtığı bilgisinden ileri gelir.

Özüt söndüğünde oluşan belirtiler nelerdir?

- Güçsüzlük
- Cansızlık
- Sindirim sisteminde bozukluk
- Bağışıklığın zayıflaması
- Üreme organlarında rahatsızlık
- Aşırı kilo alma
- Umursamazlık
- Vurdumduymazlık

- Tembellik
- Uyuşukluk
- Böbrek rahatsızlıkları
- Duygusuzluk ya da duygularda kontrolsüzlük
- Duyularda azalma
- Saç dökülmesi
- Tırnaklarda kırılganlık

Özütü güçlendirmek için neler yapılır?

- Sağlıklı beslenilmeli ve abur cuburdan uzak durulmalıdır. Şekerli gıdalar kesinlikle tüketilmemelidir. Özüt hayatta kalmak üzere programlıdır ve bu yüzden kişiyi hep bir şeyler yemek zorunda bırakır.

- Amaçlı spor yapılmalıdır. Voleybol, futbol, tenis gibi programlı sporlar amaçsız sporlardır. Özütü güçlendirmek için bırakıldığında hayati tehlike doğurabilecek sporlarla uğraşılmalıdır. Örneğin yüzerken, yüzmeyi bırakmak hayati tehlike doğurur. Dağa tırmanırken durmak da aynı şekilde hayati risk yaratır. Orman yürüyüşünde durmak ve geri dönmemek de yaşamsal bir tehdit oluşturur. Özüt, bırakıldığında risk yaratan sporlarla güçlenir.

- Üşengeçlikten vazgeçilmelidir. Hareket halinde olunmalıdır.

- Karın bölgesinden nefes alınmalıdır çünkü özüt bu nefes şekliyle masaj görür.

- Sevişmek de özüt bölgesini hareketlendirerek ateşin yeniden harlanmasını sağlar.

II. BÖLÜM

DOĞADAKİ TILSIM

Geleneksel Türk Khamlığı'na göre, doğada bulunan her şeyin koruyucu bir iyesi ve her insanın içinde bu iyelerle iletişim kurma yetisi vardır.

Şamanların, doğaya gösterdikleri derin saygı, aslında tamamen içgüdüsel bir yaklaşımdır. Dışarıdan bakıldığında onların bu saygıları doğaya tapınmak gibi algılanıyor olsa da gerçekte durum öyle değildir.

Bir Şaman, bütün doğa iyelerinin kendi babası, büyükbabası ve daha büyük atalarının yeryüzünde devam eden yaşamları olduğunu bilir.

"Ruh" ve "iye" arasındaki fark nedir?

Bu noktada doğa ruhları ile doğa iyeleri arasındaki farkın üzerinde durmakta fayda vardır. Doğa, ruhlarla canlılığını her daim korumaya devam eder. Doğadaki her şeyin ruhu/canı vardır. Fakat o canın bir "sahibi" de vardır ki ona da "iye" denir.

Örneğin bedenin de bir canı vardır, ancak can bedenin sahibi değildir. Bu da şu anlama gelir ki herkes kendi bedeninin iyesidir ve ruhundan/canından kendisi sorumludur.

Bu nedenle Kham'lar güneşin iyesine sunaklar sunar, ruhuna değil... Irmağın iyesine sunaklar sunarlar, ruhuna değil...

İye kavramı "ruh" olarak algılansaydı, sahibinin izni alınmaksızın doğadan dilendiği zaman dilendiği ölçüde faydalanabilme bencilliği oluşurdu.

Ağaçtan bir ev yapılacaksa, ormanın iyesinden izin alınmalıdır ki orman o ağaçları gönülden versin. İzin alınmadığında ne ormana karşı bir sorumluluk ne de doğanın iyelerine karşı bir saygı gelişir.

Doğanın iyeleriyle derin bir bağımız vardır...

Yeryüzünde zamanını tamamlamış ruhlar buradan göçüp gittiklerinde göğün 5. katına varırlar. Burada ilk etapta yaptıkları iş, yeryüzünde yaşamlarını halen devam ettiren ve kendi soylarından gelen insanlara destek olmaktır. Bu onlara Tengri (Tanrı) tarafından verilmiş hem özel bir görevdir hem de gelişimlerini devam ettirmeleri açısından sunulmuş bir sorumluluktur.

Bu görevi belli bir süre boyunca yerine getirdikten sonra, bir nevi sınıf atlayarak daha geniş çaplı yeni bir sorumluluk alırlar ve doğanın ruhu olurlar. Öncelikle bitki, ağaç, ateş, küçük hayvanlar, küçük akarsular gibi minik doğa oluşumlarının sorumluluğunu üstlenirler. Bundan sonraki görevleri bulundukları bölgeyi göksel güçle yani saf bir enerjiyle temiz tutmak olur. O bölgenin duruluğuna ve arılığına hizmet edenlere destek olmayı severler ve saygısızlık yapanları da huzursuz ederler.

Doğa iyeleri birbirleriyle derin bir bağ içinde olduklarından, doğanın bir bölümündeki iyelerden elde edilen destek, diğer bölümdeki iyeler tarafından da desteklenir. Orman iyesinden alınan bir destek, dağın, ırmağın ve hatta denizin iyesi tarafından da desteklenmek anlamına gelir.

Örneğin, ormandan çöp toplandığında, dağın iyesi de, ırmağın iyesi de ve hatta denizin iyesi de o iyiliğin farkındadır.

Bu iyiliği yapan kişi dünyanın neresine giderse gitsin, tüm doğa iyelerinin destek ve koruması altındadır. Ormanın iyesinden bir şey istendiğinde ve ona sunu götürüldüğünde, diğer iyeler de bu saygının farkına varır ve buna göre karşılık verir.

Bir doğa iyesine isteyerek ya da istemeden herhangi bir saygısızlık yapıldığında, ondan af dileyip şükran sunulduğunda hemen affeder ve desteklemeye devam eder. Çünkü doğa bağışlayıcıdır.

Küçük doğa oluşumlarının iyesi olarak görev alan ruhlar bu alanda belli bir süre sorumluluk aldıktan sonra deneyimleri artar ve olgunlaşırlar. Sonrasında yeni görevler alırlar ve sorumlu oldukları doğa oluşumlarının hem boyutu hem de alanı genişler. Böylece büyük bir dağın, ormanın, çölün ve akarsuyun iyeliğini elde ederler. Bu bölgelerin içinde ve üstünde barınan bütün canlılar da iyelerin himayesi altına girer.

Doğanın iyeleri, kendilerinden izin alarak, o bölgenin nimetlerinden faydalananlara her zaman en iyisini verirler. İzin alma saygısını gösterenlerin hayatlarına ve sağlıklarına olan desteklerini de sürdürürler.

Doğa iyeleriyle güç birliği kurmak

Doğa iyelerine sunulan sunular kansız olmalıdır. Canlı bir hayvanı doğaya bırakmak bunlardan biridir.

Doğa iyesine sunulmak üzere seçilen hayvanın adanmış olduğunu belirtmek için hayvanın boynuzuna ya da hareketini kısıtlamayacak şekilde herhangi bir yerine kırmızı bir çaput bağlamak yeterlidir. Bu işaret, hayvanı gören kişilerin onun adak olduğunu anlamaları ve hayvana dokunmamaları amacıyla konur.

Kurban bayramlarında koçların boynuzlarına dolanan çaputlar, koyunların sırtlarına sürülen kırmızı boyalar ve başlarına yakılan kınalar, Şaman geleneklerinden kalma ritüellerdir. Kurbanlık hayvanlara konulan işaretler, onların adak olduklarını göstermek içindir. Kurbanlıklar aslında kesilmek üzere değil, doğaya bırakılmak üzere işaretlenirler.

Doğa iyelerine sunulacak sunular nelerdir ve nasıl hazırlanır?

Saçı: Kansız sunu anlamına gelir. Bunun için yeryüzünün en kutsal sıvısı ve can suyu olarak süt tercih edilir. Sunulan ikramı saçmak anlamında kullanılan bir sözdür.

Süt neredeyse tüm Şamanik törenlerde kullanılır. Kutsallığı gökyüzündeki sütgöldendir. Kham'lar sütgölün ruhlardan oluşan kocaman bir göl olduğuna inanırlar. Evrenin yaratıcı tarafı ve dişiliğin göğsü olan sütgölde, dünyaya gelecek olan canlıların ağızlarına bir damla süt damlatılarak ruhlandırılır ve sonrasında dünyaya gönderilir. Bu nedenle bebekler doğar doğmaz annelerinin göğüslerine sarılırlar. Bu bebeğin sütgölden yeni ayrılmış olan ruhunu dünyaya adapte etmek ve güçlenmek için yaptığı bir harekettir.

Doğa iyeleri için hazırlanacak yemekler

Türk geleneklerinde yaşını almış insanların ziyaretine gidilirken ona yemek de götürülür. Khamlıkta bu gelenek, ata ziyaretlerinde de, doğa iyelerini ziyarette de devam eder. Aslında iyelerin bu yemeğe ihtiyacı yoktur, fakat nasıl ki dedeye eli boş gidilmezse, doğa iyesine de saygıdan ötürü boş gitmemek gerekir. Saygı sunulan iyeler gururlanırlar ve ziyaretçilerini de sevgiyle karşılarlar.

Bu nedenle iyeler için hazırlanan yemekler içtenlikle, samimiyetle ve emekle hazırlanmalıdır. Genelde tuzsuz bir çörek ya da şekersiz bir helva pişirilir. Adağın içinde et bulunacaksa haşlanmış olması gerekir zira haşlanmış etin içinde kan olmaz. Fakat ızgara işlemi etin içindeki kanı hapseder. Bu nedenle ızgara et kanlı kurban sınıfına girer ki doğa iyelerine kanlı adak sunulmaz.

Dağın iyesi

Hedefe ulaşmayı başarmak için dağın iyesinden nasıl destek alınır?

Yeryüzünde herkes her şeyi yapabilir, ancak herkes her şeyi başaramaz. Başaran ile başaramayan arasındaki fark, birinin inançlı, diğerinin inançsız olmasıdır.

Başarmak istediği halde türlü bahanelerle hedefinden vazgeçenler, o başarıyla ilgili inanç eksikliği yaşıyorlardır. İnanç eksikliği, kişinin yaratanla arasına mesafe koymasıdır. İşte aradaki bu mesafe de yaşanan başarısızlıkların nedenidir. Yaratanla bağın zayıf olması bu sonucu doğurur. Kişi inançla yaşamadığı sürece hayatı boyunca yapabilecekleriyle ya da üstesinden gelebilecekleriyle ilgili başarısı yarı yarıya düşer. Çünkü inancın olmadığı yerde korku ve kuşku vardır.

Hedefleri konusunda desteğe ihtiyaç duyanlar dağın iyesine başvurmalıdırlar. Ataların, dağlara ya da yüksek tepelere kurgan (mezar) kurmalarının nedeni de dağın iyesiyle alakalıdır. Çünkü dağın iyesi, ruhun göğe ulaşmasını destekler. Birçok inanç sisteminde, tapınakların ve manastırların yüksek tepeler üzerine kurulmasının nedeni de budur.

Dağın iyesi aynı zamanda koruyucu niteliklere de sahiptir. Kişileri felaketlerden korur ve sığınma sağlar. Ataların gezmeyi sevdiği yerlerdir.

Dağların onu çağırdığını hisseden kişi, aslında atalarının ve yaratanın çağrısını duyuyordur.

> Dağlara özlem duymak ya da yüksek tepelere gidip oralarda bulunma ihtiyacı hissetmek, inanç eksikliğini güçlendirme isteğinin bir işaretidir.

Dağın iyesine giderken yapılması gereken hazırlıklar

Bir miktar helva: Dağın iyesi için özel bir helva hazırlanır. Un ve tereyağını kavurarak elde edilen şekersiz helva, küçük bir kabın içine yerleştirilerek dağa götürülebilir.

Bir bardak doğal süt: Sütün katkısız, doğal süt olması önemlidir. Anne sütü hiçbir doğa iyesine sunu olarak sunulamaz.

Yüreği temsil eden, yumruk büyüklüğünde kızıl bir taş: Dağın yamacına ayak basmadan önce dağın önünde durulur ve hiçbir şekilde zirvesine bakılmaz. Yürümeye başlamadan evvel dağın iyesinden izin istenir. Bu dağın iyesine ve dolaylı olarak da atalara duyulan hürmetin göstergesidir.

Dağın iyesinden şu sözlerle izin istenir:

"Ulu Kayra Han'ın adıyla. Ey yüce dağın iyesi... Ey atalarımın meskeni... Ey Tengrilerin merdiveni. Yaratanıma kendimi yakın hissetmeye ihtiyacım var. Nasıl ki bağırdığımda bana bağırırsın, söversem söversin... Sana nasıl davranırsam bana o şekilde davranacağını bilirim."

Bu izin alındıktan sonra kızıl taş sağ elde tutulur ve yürümeye başlanır. Fakat dağın yamacına ayak bastıktan sonra da yukarıya bakılmaması gerekir. Öne bakarak ya da etrafı izleyerek yürüyüş yapmak daha doğrudur.

Dağın tepesine varıldığında burada bir müddet dinlenilebilir. Daha sonra etraftan dokuz adet yassı taş toplanır. Bu taşlar üst üste konarak dizileceği için, mümkün oldukça büyük olanlarını bulmak gerekir. Taşlar dizildikten sonra ilk esintide yıkılmamalıdır.

Uygun bir alanda dokuz taş üst üste dizildikten sonra hazırlanan helva bu taşların dibine konur. Süt de taşların üzerinden dökülür. Yüreği temsil eden kızıl taş da en üste konarak şu sözler tekrarlanır.

"Ulu Kayra Han'ın adıyla. Dağın iyesi, yüreğim güçsüz, son adımı atmadan her defasında pes ediyorum. Ben inancımın onuruyla yaşamak, yüreğimdeki imanı sağlamlaştırmak ve güçlendirmek istiyorum. Bu konuda hem senin hem de atalarımın desteğine ihtiyacım var. Şu kızıl taş benim yüreğimdir. Onu seninle bırakıyorum ki yanında güçlensin ve göğü bilsin. Eğer ki bana destek olursan, her ayın başında gelir sana güzel yemekler getiririm. Çok teşekkür ederim."

Ritüel tamamlandıktan sonra taşlara sırt dönmeden üç adım geri atılarak uzaklaşılır. Sonrasında dönüş tarafına yönelip dağa bakmadan aşağıya doğru yürünür.

Toprağın iyesi

Doğru karar vermek ve doğru seçimler yapabilmek için toprağın iyesinden nasıl destek alınır?

Endişe ve kararsızlık içinde, gelgitlerin arasına sıkışmış, belirsizliklerle dolu bir hayat yaşayanların ve ne istediğinden emin olamayan ya da istediğini elde etmekte zorlananların bütün bu kaygılarını toprağa ekmesi gerekir. Fakat bu ekim işlemi toprağı kazıp çukur açarak yapılmaz. Şamanların toprağa büyük saygısı vardır. Eski çağlardan bu yana özellikle Orta Asya Türklerinde burnu kalkık çizme ve çarıklar giyilmesinin nedeni de toprağa duyulan saygıdan dolayıdır. Çarıkların toprağa batarak ona zarar vermemesi için uçları yukarı doğru kalkıktır. Törenler sırasında yakılan ateşin de toprakla temas etmesini engellemek için ateşin altına taş dizilir.

Kararsızlık yaşayanların, bu saygının bilincinde olarak toprağın iyesine başvurması gerekir. Bunun için de üzerine sık basılmayan toprak bir alan bulmak gerekir. Ardından yumuşak ve şefkatli bir dokunuşla eller toprağın üzerinde gezdirilir. Kararsızlık yaratan konunun ne olduğu toprakla paylaşılır. Bunu yaparken samimi olmak, yürekten davranmak önemlidir.

Toprağa tam güven duyulmalıdır. Onun boş ve dolu tohumları birbirinden ayırabildiği gibi, filizlenebilecek kararlarla, kurumuş yararsız kararları da birbirinden ayırabileceğinden emin olunmalıdır.

Toprak, yeri siliyormuş gibi avuç içleriyle okşanır ve üzeri düzeltilir. Sonrasında doğudan başlamak üzere saat yönünü takip ederek oklar çizilir. Oklar doğuyu, güneyi, batıyı ve kuzeyi göstermelidir.

Okların ucu tümseğe gelecek şekilde ve oluklu olmalıdır.

Ardından toprağın iyesine sunmak için getirilmiş olan su, hafifçe bu oluklardan dökülür. Dört yöne doğru uzanan olukların içinden akan suyun doğru kararı taşıyan tohumu filizlendireceğine güven duyulur. Ritüel sırasında bu duyguyu hissetmek çok önemlidir.

Toprak iyeleri fiziksel dünyayı bir arada tutarlar. Varoluşa ve içinde olan her şeye temel yaşam gücünü verirler. Odak, bilinç, genişleme ve ayırt etme gücünü desteklerler. Toprağa sunu olarak yalnızca su sunulur.

Yolcuğa çıkanların ardından su dökme geleneği de bu ritüelden doğmuştur. Su, gidenin yolunu açık etsin ve karnını tok tutsun diye toprak anaya sunulan bir sunudur.

Toprak Ana yeryüzünün yüreğidir. En güçlü rehberlerden biridir ve insan da dahil her şeyle doğrudan bağlantılıdır. Üzerinde barındırdığı her şeyi güçlü tutmak üzere yeminli gibidir.

Bu nedenle niyetlerin de, dileklerin de, tohumların da en güçlüsünü seçerek geri verir. Yer iyelerine saygılı olunduğunda desteklerini her an için sunarlar. Özellikle ilkbaharda toprağın doğumu başlamış olduğundan dolayı yumuşak adımlarla yürümeye özen göstermek toprağa karşı önemli bir saygı göstergesidir.

Ormanın iyesi

**Yenilikleri başlatabilmek için
ormanın iyesinden nasıl destek alınır?**

Başarmak istediği halde hiçbir sonuç elde edemeyen ve geçmiş başarısızlıklarının gelecekte de sürüp gitmesinden endişe edenler, bir süre sonra içlerinde pasif öfke biriktirmeye başlarlar. İçeride biriken öfkeyi gizleyebilmek için iki kat güç sarf ederler. Bu güç sarfiyatı beraberinde ruhsal tahammülsüzlüğü, depresifliği, sabırsızlığı, kıskançlığı ve isyankârlığı getirir.

Ruhunun dengesizliği sadece algılarda kalmaz, giderek bedene de yansır. Çünkü beden ruhun emrine amadedir. Ruh yürümek istiyorsa, beden hareket eder. Ruh kolunu kaldırmak istiyorsa beden kolunu kaldırır. Ruh yemek istiyorsa, beden bu isteği yerine getirir. Doğal olarak dengesiz bir ruh hali söz konusuysa, beden de buna göre dengesizlik gösterecektir.

Biriken öfkenin sonucu olarak, karaciğer yorgunluğu, akciğer zayıflığı, sindirim zorluğu, bağırsak sorunları, göz bozuklukları, saç kopmaları, tırnak kırılmaları ve eklem ağrıları baş gösterecektir.

Bu belirtileri gösteren kişilerin ormana gidip ormanın iyesinden destek isteme zamanları çoktan gelmiş demektir.

Yeni başlangıçlar, yeni doğumlar, yeni başarılar, yeni mülkiyetler, kısacası "yeni" olan her şey ormanın iyesi tarafından desteklenir.

Ormanlar dünyayı gökyüzüne bağlarlar. Gökten inen ruhları yere, yerden giden ruhları da yukarıdaki yerlerine ulaştırmakla görevlidirler.

Dünya üzerindeki bütün ormanlar, birbiriyle irtibat halindedirler. Aynı ağa bağlıdırlar. Bu nedenle, bir ormana ya da ağaca iyilikte bulunan kişi, yaptığı iyiliğe karşılık dünya üzerindeki bütün ağaçlar tarafından desteklenir. O kişi, ormanın iyesinden yardım istediğinde dünyanın neresine giderse gitsin, bütün ağaçlar gösterdiği saygının farkında olur ve ona her zaman karşılık vermeye devam ederler.

Örneğin, eski zamanlarda atalar bir bölgeyi fethetmeyi düşündüklerinde ormanın iyesinden destek isterlerdi. Ormanın iyesi de onların bu isteklerine karşılık hayvanları ek bir ordu olarak yanlarına verirdi. Destanlar arasında en uzunu olan *Manas Destanı*'nda Manas'ın Karluklara karşı savaştığı sırada dağaslanları, kartallar, ayılar, domuzlar ve kurtların da kendisiyle birlikte savaştığından söz eder. Ona bu desteği ormanın iyesi sağlamıştır.

Orman ziyareti sırasında, bir aile büyüğüne giderken gösterilen saygının, zarafetin ve hassasiyetin gösterilmesi gerekir.

Orman iyeleri evin babası gibidir ve evinde yaşayanları koruyup kollar. Evin ablalığını ve ağabeyliğini ağaç iyeleri yapar. Evin küçük kızı ve küçük oğlu da bitki iyeleridir. Hayvanlar o ormanın misafirleri olduğu kadar koruyucularıdır da.

Ormanın herhangi bir üyesine zarar veren kişiyi, dünyanın öbür ucundaki ağaçlar bile tanırlar. Zevk için ya da izin almadan ağaç kesmek, orman yakmak, ormanın içindeki bir canlıya izin almadan ve gerekli olmadığı halde zarar vermek başta orman iyesi olmak üzere bütün ormanın iyelerini kızdırır. Doğaya saygı çok önemlidir.

Ormanda durduk yere ayı, karga, pars, goril, yılan, örümcek ve başka zehirli hayvanların saldırısına uğrayanlar, ormanın iyelerine zarar vermiş kişilerdir.

Hayvanların kimseye karşı garezi yoktur. Ormana zarar verenlere karşı ormanın iyesi tarafından görevlendirilmişlerdir.

Saygı ve *etik*, doğanın ruhlarından destek bekleyenler açısından çok önemlidir.

Ormana giderken yapılması gereken hazırlıklar

Saçı için bir miktar süt: Ormanın iyesine saçmak için saçı olarak bir bardak kadar doğal ve katkısız süt hazırlanır.

Ormanın iyesi için özel olarak hazırlanmış bir yemek: Tuzsuz bir çörek, şekersiz bir helva olabilir. Et götürülecekse etin önceden haşlanması gerekir.

Dilenen desteği sembolize eden bir maket: Örneğin ev isteniyorsa küçük bir ev maketi, çocuk isteniyorsa bir bebek çorabı ya da emzik, başka bir ülkeye taşınmak isteniyorsa ülkenin bir haritası götürülebilir.

Ormana götürülen maketi ağaca asmaya yarayacak bir ip.

Ormana giderken uyulması gereken kurallar

• Ormana girilmeden evvel bir ağaca üç defa tıklanarak biraz beklenir. Ormanın iyesinden izin istenir. Ondan kapıyı açması beklenir ki içeriye nezaketle girilebilsin.

Bu ritüeli uygularken şu sözler tekrarlanır:

"Ulu Kayra Han'ın adıyla. Ey ormanın iyesi... Ey ağaçların hanı... Ey kardeşim. Benim soluduğum senin-

dir, senin soluduğun benim. Biz bir aileyiz. Aile saygı is-ter, bilirim. O nedenle evine girmem için izin isterim."

• Ormanın iyesine destek istemek için gidilirken yüksek sesle konuşulmamalıdır.
• Ayak basılan yerlere dikkat edilmelidir.
• Hürmetle yürünmelidir.
• Bir hayvanla karşılaşıldığında durup fotoğrafı çekilme-melidir.
• Tören tamamlandığında ormandan sessizce ve geriye bakmadan çıkılmalıdır.
• Ormanda gece vakti ritüeli yapılmamalıdır. Özel bir sa-ati olmamakla birlikte, sabahın ilk ışıkları ormanda ritüel gerçekleştirmek için avantajlı zamanlardır.

Ormanın iyesinden izin alıp yürüyüşe başladıktan sonra burada ulu bir ağaç aranır. Bu ağaç hem heybetli, hem de kökünden birkaç budaklı olmalıdır. Ağaçlar, destek istemek amacıyla ormanın iyesine gelen kişiyi ağaçların hanına doğ-ru yönlendirirler ve ağaçların Şaman'ı olarak tanınan bir ağacın önüne götürürler. O ağaca ulaşabilmek için sessizce yürümeye ve aramaya devam etmek önemlidir.

Ulu ağaç bulunduktan sonra, ormanın iyesi için özel olarak hazırlanmış yemekler iki elin arasında tutularak yanına yaklaşılır. Ormanın iyeleri gürültüden hoşlanma-dıkları için ağaca kısık ve yumuşak bir sesle seslenerek şu sözler tekrarlanır:

"Ulu Kayra Han'ın adıyla. Ormanın iyesi. Huzuruna geldim, çünkü desteğini ararım.

Örneğin: *"Ben otacı olmak, bu şekilde yaşayanlara destek olarak yaratana hizmet etmek istiyorum. İhtiyacım olan bitkilerin dilini bilmektir. Odak ve güçlü sezgiler konusunda desteklenmeye ihtiyacım var."*

Örneğin: *"Ben kendim/ailem/başkaları için bir ev yapmak istiyorum. Bu ev hiçbir şekilde doğaya zarar vermeyecek. Doğal malzemeden olacak. Bu şekilde yaratana olan saygımı göstermiş olacağım. Bunun için güçlü bir sağduyu, koruma güdüsü, azim ve bedensel güce ihtiyacım var."*

Örneğin: *"Ben baba/anne olmak istiyorum. Bunun için hazır olduğuma inanıyorum. Çocuğum olursa, onu doğaya saygılı, uslu ve ak bir çocuk olarak yetiştireceğim. Bu şekilde Ulu Kayra Han'a bana verdiği emaneti kollayarak hizmet edeceğim ve yaratanımın beni ne kadar sevdiğini, ben de çocuğumu severek anlayacağım. Bunun için güçlü bir sabır, merhamet ve anlayışa ihtiyacım var."*

Özel destekler dilendikten sonra şu sözlerle ritüel tamamlanır:

"Her isteğim ak ve paktır. Eğer ki desteğini sunmak istemezsen bunu anlarım. Bana her an verdiğin hava bile yeter. Ellerimle hazırladığım bu aşı senin için bırakıyorum ve desteğini alabilirsem canlı bir adakla tekrar geri geleceğim."

Unutulmamalıdır ki, canlı adaklar doğaya salınan canlı hayvanlardır. Onları kimse kesemez, yiyemez ve zarar veremez. Dilenen destek her neyse, onun değerinde bir adak sunulmalıdır. Örneğin çocuk isteyip ormanın iyesine kanarya uçurmak yeterli olmaz.

Destek dilendikten sonra ormanın iyesi için hazırlanan yemek, ağacın köküne bırakılır. Getirilen süt de ağacın etrafında dokuz kez dönerek gövdesine dökülür. Bu nedenle sütün dengeli kullanılması önemlidir. Dokuz döngüye yetecek miktarda ayarlanmalıdır.

Ritüel tamamlandıktan sonra burada istenildiği kadar kalıp dinlenilebilir. Fakat sessizliğin korunması önemlidir. Cep telefonları bu alana getirilmemelidir.

Gitmeye karar verildiğinde ağacın önünde ormanın iyesine üç defa eğilerek teşekkür edilir. Sırt dönülmeden ağaçtan uzaklaşılır ve geriye dönüp bakmadan sessizce ormandan çıkılır.

Nehrin iyesi

Nehrin iyesinden nasıl destek alınır?

Yaşamda her şeyin yolunda gitmesi/akması için engelsiz olmak gerekir. Engelsiz bir yaşamın içinde aktıkça, ruh da, kişilik de, beden de sürekli güçlenerek, yücelerek ve yükselerek yaratana doğru giden yolda sağlam adımlarla ilerler.

Deneyimlediğimiz bu çağın koşulları içinde engelsiz bir yaşamda akmak fikri ütopya gibi algılandığından dolayı, oluşan engelleri benimsemek söz konusudur. Doğan sıkıntıları olağan kabul ederek, bu olumsuzlukların var ettiği güçlüklere göz yumulmaktadır maalesef.

Bu kabulleniş, bir müddet sonra ruhsal olarak büyük bir tahammülsüzlük, geleceğe karamsar bakış, bencillik, tembellik, sabırsızlık, mağdurluk, depresyon ve eziklik hissi yaratacaktır.

Her duygunun bir ağırlığı vardır. Duygular olumsuz olduğunda ağırlık, olumlu olduğundaysa hafiflik verir. Yaşam içinde akarak ilerlenemiyorsa olumsuz duygular bedende yoğun bir ağırlık oluştururlar.

Bedende C7 adı verilen boyun kemiği, olumsuz duyguların ağırlığını üstlenir. Bu yüzden yükü altına girilen olumsuz duyguların sonucu olarak bedende kamburluk, akciğer çökmesi, aşırı kilo, solunum yolu sorunları, diz ve bel ağrıları baş gösterir. Yoğun olarak masa başında çalışanların boyunlarının yanması ve sırtlarının eğrilmesindeki temel sorun budur.

Doğada her canlının bir devinimi ve hareketliliği söz konusudur. Hareketle üretkenlik doğaya katkı sağlamak anlamına geldiği gibi, bedenli doğmanın da yegâne nedenidir. Hareket kısıtlandığında beden de enerjisini geçmişi kurcalamaya, geleceği planlamaya ya da olmadık şeyleri kurgulamaya harcar. Fakat bunlar sadece soyut boyutta kalır ve gerçekleşme oranları da oldukça düşüktür.

Günün büyük bir bölümünü hareketsiz, fakat sürekli düşünmekle, kurgulamakla, kurcalamakla geçiren masa başı çalışanları hareketli üretkenlikten uzak olduklarında iç doğalarında olup biten her şey kendilerinde ağırlık yapmaya başlar. Bu duygusal ağırlık zaman içinde bedene somut açıdan kilo ve ağrılar şeklinde yansır.

Duygulardan, insanın üçüncü ruhu olan özüt sorumludur ve özüt de hareketi sever. Hareket ederek gereksiz ve geçersiz duyguları bedenden atar. Bu nedenle biri sinirlendiğinde "Çık bir yürüyüş yap da gel" denir. Depresyonda olanlara spor yapmaları önerilir. Zira hareket yoksa bedendeki olumsuz duyguları atma olanağı da yoktur.

Yeryüzünde yaşayan her canlının bir mizacı vardır: Yani

mutlak bir yeteneği, özelliği ve bu özellikle doğaya katkı sağladığı bir vasfı. Dolayısıyla insanın da bir yeteneği, özelliği ve bu özellikle doğaya katkı sağladığı bir vasfı mevcuttur. Doğada hiçbir varlık yerinde oturarak yaşamını sürdüremez. Bu doğanın sürekli gerçekleşen hareketliliğine terstir. Her bir canlı sürekli hareket halinde yeteneği doğrultusunda yaşamını idame ettirir. Masa başında çalışmak doğanın yaşam "stiline" uygun olmadığı için, bu kişiler her geçen gün duygusal ve fiziksel açıdan daha sorunlu hale gelirler. Masa başında çalışanlar, hayatını kafeste geçiren kaplanlar gibidir. Özgürlüğe ihtiyacı olduğunu bildiği halde kapı açılsa da o kafesten çıkmak istemez. Bu nedenle bu kişiler doğal yeteneklerinin ne olduğunu bilmezler. Oysa doğal yetenekler kesinlikle bilinmelidir. O kişinin yeryüzüne gelme nedeni anlaşılmalıdır. Yeteneğini bilen kaplan kafesin kapısının açılmasını bile beklemez. Kapıyı kırıp çıkar.

Birçok insan içsel olarak yaşamayı arzuladığı hayatı bildiği halde, o yolda yürümenin güvenceli olmadığına inandığından aksi yönde akmaya çalışır. Yani bir nevi akıntıya karşı kürek çekme çabasına girer. Bir süre sonra bu çabaları, onun yaşam yolu halini alarak kalıplaşır. Hayatı boyunca akıntıya karşı kulaç atmaya devam eder, ancak bir karış bile yol alamaz. Birçoğu yerinde saymaya bile razıdır, yeter ki akıntıya kapılıp gerileme göstermesin, sahip olduklarını kaybetmesin.

Akıntıya karşı sonuçsuz bir mücadele içinde olduğunu ve çabalarına rağmen yerinde saydığını hatta belki gerilemeye bile başladığını hissedenler, nehrin iyesinden destek istemelidir.

Hayat suda başlar. Nehir, akış hızı yavaşladığında sakinliğini koruyarak kendine yeni ve farklı bir yol arar. Nehirler dünyanın yaşayan damarlarıdır. Nasıl ki insanın damarlarındaki kan akışı durduğunda yaşamı sonlanıyorsa, nehirler akmadığında dünya da ölür. Dünyanın tüm deneyimleri, tüm hafızası bu sularda akar.

Hayatında bir şeylerin tıkandığını hissedenler ve canlılıklarını kaybedenler nehrin iyesine gitmeli ve ondan destek istemelidir. O soyut olandır. Taşıyandır. Akandır. Özgür iradedir. Yargısız olandır. O varoluşun belleği ve kanıdır. Kan da bedenin taşıyıcı kanalları olarak her hücreye ihtiyacı olan mineralleri, glikozu, vitaminleri, proteinleri dağıtır. Kandaki bu değerler kalitesizse bedenin de değeri düşer. Dünyanın akan suları da aynı sistemle çalışır.

Dünyada öyle ya da böyle bir şekilde var olan canlıların tümünün bilge iyesi nehirlerin iyesidir. Nasıl ki küçük bir miktar kandan bütün bedenin değer bilgilerine ulaşılabiliyorsa, dünyanın kanından da ruhumuz hakkında bilmediğimizi öğrenebiliriz.

Su doğanın belleğidir. Aktığı her yerden bilgi toplar ve başka yerlere taşır. Çeşme suyuyla nehir suyunun arasındaki fark, birinin dünyanın bilgisinden yoksun, diğerinin dünyanın bilgisiyle dolu olmasıdır. Bu nedenle insanlar nehirden su içtiklerinde ruhsal bir doygunluk hissine ulaşırlar. Bazı nehirler şifalı ve kutsal olarak tanımlanır, çünkü o "damardan" şifanın gücü akar. Ancak nehirler insanlara sadece faydalı bilgi taşımazlar. Zararlı bilgileri de taşıyabilirler. Nehirler açısından bilginin iyisi ya da kötüsü yoktur. Hangi tür bilginin ne zaman aktığıyla ilgili bir zamanlaması vardır. Bu zamanlamaya göre sabah 04.00 ile öğleden sonra saat 16.00 arasında nehirlerden zararlı bilgi akar ve o saatler arasında nehirden su alınmaması gerekir. Bunun dışındaki saatlerde nehrin iyesinden her türlü destek alınabilir.

Nehirlerin iyesine doğru saatler içinde gidildiğinde yaşamda oluşan tıkanıklıklar ve yitirilen canlılıkla ilgili destek istenebilir. Depresyonu ve korkuları olanlar ya da huzur, dinginlik, güven ve doğru ifadeye ihtiyaç duyanlar nehrin olumlu saatlerinde nehrin iyesine başvurmalıdırlar.

Kendileri için esas olan gerçek yaşam yollarının ne olduğunu bilmeyen ve bunu öğrenmek isteyenler de yine nehrin iyesinden destek istemelidir. Pek çok insan dünyaya neden geldiğini bilmez ve varoluş amacını öğrenemeden göçüp gider. Bu üzücü bir durumdur çünkü yüce yaratanın var ettiği çiçeğin henüz açmayı başaramadığı anlamına gelir. Nehrin iyesine danışarak, kişinin kendisi için doğru olan yöne hayat akışını yönlendirmesi mümkündür. Bu ritüelin de saat 16.00'dan sonra yapılması uygundur.

Nehrin iyeleri yaşlı kocakarı gibidirler. Olgun, onurlu, titiz, bilge, şefkatli ve merhametlidirler. Ancak diğer iyelerde olduğu gibi saygı ve etik çok önemlidir. Nehrin iyeleri yalandan, pislikten ve terbiyesizlikten hoşlanmazlar. Bu nedenle onları ziyaret etmeden evvel yıkanmak gerekir. Nehrin iyesine anlatılacak sıkıntılar konusunda dürüstçe bir ifade kullanılmalıdır. Nehirlerin birçoğu ormanların içindedir. Bu nedenle ormana girmeden evvel ormanın iyesinden de ayrıca izin alınmalıdır.

Nehre giderken yapılması gereken hazırlıklar

Ak çaputlar edinilmelidir: Nelerden arınmak ya da neler istemek için nehrin iyesine gidilecekse o sayıda ak çaput alınmalıdır. Bu çaputların üzerine dileği yazmakta fayda vardır. Örneğin bir ak çaput üzerine "bencilliğimden arınmak" yazmak o isteği ifade etmek için yeterlidir.

Bir bardak kadar doğal süt.

Bir parça tuzsuz peynir, tuzsuz poğaça.

Çöp torbası: Nehir kenarlarında biriken çöpleri toplayıp atmak nehir iyesinin çok hoşuna gider.

Nehrin kıyısına gidildiğinde eğer ortalıkta çöp olduğu görülüyorsa, işe önce onları toplayarak başlanır ve ardından nehrin iyesine şu şekilde seslenilir:

"Ulu Kayra Han'ın adıyla. Ey nehrin iyesi... Ey bilginin kayıkçısı... Bana her an hayat veren suyundaki alçakgönüllülük, senin yüceliğini gösterir. Ne rengin ne şeklin vardır. Ancak bir damlanla hayat verirsin. Bana şu ana kadar verdiğin hayat için sana teşekkür ederim. Sana aş getirdim. Kendi ellerimle hazırladım. Senden bir dileğim var. Eğer ki benden bir saygısızlık gördüysen, desteğinin olmayacağını bilir senden af dilerim. Eğer ki bir kusurum yok ise destek olursun bilirim."

Nehrin iyesine sunmak için getirilen yiyecekler kökünün yarısı nehirde, diğer yarısı karada olan bir ağacın köküne ya da nehre en yakın ağacın köküne yerleştirilir. Sonra üzerinde dileklerin yazılı olduğu ak çaputlar, bir bir ağacın farklı dallarına asılır. Burada dikkat edilmesi gereken nokta, çaputların hangi dallara asılacağıdır. Nehrin üzerine sarkan dallara, ağacı rahatsız etmeyecek şekilde çok sıkı düğümlemeden çaputları bağlamak gerekir.

Çaput bağlama işlemi tamamlandıktan sonra nehre üç defa eğilerek teşekkür edilir ve sırt çevirmeden birkaç adım geri gidilir. Sonrasında çöpleri almayı unutmadan ve geri dönüp nehre bakmadan gidilir.

İnsanlar kızdıklarında kaşları çatılır, gözleri kısılır. Çok üzüldüklerinde de göz altı torbaları kendilerini salar. Korktuklarında gözleri büyür. Bu duygular her ne kadar sözlü olarak ifade edilebilseler de paylaşılamayan sıkıntıların ağırlığı gözlerde birikir. Gözler, taşıyabileceklerinden fazla yük aldıklarında kızarmaya başlar. Ardından göz torbaları şişer. Gözyaşları dökülmeye başlar. Gözler, ağladığında rahatlar. Taşan barajlar gibi enerji boşaltırlar. Gözyaşlarıyla birlikte saklanan sıkıntılar da süzülüp akar dışarıya. Ağlamak her ne kadar rahatlatıcı olsa da yeterli değildir. Çünkü sıkıntılar halen gözlerin içinde yük olarak oturmaya devam etmektedir.

Sıkıntıların gözyaşları gibi akıp gitmeleri için de nehrin iyesinden destek istenebilir. Nehrin iyesi bu konuda her zaman desteğini sunmaya hazırdır. Sıkıntıları alıp uzaklara taşır. Bu ritüel için de özel bir hazırlık yapmak gerekir.

Nehrin iyesine giderken yapılması gereken hazırlıklar:

Hiç kullanılmamış, küçük, ak bir mendil ya da mendil büyüklüğünde ak bir kumaş: Bu parçaların doğada çözünürlüğünün olmasına dikkat edilmelidir.

Nehrin iyesi için özel olarak hazırlanan yiyecekler: Bunlardan biri sıvı (süt), katı (peynir), diğeri de gaz (tütsü, ardıç, sığla vb.) halinde olmalıdır.

Nehrin kenarında küçük bir ateş yakabilmek için gerekli malzemeler.

Bu ritüeli gerçekleştirmek için en uygun saat sabahın dördüdür. Çünkü nehir bu saatlerde olumsuz enerjileri ve kirleri toplayıp arıtmak için denize taşımaya başlar.

Nehre giderken makyaj ya da parfüm gibi hiçbir kozmetik malzeme kullanılmamalıdır. Bu saatlerde nehirden su içilmemelidir.

Nehrin kenarında küçük bir ateş yakıldıktan sonra sunu olarak getirilen yiyecekler ateşin içine atılır. Ateşin sönmemesi için süt dökülürken dikkatli olunmalıdır. Sunular yanarken, ak mendil iki elin arasında tutularak nehrin iyesine şu şekilde seslenilir:

"Ulu Kayra Han'ın adıyla. Nehrin iyesi. Nehrin iyesi. Nehrin iyesi. Beni tutan, yolumdan alıkoyan sıkıntılarım var. Yolumda akmayı çok özledim. Lütfen bana destek ol. Benim sıkıntılarımı benden uzaklara taşırsan çok sevinirim ve yine sana aş hazırlar getiririm. Ulu Kayra Han'ın adıyla, sana teşekkür ediyorum."

Bu sırada nehrin iyesi, dilekte bulunan kişiyi görüyor, onu duyuyor olacaktır. Bu nedenle ritüel sırasında söz konusu sıkıntıların neler olduğunu bir bir sıralamanın gereği yoktur. Nehrin iyesi, dilekte bulunan kişinin samimiyetini gördüğünde ona destek olacaktır. Bu açıdan nehre tam güven duyulmalıdır.

Sonrasında ak mendille gözler iyice ovulur. Dip köşe temizlik yapar gibi etraflı bir ovma yapılmalıdır. Gözdeki sıkıntıların hepsi ak mendile aktarılır. Üç ya da beş dakika boyunca ak mendil gözlere sürüldükten sonra nehrin akıntısına bırakılır.

Bu ritüel de bu şekilde tamamlandıktan sonra yine arkaya bakmadan oradan sessizce ve yavaşça saygıyla uzaklaşılır. Nehir desteğini cömertçe verecektir ancak dilek gerçekleştiğinde nehrin iyesine verilen söz mutlaka yerine getirilmeli ve ona yiyecek sunular hazırlanarak sunulmalıdır.

Doğa iyelerinin karakteri birbirine çok benzer. Saygısızlık yapandan hoşlanmazlar, saygısında kusursuz olana da destek olurlar.

Bu nedenle nehirler kirletilmemelidir. Kirli eller bile nehre sokulmamalıdır. Çünkü bu nehre ve onun iyesine saygısızlıktır. Bir ülkede bir nehir zehirlenmişse bu sadece o ülkenin değil bütün insanlığın sorunudur.

Güneşin iyesi

Güneşin iyesinden nasıl destek alınır?

Yaşanan üzüntü ve kayıplar kişinin yaşamı üzerinde çok defa derin ve ciddi olumsuzluklar yaratır. Süregelen üzüntüler kişiyi "pes etme" sınavına sokar ve birçoğu bu sınavda başarısız olarak bundan böyle hayatının olumsuzluklarla süreceğine inanmaya başlar. Bu da bir süre sonra kişinin kendini hiçbir güzelliğe layık görmemesine, yalnızlık, keyifsizlik, neşesizlik ve hepsinden önemlisi de inançsızlık hissetmesine neden olur. Bu duygularla beslenenler genelde çabuk ve gönülden pes ederler.

Pes etmek ya da diğer adıyla *rızalı yenilgi*, sadece ruhu değil, aynı zamanda bedensel işlevleri de yavaşlatarak tembelliğe sürükler. Bu da yeryüzünün etkin bireyliğinden, edilgen bireyliğine dönüşmektir.

Sürekli pes edenlerin ruhu ve bedeni bir süre sonra mücadelenin, amacın ve azmin anlamını unutur. Uyuşturucu kullanımının temelinde "pes etme" alışkanlığı yatar.

Rızalı yenilginin fiziksel olarak ilk belirtisi, bağışıklık sisteminin zayıflamasıdır. Çabuk üşütme, nezle, grip, soğuk algınlığı aslında bu pes etmiş ruh halinin bedendeki yansımasıdır.

Bağışıklık siteminin çökmesiyle kalp daha yoğun çalışmak zorunda kalır ve çabuk yorulur. Bu da doğal olarak kalp yetmezliği, ritim bozukluğu gibi sağlık sorunları yaratır. Aşırı çalışan bir yürek, diğer organların da aşırı çalışmasına neden olur. Bu nedenle komşu organlarda da uzun ya da kısa vadede birtakım rahatsızlıkların görülmesi mümkündür.

Yürek, üç ruhtan bir tanesine ev sahipliği yapar ve zorlanmaya başladığında o ruh da bedenden uzaklaşır. Dolayısıyla bu kişilerde hayattan kopukluk ve hayat korkaklığı hissi oluşur.

Bu belirtileri gösteren kişilerin güneşin iyesinden destek almaları ve güneşle aralarındaki bağı güçlendirmeleri gerekir.

Güneş, Ulu Yaratan Kayra Han tarafından, kendi sisteminin içinde var olan tüm gezegenleri, gezegenler arasındaki alanı ve gezegenler üzerindeki tüm canlıları hareket ettirmek, dönüştürmek ve doğurtmak için gönderilmiştir.

Güneşin olduğu yerde her şey yeniden doğar. Onun olmadığı zamanlar ne bitki, ne fikir, ne de hareket oluşur.

Bunun en belirgin kanıtı da kış ve yaz mevsimlerinin doğa üzerindeki etkileridir. Kış mevsiminde güneşin gücü azaldığından dolayı doğada hiçbir kuş ötmez, bitki türemez ve doğa üç aylık bir uykuya çekilir.

İlkbaharla birlikte güneşin de ışıkları yeryüzüne vurduğunda kuşlar canlanır, uçuşup ötmeye başlar, hayvanlar çiftleşir, yeni meyveler türer, donmuş sular akmaya başlar.

Ataların göçebe bir hayatı benimsemeleri de güneşi takip etme güdülerinden dolayıdır. Güneş neredeyse atalar da onun peşinden göç edip giderlerdi. Çünkü deneyimleri onlara güneşin yoksunluğunda meydana gelen uğursuzlukların ve zorlukların ne derece yorucu olduğunu hatırlatırdı.

Güneş, doğurganlık, azim, kararlılık, cesaret, neşe, sıhhat ve iman gücü verir. "Güneş girmeyen eve hastalık girer" diyen ataların sözleri öylesine muhteşemdir ki insan nesline doğayla yaşama kılavuzluğu yapar adeta.

Yeryüzünde sadece güneş ve suyla beslenerek yaşayan insanlar vardır. Yaz mevsiminde fazla yemek istenmemesinin nedeni de güneşin verdiği doygunluktan dolayıdır.

Kışın güneşten yoksun kalındığı için güneşin insan bedenine sağladığı güç, gıdalardan elde edilmeye çalışılır. Güneş besleyen gücünü tüm yıl boyunca hayvanlara, meyvelere ve sebzelere bir bellek gibi depoladığından, kışın yenen yiyecekler sayesinde de güneşin enerjisinden mahrum kalınmaz. Güneş bedeni doyurabildiği gibi ruhu da besler ve uzun vadede tüm rahatsızlıkları şifalandırır.

Güneşle bağını güçlendirmeye ihtiyaç duyanların, güneşin iyesine başvurmaları ve ondan destek istemeleri önemlidir.

Ancak diğer doğa iyeleri için yapılan ritüellerden farklı olarak güneşin iyesi için yapılan ritüel, yağmurlu havalar dışında mümkün mertebe her gün gerçekleştirilmelidir.

Güneşin iyesi disiplin, onur ve soyluluktan hoşlanır. Bu da güneşin iyesinden bir dilekte bulunulduğunda onun gözünün içine bakmak gerektiği anlamına gelir ki güneşe bakmak kuşkusuz zordur. Ancak doğru zamanda bakıldığında kimse bunu yaparken zorlanmaz.

Güneşin iyesine giderken yapılması gereken hazırlıklar:

1. Çedi karak (Yedi delikli kaşık)

2. Bir kâse doğal süt (Kâsenin büyüklüğü avuç genişliğinde olabilir)

Bu ritüel güneş doğarken gerçekleştirilir. Çedi karak sağ ele, içi süt dolu kâse sol ele alınır ve güneş doğarken bir dakika boyunca güneşin içini görmeye çalışır gibi ona dikkatle bakılır. Ardından güneşin iyesine şu sözlerle seslenilir:

> *"Ulu Kayra Han'ın adıyla. Ey altın güneşim. Ey karanlığı kovalayanım. Ey güneşin iyesi... Ne iyi ettin de bugün yine doğdun yüreğime. Sayende içimi ısı ve ışık sardı. Hoş geldin. Bu süte kimse dokunmadı. Bu sütten kimse içmedi. Ak kadar aktır. Bana sağlık veriyorsun, neşe katıyorsun ve güç veriyorsun. Bunun için sana çok teşekkür ederim. Bu süt canına can katsın."*

Çedi karak süte daldırılıp güneşin iyesine doğru saçılırken "Bu süt canına can katsın" demeye devam edilir. Sütü çedi karakla saçma işlemi üç kez tekrarlandıktan sonra güneşin iyesine kollar açılır ve onu sarmak ister gibi dokuz kez derin nefes çekilir. Kâsede kalan süt de yakınlardaki bir ağacın gövdesine dökülerek "İhtiyacı olana ulaşsın" diyerek sunulur.

Ateşin iyesi

Ateşin iyesinden nasıl destek alınır?

Güneşin kendi canından kopararak desteklemek için dünyasına yolladığı sevgilidir ateş... Yeryüzüne gönderdiği parçasıdır. Ateşin başına her oturduğunda güneşin dünyaya olan aşkını hisseder ve bunun adına da huzur dersin.

Sana içindeki ateşi hissettiren odur. Ona ne kadar yaklaşman gerektiğini ve orada ne kadar süre kalabileceğini o belirler. İhtiyacın olduğu kadarını verir sana... O aşkın maddesidir. O olmadan varoluşta tüm hareketler kısır kalır. Yeniye daima yer açan odur. Somutu soyuta çevirendir. Arındırandır.

Bedenindeki yeri yürektir. Aşkı hissetmen de hissettirebilmen de yüreğindeki ateşe bağlıdır. Onu bastırırsan içini soğutursun. Bu ölü yaşam demektir. Üşüttüğünde canının çekildiğini hissetmen, inancının zayıflaması, kan dolaşımının düşmesi ve sıcak şeylere gereksinim duyman aslında ateşi bedenine çekmek için yaptığın içgüdüsel tepkilerindir.

Tıpkı güneş çekildiğinde tüm dünyanın soğumaya ve solmaya başlaması gibi yüreğindeki ateşin çekilmesi de öylece soğutur içini. Ateş, canın ta kendisi, inancın gücüdür. Ateş kutsaldır ve Şamanlar hemen her törende ve tedavide ateş kullanırlar.

Ateşin iyesi, insanları tutku, motivasyon ve azimle destekler. Cinsel dürtüyü güçlendirir. İç ve dış doğada tutkusuzluk, merhametsizlik, cansızlık, soğukluk, hareketsizlik, iştahsızlık ve bağışıklık sorunları yaşandığında ateşin iyesini davet etmekte fayda vardır. Ateşin iyesi, otoriter güç, cinsel cesaret ve ham gücün yanında sihir gücünü de çoğaltır.

Ateşin iyesini davet etmek için ruhlu bir ateş yakılmalıdır. Bunun için de çakmaktaşı kullanılmalıdır. Ruhlu ateşe "ayıhı", ruhsuz ateşe de "abahı" denir. Ruhsuz ateşler hiçbir fayda sağlamaz. Onunla sadece çöp yakılır. Ayıhı ise yapısı gereği sağlık, güç ve bağışıklık sağlama özelliklerine sahiptir. Ayıhı yakmak için çakmaktaşı kullanılmalıdır. Çakmaktaşıyla ateş yakmak el becerisi ve alışkanlık ister. Bu beceriyi edininceye kadar ruhlu ateş yakmak için kamp malzemesi satan mağazalarda kolaylıkla bulunabilecek olan magnezyum çubukları da kullanılabilir. Zira magnezyum ve çakmaktaşları yerin üstünde var olurlar. Bundan dolayı da göğü görmüşlerdir ve bu gücün etkisiyle ateşle doludurlar.

Yeraltından türeyen bir ateş, örneğin gaz, petrol ve diğer yeraltı kimyasalları güneşi ve göğü görmedikleri için ruhlu ateş yakmaya uygun değillerdir.

Ateşin iyesi, onu davet eden kişiye görünmek istediğinde, önceleri ayıhının içinde bir harlanmayla bunu yapar. Ateşin iyesi, ilerleyen süreçte belli bir tanışıklık söz konusu olduğunda ateşin adını taşıyan ya da ateş renginde bir hayvan olarak herhangi bir yerde kendini gösterebilir (ateşböceği, ateş kuşu, bazı yılanlar, eşekarısı, semender vs.).

Ateşin efendisi olma yolunda ilerleyenler sonunda ateşin iyesinin gerçek şeklini görürler. Ateşten diz boyu bir insan şekli vardır bu iyenin.

Ateşin iyesine gidilmez, çünkü onun sürekli bir temsilcisi yoktur. Örneğin ağacın iyesine gitmek için ormanın en büyük ve en yaşlı ağacı bulunur. Fakat ateşte böyle bir olanak genelde yoktur. Ateşin iyesi ağaçlara yıldırım çarpmasıyla kendiliğinden gelir, fakat bu da nadir görünen ve belirsiz bir durum olduğundan dolayı takibi pek mümkün değildir.

Bu yüzden ateşin iyesi evde ya da bahçede yakılan ruhlu bir ateşle davet edilir. Davetin özel bir zamanı yoktur.

Ateşin iyesinden destek istemek için dikkat edilmesi gereken kurallar:

- Ruhlu ateşte kömür kullanılmaz.
- İki parmak kalınlığında ve dirsek uzunluğunda odunlar kesilir.
- Ateş yakmak için uygun alan belirlendiğinde alta konulacak ilk katman doğal pamuk olabilir. Pamuk çakmaktaşıyla ya da magnezyum çubuğuyla yakılır.

• Pamuğun üzerine onu boğmayacak şekilde ince çalı çırpı yerleştirilir.

• Ardından güçlü bir tütsü (defne yaprağı, ardıç dalı, karabaş otu, üzerlik gibi) üzerine ilave edilir.

• Bunun üzerine avuç içi kadar tuzsuz peynir ve tuzsuz tereyağı eklenir. Bu da ateşin iyesine sunulan sunudur.

Sonrasında doğu tarafı açık kalacak şekilde odunlar çadır gibi dizilmelidir. Açık kalan doğu taraf ayıhının ağzıdır. Oradan nefes alır. Ateşin iyesi için açılan kapıdır.

Bütün bu süreçlerden sonra artık ateş yakılabilir. Ateş harladıktan sonra bir çay bardağı kadar süt, odunların etrafına serpilir. Sütü ateşin üzerine döküp söndürmemek gerekir.

Ayıhı bu şekilde görevine başlamış olur.

Ateşin iyesini davet etmek için sağ el yüreğin üzerine konur ve şu sözler tekrarlanır:

"Ey yüreğimin canı
Ey güneşin kanı
Sana yurt yaptım bak
Sana aş yaptım tadına bak
Gel dinle beni, defolsun karalar
Gel dinle beni, çözülsün içimdeki ayazlar."

Şiirin ardından sessizce beklenir. Ateş içe doğru yıkılıyorsa ateşin iyesi gelmiştir. Eğer ki başka yönlere doğru yıkılıyorsa ateşin iyesini davet eden kişi, odunları ve diğer malzemeleri içtenlikle hazırlamamıştır. Aynı işlemi ertesi gün yeniden denemesi gerekir. Zira ateşin iyesi samimiyeti sever ve ateş yakılırken özenli olmak gerekir.

Ateş içe doğru yıkıldığında içtenlikle "Hoş geldin!" denir. Hangi konuda destek istenecekse ateşe bakmadan anlatılır. Ardından "Ulu yaratanın adıyla geldiğin için teşekkür ederim" denir. Ateş köz olana dek orada beklenir. Ardından ayağa kalkılır, geriye doğru üç adım atılır ve uzaklaşılır. Sonrasında dönüp gidilir.

Ay'ın iyesi

Ay'ın iyesinden nasıl destek alınır?

Üzerinde ya da içinde sıvı bulunan her şeyde Ay'ın hâkimiyetini görmek mümkündür.

Buzullar hesaba katılmadığında dünyanın %71'i tuzlu, %2,7'si tatlı sudan oluşur. Ne tesadüftür ki sağlıklı bir insanın bedeni de aynı oranda su içerir.

İnsan bedeninin yüksek oranda su içerdiğini göz önünde bulundurursak, Ay'ın insanlar üzerindeki etkisinin sanıldığından çok daha güçlü olduğu sonucuna varılır.

Dünya üzerindeki sular Ay'ın döngülerine göre gelgit yaşarlar. Dünyanın suları üzerinde böylesine güçlü bir etkisi olan Ay'ın insan bedeni üzerinde de kuşkusuz büyük tesirleri vardır.

Kadınlar toprak olduğundan Ay'ın etkisi onlarda çok daha yoğun görülür. Hatta kadınların regl dönemleri tamamen Ay'ın döngüsüne ve evrelerine bağlı olarak oluşur.

Yeniayla birlikte gelgit olayında çekilme evresine girildiğinde kadınlar âdet görürler. Bu nedenle halk ağzında regl dönemine "aybaşı" da denir. Kadının doğurganlığı Ay'ın evreleriyle orantılıdır.

Dolunaya beş gün kala kadınların en doğurgan olduğu zamandır. Yumurtlama yoğun olarak bu zamanlarda gerçekleşir. Dolunaydan beş gün sonra kadınlarda yumurta üretimi durduğundan doğurganlıkları da azalır. Sadece Ay döngüsü takip edilerek bile gebe kalmayı ya da kalmamayı hesaplamak mümkündür. Bunun için kimyasal ilaçlar kullanmaya hiç gerek yoktur.

Regl dönemleriyle ilgili sıkıntı yaşayan kadınların mümkün mertebe Ay'ı görebilecekleri bir yerde oturmaları gerekir. Beden kısa bir süre sonra Ay'la uyumlanacak ve düzene girecektir.

Yumurta üretimleri zayıf olan kadınlar, yeniaydan yedi gün sonra bir bardak suyu gece boyunca dışarıda bırakıp sabah erken saatte içmelidir. Bu işlem, yumurta üretimini canlandıracaktır.

Ay'ın iyesi görünmez bir iple doğrudan dünyaya bağlıdır. Aynı şey güneş ve tüm gezegenler için de geçerlidir. Gezegenlerin hepsi güneşe bağlı oldukları halde Ay sadece dünyaya bağlıdır. Böyle olmasaydı Ay'ın yörüngesi değişir, dünya Ay'sız kalır ve bu da içi sıvı dolu olan canlı yaşamın büyümesinin durması anlamına gelirdi.

Güneş, dünya üzerindeki tüm varlıklara büyüme gücü verir. Bu güçle birlikte ağaçlar ilkbaharda uzar, meyveler güneşi gördükçe olgunlaşır. Güneşin gün boyu emilen enerjisi içi sıvı dolu canlı organizmaların bedenlerinde depolanır ancak aktif olarak kullanılamaz. Depolanan bu büyüme enerjisinin kullanımı tamamen Ay'a bağlıdır.

Akşam olup da Ay ortaya çıktığı vakit gündüz depolanmış olan büyüme enerjisinin aktif kullanımı başlar. Ay'ın çekim gücü canlıların bedenindeki suyu çekip bastırarak aktifleştirir. Bu yüzden gündüzleri güneşten büyüme enerjisini çeken ağaçlar akşamları yaprak verir, tohumlar yine gece patlar, çocuklar uykuda büyür.

> Çocuğunun yaşıtlarına göre boyunun kısa kaldığını düşünen ebeveynler dolunayın gerçekleşeceği günler çocuklarına bolca su içirmeliler. Gerisini Ay zaten halledecektir.

Ay'ın göçüp gitmeye hazırlananlar üzerinde de büyük etkileri vardır. Kazalar hariç, dünyadan göçüp gitme zamanı dolunaydan beş gün sonra ya da en geç yeniaya yakın zamanda ve gelgit olayında çekilme başladığında gerçekleşir. Ay dolmaya başladığında kimse göçmez. Kişi ne kadar hasta olursa olsun, hatta hastalığın son evrelerini geçiriyor bile olsa Ay dolarken üzerine bir canlanma hali gelir ve dolunaydan sonra da birdenbire ağırlaşarak göçerler. Hastadaki o canlanma halini sağlayan Ay'ın dolmaya başlamış olmasıdır.

Ay, bedendeki suyu çoğalttığından dolayı tıpkı çiçeğe su verir gibi kişinin canlanmasını sağlar ancak Ay eksilmeye başladığında sular azalır ve kişi son günlerini tamamlamaya geçer. Azalmanın en yoğun olduğu anda ve gelgit olayının çekilmesi sırasında kişi göçer.

Can çekişen ve bir türlü göçüp gidemeyen hastalar, büyük olasılıkla yanlış yöne doğru yatıyorlardır. Başları kuzeye dönük yatmalıdırlar. Tersyöne yatılması halinde, döngü ters işlemeye başlar ve kişinin bedeni bir türlü rahatlayamaz.

Ay'ın bir diğer etki alanı da topraktır. Ay toprağı yeniler ve tazeler. İçindeki suyu çoğalttığından toprak verimlileşir. Ekin zamanında yine Ay'ın evresine dikkat edilmesi gerekir.

Dolunayda tohum ekilmemelidir. Ay'ın çekim gücü yoğun olduğundan bu dönem ekilen tohum, suyla taşan toprağın altında kalamaz ve yüzeye çıkar.

Tarlası olanlar, toprağının verimliliğini artırmak için tarlanın adını Ay'la başlatmalıdırlar. Çünkü Ay toprağı yeniler ve tazeler. Tarlasının adını Aybağı, Aykız gibi isimler koyanların toprağı her zaman taze ve verimli olur.

Dolunayın bu derece bereketli olmasının nedeni ona o süre boyunca bir Tengri'nin de ışığının vurmasından dolayıdır. Bu Tengri, Dolun Han'dır. Bereket ve verimlilikten sorumlu olan Dolun Han, Ay'a ışığını gönderdiğinde o ışık da yeryüzüne vurur. Bu nedenle en verimli ve en uğurlu günler o günlerdir.

Dolunayın suyunu içmek doğurganlığı artırır. Bu yüzden hamilelik dileyen kadınlar, dolunay boyunca dışarıya büyük bir bardak su koymalı ve sabah güneş doğmadan o suyu alıp bir yudumda içmelidirler. Suyu içerken de şu sözleri tekrarlamalılar:

"Ulu Kayra Han'ın adıyla. Dolun Han'ın desteğiyle doğurganlığımı güçlendiriyorum."

Ay'la bilinçli ve sıkı bir ilişki içinde olmak çok önemlidir. Ay'a bu hizmetlerinden dolayı teşekkür edilmesi gerekir. Ay'a teşekkür sunmak için yükselen Ay'ın altında rahatlayarak beş dakika kadar durulur ve içsel bir şükran duygusu hissedilir. Ay'a teşekkür yürekten gönderilir. Bu sırada içeriden şu sözler tekrar edilir:

"Ulu Kayra Han'ın adıyla. Sevgili Ay, büyümeme ve olgunlaşmama verdiğin destek için sana çok teşekkür ederim. Ve sana şükranlarımı sunuyorum."

Böylece Ay'la görünmez bir bağ kurulmuş olunur. Bu bağ hissedildiği sürece Ay'a yürekten duygu göndermek de kolaylaşır.

Beş dakikanın sonunda durup beklemeye devam etmek önemlidir çünkü sonrasında Ay da kendisine şükran gönderen yüreğin ışığına kendi ışığını göndererek teşekkürünü sunacaktır. Bu bekleme süresi dilenirse biraz daha uzatılabilir, sakıncası yoktur.

Ritüelin ardından kimseyle konuşmadan sessizce yatıp uyumak gerekir. O gece görülecek olan rüyalar mutlaka gerçekleşir.

Ay, rüyalardan sorumludur. Sıkıntılı bir rüya görüldüğünde Ay'a anlatılabilir. Kadim bilgeler, bu yüzden kötü bir rüya görüldüğünde o rüyanın suya anlatılması gerektiğini salık verirler ve kişiyi nehre yollarlardı.

Nasıl ki güneşin ateşle güçlü bir bağı varsa, suyun da Ay'la bağı vardır.

Kış mevsimine girilirken gökte Ay görünmüyorsa, bu o yıl için ekinin bol olacağını gösterir.

Nemli olan her şey Ay'ın etkisi altındadır. Beyin bile...

Yeniay haftanın 6. gününe denk gelirse, 20 gün boyunca yel ve yağmur oluşur.

Küçülen Ay'da hayvan ve ağaç kesilmez. Kesilen ağaç ne için kullanılırsa kullanılsın, küçülür ve çöker. Aynı şekilde et de küçülerek sertleşir.

İnsan bedeninde her organ bir gezegene bağlıdır. Güneş yürek, Ay beyin, Jüpiter akciğer, Satürn dalak, Mars karaciğer, Venüs böbrek, Merkür üreme organlarıdır.

Ay'ın ilk çeyreğinde kan daha sıcak ve nemli olduğundan insanlar kendilerini iyimser hissedebilirler. Ay'ın ikinci çeyreğinde kan sıcak ve kuru olduğundan bu zamanlarda biraz daha asabiyet görülebilir. Üçüncü çeyreğinde kan soğuk ve nemli olduğundan ağırkanlılık ve yavaşlık söz konusudur. Dördüncü çeyrekte ise kan soğuk ve kuru olur. Bu yüzden insanlar kendilerini daha bunalımlı hissedebilirler.

Küçülen Ay'ın ilk çeyreğinde doğan çocukların bağışıklığı düşük olur. Aysız gecede doğan çocuklarda ya zihinsel bir bozukluk oluşur ya da fazlasıyla hassaslaşırlar. Bunun dışındaki Ay zamanlarında gerçekleşecek doğumlarda sorun yoktur.

Boğmaca geçiren çocuklar yeniaya çıkarılmalıdır. Hasta çocuğa bir süre yeniayı izletmek gerekir. Bu ritüel sırasında çocuğun üzerini çıkarmakta fayda vardır. Ebeveyn sağ elini çocuğun karnına koyup aşağı yukarı hafifçe ovmalı ve bu sırada şu sözler hasta çocuğa tekrarlatılmalıdır:

"Ulu Kayra Han'ın adıyla. Şu an gördüğüm büyüsün, şu an hissettiğim küçülsün."

Ritüelin ardından Ay selamlanmalı ve saygı gösterilmelidir. Ay, ilk göründüğünde avuç içiyle ağza vurarak "Aaaaaa!" diye seslenmek Ay'ın dönerken çıkardığı sesi taklit etmek olduğundan, bu şekilde Ay'la uyumlanılabilir. Bunu yapan kişiler, Ay'ın yüksek sihrinden faydalanırlar. Bebeklerin ağızlarına "Aaaa!" dediklerinde hafifçe vurulmasının temelinde bu gelenek yatar.

Doğum kontrol hapı kullanan kadınların hormonal açıdan metabolizmaları etkilenir ve Ay'ın döngüsünden şaşarlar. Bu yüzden de dolunay zamanlarında regl yaşamaya başlayabilirler. Dolunay, regl ağrılarının şiddetli olmasına ve regl sürecinin uzamasına neden olur. Dolunayda yeryüzündeki tüm sular taşarken bedende de aynı şey olur. Bu nedenle dolunay döneminde regl olan kadınların bedenlerindeki su başlarına doğru yükselmeye başlar. Oysa rahimde atılmayı bekleyen bir sıvı vardır. İşte bu zorlama hali, ağrılara neden olur, çünkü beden itim gücü ile çekim gücü arasında sıkışır.

Birkaç gün sonra yeniaya doğru geçiş başladığında bedendeki sular aşağı itilir ve aşırı kanamalar meydana gelir. Bu yüzden dolunay zamanında regl olan kadınların iki hafta süren uzun kanamaları olur.

Uzun ve yoğun kanamalı regl dönemleri geçiren kadınların Ay'ın döngüsüyle uyumlanabilmeleri için Ay gökyüzünde ilk göründüğünde avuç içiyle ağızlarına vurarak "Aaaaaaa!" diye seslenmeleri gerekir. Bu aynı zamanda Ay'ın dönerken çıkardığı sestir.

Eski ayda yürünen yollarda üzerine basılan ağırlıkların yeniaya taşınmaması için yeniayda yeni bir çift çorap giyilmelidir. Yeni bir yolculuğa ya da tatile çıkılmak isteniyorsa da aynı şey yapılmalıdır. Kadınların farkında bile olmadan yeniay dönemlerinde kendilerine yeni kıyafet ve takı almak istemeleri de bu yüzdendir. Zira bunlar ruhun dokusuna işlemiş geleneklerdir.

Doğanın işaretlerini okumak

Doğa büyük bir saat mekanizması gibi işler. En büyük parçasından en küçüğüne kadar her şeyin bir işleme zamanı, oluşum zamanı, olgunlaşma zamanı, doğum zamanı ve ölüm zamanı vardır. Bunlar saatin dişlileridir ve her birinin kendine has bir hızla döngüsünü tamamladığı görülür.

Nasıl ki 59. saniye gelecek olan dakikayı haber veriyorsa, 23.59 yeni bir günün yaklaştığını gösteriyorsa, 29. gün de yeniayın geldiğini haber verir. Bu takvime bakarak doğada gelişecek olağandışı durumları izlemek mümkündür. Bunun için gözlem ve hatırlama gücüne sahip olmak yeterlidir. Hayvanlar, doğadaki değişimleri çok daha güçlü algılayıp hissederler çünkü insanlardan 210 bin yıl daha deneyimlidirler. Bu nedenle oluşacak depremi, seli, fırtınayı ya da volkanik patlamayı sezebilirler.

Ata hafızası onların genlerinde de bulunduğundan bilinçleri ve sezgileri güçlüdür. İnsanlar henüz çok genç olduklarından dolayı eğer ki bir Kham değillerse duyuları ortalama düzeyde ve yaklaşık 60 metrekarelik bir alan içinde cereyan edecek değişimi algılayabilir.

Doğru yaşam alanında kalındığında zaman içinde doğaya karşı algı ve sezgilerde keskinleşme söz konusu olacaktır. Bu aşamaya gelmek biraz zaman alacaktır. Fakat doğanın sunduğu işaretleri takip etmeye devam etmek sezgilerin gelişmesine büyük destek sağlar.

Hayvanların haber verdiği doğa olayları nasıl okunur?

Fırtınanın yaklaştığını işaret eden bazı durumlar vardır. Şamanlar ormanda yaşadıkları için yırtıcı kuşları takip etmeleri kolaydır. Sabahları yırtıcı kuşların alçaktan uçtuğunu gözlemlediklerinde fırtınanın yaklaşmakta olduğunu bilirler. Yırtıcı kuşlar açısından yere yakın mesafede rüzgârın şiddeti çok etkili değildir

Denizden gelecek fırtınadan bir gün önce, özellikle akşamüzeri saatlerinde martılar sürü halinde karaya doğru uçuyorlarsa, denizde onların bile dayanamayacağı şiddette bir fırtına var demektir ve martılar kendilerine güvenli bir yer arıyorlardır.

Şehirde kırlangıçlar bolca bulunurlar ve bu kuşlar delidolu, korkusuz hayvanlar oldukları için yağmur fırtınaya dönüşürken yıldırımlar arasında uçmaya bayılırlar. Havada sert rüzgârlar eserken, rüzgâr yönünde heyecanla uçuşan bir kırlangıç sürüsünün görülmesi, bol yıldırımlı bir havanın yaklaşmakta olduğunu gösterir.

Bizim oturduğumuz bölgede her gün ineklerini otlatan komşularımız var. İneklerin boyunlarındaki çan seslerini hemen her gün duyarız fakat bazen çan sesleri kesilir, duyulmaz olur. Komşumuz ne kadar çabalarsa çabalasın bazı günler ineklerini otlatmak için ahırdan çıkarmayı başaramaz. O vakit biz de anlarız ki yağmurlu ve fırtınalı bir gün yaklaşmaktadır. İneklerin ön dişleri olmadığından dolayı otları dişetlerinin arasına sıkıştırarak kopardıkları için ıslak otları koparmakta zorlanırlar. Bu nedenle yağmurlu olacağını sezdikleri havalarda kendilerini yormazlar ve ahırda yatarlar.

Eski büyüklerin torunlarına "Uluma, yağmur yağdıracaksın" demelerinin temelinde de yine hayvanlarla ilgili kadim bir bilgi vardır. Börüler (kurtlar) fırtınalı yağmurlar gelmeden evvel uzun uzun ulurlar. Bunu aslında fırtınalı yağmuru haber vermekten ziyade çağırmak için yaparlar. Uluyarak fırtınayı çağırırlar ki yağmurdan sonra geyiklerin taze ot fışkıran açık bölgeye akın etmelerini ve avlanmayı beklerler. Geyikler yağmurun etrafa yaydığı taze ot kokusuna giderler. Bunu bilen kurtlar da uluyarak fırtınalı yağmuru çağırırlar. Büyüklerin diline yerleşen bu sözün öz anlamı budur.

Şehir hayatında yaşayanlar doğal olarak kurt ulumasını ve yırtıcı kuşların doğadaki işaretlerini göremeyeceklerdir. Ancak şehirde yaşayan hayvanlar da yaklaşmakta olan yağmuru haber verirler.

Örneğin sinekler... Oturma odasında ya da balkonda birkaç sineğin köşe çizerek uçmaları gelecek olan yağmurun işaretidir. Gelecek olan yağmurdan kaçarak kendilerine sığınabilecekleri kapalı bir alan bulmuşlardır.

Doğalarına son derece aykırı olmasına rağmen günümüzde kedi ve köpekler, evlerde yaşamaktadırlar. Oysa köpekler kendilerinden büyük tehlikeleri eve almamakla, kediler de kendilerinden küçük tehlikeleri eve almamakla görevlidirler. İçeride beslenen bu havyanlar doğalarındaki potansiyeli maalesef ortaya koyamamaktadır. Kendileri zaten evin içinde oldukları için eve almamaları gereken tehlikelere kaşı görev yapamamaktadırlar. Eve giren zaten girmiştir artık.

Kedilerin de yağmurlu havayı haber veren doğal işaretleri vardır. Bunlardan bir tanesi bolca mırıldanıp yalanmalarıdır. Patisini yalayıp başını tarıyorsa yağmur yolda demektir. Bir diğer işaret de hapşırmalarıdır.

Halk arasındaki bir görüşe göre köpekler eğer ot yiyorlarsa bununla midelerini yıkıyorlardır. Bu bir açıdan doğrudur ancak aynı olay yağmurun geleceğinin de bir göstergesidir. Yağmur gelmeden önce nem oluşturur. Nem sayesinde köpekler de koku duyularını kullanarak sağlıklı otları daha kolay bulabilirler. Tıpkı geyiklerin taze otları yağmurdan sonra bulmaları gibi...

Örümcek ağına dikkat edilmelidir. Havaya güvenemeyenler, örümceğe rahatlıkla güvenebilirler. Yağışlı ve sert hava yaklaşırken örümcekler ya ağlarında değillerdir ya da ağ üzerinde fazla hareketlidirler. Yaklaşan bol rüzgârlı ve yağmurlu havaya karşılık ağını güçlendirmek için yoğun hareket halindedir. Sakin hava şartlarında ağının ortasında bekleyip durur.

Sabah saatlerinde örümcek ağlarına çiy düştüğü görülürse gün içinde tertemiz ve taze bir hava yaşanacağı anlamına gelir.

Karıncalar da bu ilimden nasibini almış hayvanlardır.

> Karıncalar genelde sağa sola kaçırarak yiyecek ara-
> yışı halindedirler. Fakat tek bir çizgi üzerinde dümdüz
> ilerliyorlarsa yağmura hazırlık yapıyorlardır.

Otların içinde yaşamayı tercih eden karıncalar yağmu-
run yaklaştığını sezdiklerinde daha yüksek bir alana geçer-
ler. Kısaca karıncaların tercih ettiği zemin yüksekliğinden
ya da tek sıra halinde ilerlemelerinden hava durumunu tah-
min etmek mümkündür.

Ulu yaratan ne kadar da ince düşünmüş yaratımını... Her
doğa parçasının içinde hayranlık uyandıracak küçücük bir
incelik vardır. Yaratan doğanın hücrelerine kendini hayran-
lık yaratacak bir zekâyla gizlemiştir adeta.

Sadece hayvanlar yaklaşmakta olan yağışları haber ver-
mezler. Elbette bazı doğa durumları da yeni hava şartları
hakkında bilgi taşır.

> Bazen Ay'ın etrafında parlak bir hare oluşur. Bu
> hare ertesi gün gelecek olan yağmurun habercisidir.
> Otları okşamak da hava şartları hakkında doğru bilgi
> almak açısından önemlidir. Sabahları kapı önünde ya
> da etraftaki herhangi yeşillik bir alanda otlar okşandı-
> ğında avuç içi kuru kalıyorsa, gece olmadan önce gün
> içinde yağmur yağacağının işaretidir bu.

Bu işaretleri takip etmek bile insanın doğayla bütünleşmesini destekler. Bu bütünleşme ve uyumlanma süreciyle birlikte insanın sezgileri de güçlenir. Doğaya karşı hissedilen ürperti canlı bir tutkuya dönüşür.

> Uzakların kolayca ve berrak görünüyor olması da havanın yağmur topladığı anlamına gelir. Mesela İstanbul'dan bakıp da Adalar'ı görmek, İzmir'den bakıp Yunan adalarını izlemek gibi havanın geniş bir görüş alanı sunması, yağmurun yaklaştığı anlamına gelir.

Eski Türk avcıları üzerinde sayıların yazdığı takvimleri takip etmezler, doğanın işaretlerine göre zamanlamalarını organize ederlerdi. Özellikle de yaprakların ağaçlardan düşme zamanı onlar açısından çok önemlidir. Ağaçların yaprakları sonbaharın ilk ayında düşmeye başlıyorsa, kış yumuşak geçecektir. Bu şekilde avlanmayı sürdürebileceklerini öngörürler. Eğer ki sonbaharın ikinci ayında yapraklar düşmeye başlarsa bu da kışın sert geçeceğini ve hayvanların zor şartlar altında varlıklarını sürdüreceklerini söyler avcılara. Bu şartlar altında av hayvanı bulmaları zor olduğu gibi avlanma sırasında hayati tehlikeler de söz konusu olacaktır. Avcılar bu verilere göre programlarını yaparlar. Onları bekleyen av koşullarından daha da emin olmak için kuşların seslerini takip ederler.

Kargalar güzel havayı çok severler. Kara renkli oldukları için güneşin sıcaklığını daha çok çekerler ve bu onların enerjilerini çoğaltır. Enerjileri yüksekken eşleriyle birlikte uçmayı isterler. Çiftler halinde gökyüzünde uçan kargalar görüldüğünde bu hem o gün, hem de ertesi gün mis gibi bir bahar havasının yaşanacağına işaret eder.

Eğer ki kuşlar sonbaharda ötmeyi kesmişlerse, kış mevsimi sert geçecek demektir. Buna göre Şamanlar daha fazla odun tedarik etmeye yönelirler. Çünkü kuşlar ötmeyi kesip sert geçecek kış ayı için yuva yapmaya koyulmuşlar, bu yüzden de susmuşlar demektir.

Hava yağmurlu olduğu halde kuşlar ötüşüyorsa bu durum yağmurun hemen dineceğine işaret eder. Yağmurda kuşlar ötmüyorlarsa, bu da yağmurun süreceği anlamına gelir.

Şunun da altını çizmekte fayda vardır ki Şamanlar, hiçbir mevsimi diğerine tercih etmezler. Çünkü onlar bilirler ki, bir öncekinin bolluğu, bir sonrakinin bolluğudur. Bu nedenle mevsimiyse bolca yağmur yağsın, mevsimiyse güneş cayır cayır yaksın, mevsimiyse kar lapa lapa yağsın...

İlkbaharda otlar boy atmaya başlarlar ve yaz mevsiminin başına kadar da uzamaya devam ederler. Otların boyu yaklaşmakta olan kış mevsiminde yağacak karın yüksekliğini gösterir. Bununla birlikte kışın sertliği ve uzunluğu hakkında da haber verir.

Kar o yıl ne kadar yoğun olursa, gelecek yıl o kadar bereketli, verimli ve bol ürünlü geçer. Bu nedenle Şamanlar için her mevsim kutsaldır. Onlar bir sonraki mevsime hazırlığı önemserler. Doğa da bunu yapar. Bir mevsimin içinde olmak, sonraki mevsime hazırlıktır aslında...

Bulutlar ne kadar yüksekteyse, o gün o kadar açık ve temiz bir hava yaşanacak demektir.

Arılar sadece güneşli ve rüzgârsız havalarda dolaşıp polen toplarlar. Rüzgâr ve yağmur bacaklarına yapışmış polenleri yıkayabileceği için kovanlarında kalmayı tercih ederler. Yağmur yağacağı, sis bastıracağı ya da rüzgâr çıkacağı zaman arılar ortalıkta görünmezler.

Koyunlar yağmursuz havalarda otlandıkları için açık havada çayıra çıkarak etrafa yayılırlar. Bulutlar da tıpkı koyunlar gibi gökyüzüne parça parça dağılmış halde ve bembeyazsa o gün hava yağmursuz, sakin ve açık olacaktır.

12 hayvanlı Türk takvimi

12 Hayvanlı Türk Takvimi'nin Kham'lar için büyük önemi vardır. Bu takvim sayesinde mevsimsel törenler, gelecek tahminleri, kişilik analizleri, rahatsızlıkların teşhisi ve doğal döngülere uyumlanma zamanları belirlenir.

12 Hayvanlı Türk Takvimi'ni diğer takvimlerden ayıran özelliklerinden biri de astroloji ve yıldız bilimiyle alakasının olmamasıdır.

12 Hayvanlı Türk Takvimi, tamamıyla 8 gezegenin ve Ay'ın dönerken çıkardığı sesin etkisiyle dünyada oluşan doğal döngülerin dönüşümüyle bağlantılıdır. Dünya ve üzerindeki tüm canlılar olumlu ya da olumsuz bu etkilerden nasibini alırlar.

Kitabın ilerleyen bölümlerinde "Büyü ve Sihir" başlığı altında 12 Hayvanlı Türk Takvimi'nin sihir açısından aylara göre taşıdığı özelliklerden bahsedilecektir. Bu bölümde yıllara göre 12 Hayvanlı Türk Takvimi'nin değerlendirmesi ve takvimden nasıl yararlanılabileceği üzerinde durulacaktır.

1. Küske yılı (Sıçan yılı)
2. Ud yılı (Sığır yılı)
3. Pars yılı (Kaplan yılı)
4. Toolay yılı (Tavşan yılı)
5. Ulu yılı (Ejderha yılı)
6. Çılan yılı (Yılan yılı)
7. At yılı
8. Koy yılı (Koyun yılı)
9. Meçin yılı (Maymun yılı)
10. Dagaa yılı (Horoz yılı)
11. İt yılı (Köpek yılı)
12. Tonuz yılı (Domuz yılı)

Bu hayvanların sahip oldukları güç ve özelliklere göre temsil ettikleri yıllar da aynı özellikleri gösterirler.

Örneğin, gezegenlerin konumuna ve bu konumdan oluşan seslere göre eğer At yılı yaşanıyorsa, hayvanın karakteristik özellikleri o yıl boyunca dünya üzerinde etkili olur. Buna göre At yılında insanlar diğer yıllara göre özgürlüklerini çok daha önemserler, daha sık gezerler, daha fazla başarı arzusuyla dolarlar. Kendilerini bekleyen mücadele ve sorumlulukları yüklenirler.

Takvimde bu 12 hayvanın seçilmesinde binlerce yıllık gözlemin yanı sıra atalar aracılığıyla gelen gerçeklikler de söz konusudur.

Günümüzde de halen 12 Hayvanlı Türk Takvimi'ne göre hayvanların özelliklerine bakılarak kişilerle oluşumların genel niteliği denkleştirilir. Domuz gibi inatçı, yılan gibi sinsi, maymun iştahlı, kaplan gibi atılgan, koyun kadar iyi huylu, köpek gibi sadık gibi halk diline yerleşmiş özdeşleşmeler kişilik yapılarını ifade etmek için kullanılır.

Kadim Türkler doğayı ve hayvanların fıtratlarını onlarla iç içe yaşadıklarından dolayı çok daha iyi gözlemleyebiliyorlardı. Buna istinaden ayın ve yılın karakteristik özelliklerini de bu hayvanlarla bağdaştırabiliyorlardı.

Takvimdeki her hayvan kendi ırkının en güçlüsüdür ve her biri farklı nitelikte güçlere sahiptirler. Buna göre küske hareketlidir. Küske yılında yaşam daha hararetlidir. Sığır yılında hareketlilik yavaşlar. Kaplan yılındaysa yeniden yükselir. Tavşan yılında yine düşer, Ulu yılında yükselir, Yılan'da düşer, At yılında yükselir, Koyun yılında düşer, Maymun yılında yükselir, Horoz yılında düşer, Köpek'te yükselir, Domuz yılında yine düşer. Enerji dalgaları gibi alçalıp yükseliş gösterir ve 12 yılda bir küçük değişimlerle bu karakteristik özellikler tekrarlanır.

Kişi hangi hayvanın yılında doğmuşsa, kendisi de o hayvanın benzer niteliklerini taşır. Örneğin Yılan yılında doğmuş olanların hedefi şifa ve tedavi alanında uzmanlaşmaktır. Yılanın zehri aynı zamanda çok güçlü bir panzehir olduğundan, Yılan yılında doğmuş olanların sağlık sorunlarını kendilerince çözme arzuları vardır. Çünkü zehir de panzehir de kendisindedir.

12 Hayvanlı Türk Takvimi'ne göre doğum yılı hesaplama

Karşılığı	Yıl
Sıçan	2008, 1996, 1984, 1972, 1960, 1948, 1936, 1924
Sığır	2009, 1997, 1985, 1973
Kaplan	2010, 1998, 1986, 1974
Tavşan	2011, 1999, 1987, 1975
Ejderha	2012, 2000, 1988, 1976
Yılan	2013, 2001, 1989, 1977
At	2014, 2002, 1990, 1978
Koyun	2015, 2003, 1991, 1979
Maymun	2016, 2004, 1992, 1980
Horoz	2017, 2005, 1993, 1981
Köpek	2018, 2006, 1994, 1982
Domuz	2019, 2007, 1995, 1983

Küske (Sıçan) yılında doğanların genel özellikleri: Araştırma ve gazetecilik alanında oldukça başarılı olurlar. Gizli kalmış olana karşı ilgileri büyüktür. Araştırıp bulmak konusunda yeteneklidirler. Bedensel olarak kendilerini zorlayacak ağır işlerle meşgul olmazlar. Zihinsel faaliyetleri oldukça yoğundur. Tez canlıdırlar ve malı mülkü severler. Bu nedenle çok ve hızlı çalışıp mülkü de çabuk elde etmek isterler. İyi birer yöneticidirler fakat aynı zamanda ürkektirler. Geniş bir aileye sahip olurlar. Buna rağmen otorite eksiklikleri vardır.

Küske yılının genel özellikleri: Bu yıl daha fazla mal mülk edinilir. Üretkenlikler yoğunlaşır. Küske yıllarında yaşam bereketli olur, fakat gizlilik ve hile de sıkça yaşanır.

Ud (Sığır) yılında doğanların genel özellikleri: Analitik bir algıya sahiptirler. En iyi akademisyenler Ud yılında doğarlar. Ağır işler yüklenebilirler. Yapısal olarak güçlüdürler, fakat kışkırtılmadıkça ve desteklenmedikçe çalışmazlar. Ağırkanlıdırlar... Yerine göre uzmanca bir vurdumduymazlığa girerler. Bu özellikleri sayesinde sorunların dışında kalmayı başarırlar.

Ud yılının genel özellikleri: Bu yılın genel niteliği, bilimde yeni keşiflerin yapılması ve doğanın yeni gerçeklerinin keşfedilmesidir. Ud yıllarında emekle birlikte gelen bereket söz konusu olur. Eğer tembellik edilirse, çok büyük kayıplara neden olabilecek bir yıldır.

Pars (Kaplan) yılında doğanların genel özellikleri: Doğru yönlendirildikleri ve disiplinli olduklarında çok iyi

savaşçıdırlar. Hürriyetlerine düşkündürler. Gezmeyi sever-
ler. Yavrularına düşkündürler. Yanlış yönlendirildiklerinde
asi ve pinpirikli olurlar. Dünyayı kurtaracak bir kahraman
olabilecekken, gereksiz işlerin başarılı kahramanı oluverir-
ler. En iyi askerler Pars yılında dünyaya gelenlerdir.

Pars yılının genel özellikleri: Pars yıllarında kavga ve
çatışmalar yoğun olur. Savaşlar çıkar.

Toolay (Tavşan) yılında doğanların genel özellikleri:
12 hayvanın arasında en iyi huylusu Toolay'dır. Kavgaları
sevmediği gibi iki tarafı da yumuşatabilen bir tarafı vardır.
Bu yılda doğmuş olan kişiler tasarım ve el sanatlarında bece-
riklidirler. Aile saadeti onlar için çok önemlidir. Çocukları
çok sever. Kötü sözü bilmedikleri, algılamadıkları için bazen
hiç olmadık yerde fazla açıksözlü espriler yapabilirler.

Toolay yılının genel özellikleri: Bu yıl çok bereketli
olur. Savaşlar biter. Dünya yumuşak ve güzel bir sakinliğe
bürünür. Fakat Toolay'ın zıplaması gibi kararsızlıklarla da
dolu bir yıldır. Bu nedenle Toolay yılında yeni girişimlerde
bulunmamak gerekir.

Ulu (Ejderha) yılında doğanların genel özellikleri: Bu
yılda doğanlar çok iyi yöneticidirler. Siyaset alanında ve
şirket yönetiminde kendilerini gösterirler. İyi yönlendiril-
diklerinde ve doğuştan gelen kibirleri törpülendiğinde bu
potansiyelleri daha verimli bir şekilde ortaya çıkar. Aksi
takdirde diktatörce bir yönetim sergilerler. Ulu'lar, yedi
hayvanın toplamından oluşurlar. Kaplan, yılan, balık, ayı,
kartal, geyik ve deve... Bu şekilde birçok özelliği yapılarında

barındırırlar. Her varlığı temsil etme sorumluluğundan ziyade her varlıktan üstün oldukları hissine kapıldıklarında tek başlarına bir mağarada yaşamak zorunda kalabilirler. Yavrularını çok iyi eğitirler.

Ulu yılının genel özellikleri: Eğitimin büyük öneminin öne çıktığı bir yıldır. Çocuk gelişimine ve genel olarak çocuklara karşı özel bir dikkat söz konusudur. Bu yıl geleceğe yönelik planlar daha da ağırlık kazanır. Birlik ve beraberliğin önemsendiği bir yıldır. Ulu yılı oldukça bereketli geçer.

Çılan (Yılan) yılında doğanların genel özellikleri: Yılanlar sağlık alanında kendilerini gösterirler. Ellerini çok iyi kullanabilen yılanlar özellikle cerrahi alanda çok başarılı olurlar. İyi ruhani liderler de yine Yılan yılında dünyaya gelenlerden çıkar. Ruhsal sağlık, ruhun ifade bulduğu yerde mümkün olacağından dolayı, soyut âlemi algılamakta oldukça iyidirler.

Yanlış yönlendirilen bir yılan maddiyatçı olur ve dünyevi arzularla meşgul olur. Yalnızlıktan zevk alırlar çünkü kendileriyle ilgilenmeyi ve içe yönelmeyi severler.

Çılan yılının genel özellikleri: Ruhanilik ve şifanın yükseldiği bir yıldır. Çılan yılında insanlar biraz daha içedönük olurlar. Yılanlar soğuk tenli olduklarından o yıl soğuk geçer. Çılan yılında mal mülk edinimi sınırlı tutulmalıdır.

At yılında doğanların genel özellikleri: Çok hareketli bir yapıya sahip olurlar. Başta spor faaliyetleri olmak üzere çalışma hayatında da hiç yorulmazlar. Siyaset için biçilmiş kaftandırlar. Başarı duygusuna adeta bağımlıdırlar. Bu nedenle bir işe giriştiklerinde onu başarmak için ellerinden geleni yaparlar. Temkinli bir yapıya sahip olurlar ve sezgileri çok güçlüdür. Karşılarındaki insanın niyetini gözünden anlarlar ve ona göre samimiyet kurarlar. Atın yüreği büyük olduğu için gövdesi de geniştir. Bu nedenle At yılında doğanların merhamet duyguları ve inançları güçlüdür.

Yanlış yönlendirildikleri takdirde ehlileşmemiş atlar gibi gelişigüzel bir hayat yaşarlar. Güçlerini tam anlamıyla ortaya çıkaramamış olurlar.

At yılının genel özellikleri: Kışın daha kısa sürdüğü genel olarak sıcak bir yıldır. Verimli geçer. Yeni başarılara büyük adımlar atılır. Girişimler için oldukça iyi bir zamandır. Başlatılan her iş mutlaka bir sonuca ulaşır.

Koy (Koyun) yılında doğanların genel özellikleri: Koyun yılında doğmuş olanlar çok ılımlı olurlar ve iyi çalışırlar. Yönetmeyi bilmezler ama iyi yönetilirler. Zihinsel bir üretkenliğe sahiptirler. Edebiyat, şiir, organizasyon gibi yetenek ve çalışma isteyen işler, koyunların parladığı alanlardır. Çok temkinlidirler ve çok çabuk karamsarlığa kapılabilirler. Hava güllük gülistanlık olsa dahi onlar her an yağmur yağabileceği ihtimaline karşılık hazırlıklı gezerler. Koyunlar bu sebeple postlarını yaz kış üzerlerinden atmazlar.

Koy yılının genel özellikleri: Bu yıl havalar genel olarak soğuk geçer, yaz mevsimi kısa sürer. Bol yağmur yağar. Yeni arkadaşlıkların kurulduğu bir yıldır fakat bencilliklerin yaşandığı da görülür. Hırsızlık ve hilekârlık yaşanmaz. İnsanlar Koy yılında genel olarak rahatlarını ararlar. At yılının vermiş olduğu yorgunlukla birlikte hafifliği ve dinlenmeyi tercih ederler.

Meçin (Maymun) yılında doğanların genel özellikleri: Maymun yılında doğanlar çok gezerler ve tek başlarına gezmeyi tercih ederler. Maymunlar sürü halinde yaşasalar da hepsi o sürünün içinde bireyseldirler. Sıkılgan yapılarından dolayı sürekli hedef ve dava değişimine ihtiyaç duyarlar. Eğlenmeyi seveler. Yavrularına çok bağlıdırlar ve onları eğitmeyi iyi bilirler. Maymunlar iyi birer çocuk eğitmeni olabilirler.

Meçin yılının genel özellikleri: Genel olarak hassas bir yıldır. Hayata huzur hâkimken birden her şey karışır ve sonrasında yine durulur. Yazlar aşırı sıcak geçer, kışlar kısadır. Maymunun iştahından dolayı o yıl çok israf olur ve insanlar fazla eğlenceye dalarlar. Üretkenlik ve bereket azdır.

Dagaa (Horoz) yılında doğanların genel özellikleri: Liderlik potansiyeliyle doğarlar. Özellikle askeri alanda üst rütbelerdedirler. Sabahtan akşama kadar çalışırlar ve hiç yorulmazlar. Şirket sahibi olarak da başarılıdırlar. Konuşma yetenekleri oldukça güçlüdür, fakat aslana kafa tutma cesaretleri de vardır. Ölümüne kadar bir aslanla kavga edebilirler. Bu kavganın sonunda ellerindeki her şeyi kaybedecek bile olsalar, geri adım atmazlar. Çevrelerinde oldukça sevilirler. Fakat horoz başına buyruk olduğu için dilediği zaman gelip gitme hakkını kendinde bulur. Bu nedenle horozlar yapıları gereği bazen uzun süre ortadan kaybolurlar. Bu özelliklerinden dolayı sıkça iş değiştirme fikrine kapılırlar. Her işi beğenmezler. Doğru yönlendirilen bir horoz iyi ve sorumluluk sahibi bir lider olur. Yanlış yönlendirilen bir horoz ise hiçbir işi kendisine layık görmez ve verimsiz yaşar.

Horoz yılının genel özellikleri: İnsanların çok işler yaptığı bir yıldır. Çok çalışıp azla yetinilir çünkü Maymun yılının israfından sonra Horoz yılında genel bir kıtlık söz konusu olur. Horoz yılında, Maymun yılının dağınıklığını toparlayabilmek için gece gündüz çalışılır.

İt (Köpek) yılında doğanların genel özellikleri: Köpek yılında doğanların koruma içgüdüleri çok güçlüdür. Bu nedenle iyi birer bakıcı ve güvenlik gücü olabilirler. Köpekler sadık olduklarından dolayı iyi sır tutarlar. Diplomat ve elçi olabilme niteliklerine sahiptirler. Özellikle arkadaşlığa ve güven duygusuna önem verirler. Doğru yönlendirilmeyen köpekler, başlarına buyruk, kendine güvensiz, disiplinsiz, amaçsız ve gelişigüzel yaşarlar. Doğru yönlendirilenlerse ne istediğini bilen, saygılı, sadık, ailesine bağlı, dürüst ve samimi bir kişiliğe sahip olurlar.

İt yılının genel özellikleri: Bu yılın temel özelliği sabırdır... İt yılı insanlara çok şey öğretmek ister ki yapılan hatalar bir kez daha tekrarlanmasın. Bereketli bir yıl olduğu söylenemez. Yaz ve kış mevsimleri eşittir. Bu yılda savaşlar çok olur, çünkü köpek saldırganı kovmaya ve alt etmeye çalışır.

Tonuz (Domuz) yılında doğanların genel özellikleri: Domuz yılında doğmuş olanlar misafirperverdirler. Bu da onları özellikle gıda işletmelerinde başarılı yapar. Domuzun burnu çok keskindir. Domuz yılında doğanlar iyi kokuların, lüksün ve rahatlığın peşindedirler. Ilımlı bir yapıları vardır ve sempatik bir izlenim bırakırlar. Çok yavrulayabildikleri için çok da bereketli ve üretkendirler. Maddiyatı çok severler. Yeni geçmiş olan Horoz ve İt yılının ardından maddiyatı elde tutmayı tercih ederler.

Tonuz yılının genel özellikleri: Yağışlarla birlikte ürünler de çok olur. Bencillik fazlasıyla hissedilir. Aç bir domuz yavrusunu bile ezip geçer. Bu nedenle bencilliğe fazla kapılmayarak merhamet duygusunun korunması gereken bir yıldır. Kışlar uzun, yazlar kısa olur. İnsanlar daha çok evlerinde ya da sevdikleri dostlarının yanında zamanlarını geçirmeyi tercih ederler. Sosyalleşme yoğundur.

12 Hayvanlı Türk Takvimi'ni hayvanların derin yapılarını da dikkate alarak değerlendirmek ayrıca bir kitap konusu olacağından dolayı şimdilik hayvan yıllarının ve bu yıllarda doğmuş olanların genel özelliklerini değerlendirdik.

12 Hayvanlı Türk Takvimi'nde su, ağaç, ateş, toprak ve demir olutlarının (elementlerinin) da önemli etkileri bulunur. Hatta bu olutların 12 yıla hükmettiklerini bile söyleyebiliriz.

Buna göre olutların nitelikleri, o yılın hayvanının özelliklerini yumuşatabilir, derinlik kazandırabilir, azdırabilir ya da keskinleştirebilir. Bir yılı değerlendirirken elementinin genel izlenimine de göz atmak gerekir. Örneğin su olutunun egemen olduğu bir Küske yılının genel özelliklerinde yumuşaklık, akıcılık ve besleyicilik söz konusu olacaktır.

Olutların hayvan yılları üzerindeki etkisi

Su: Yumuşaktır, akıcıdır, şeffaftır, dürüsttür, yalındır, besleyicidir.

Ağaç: Olgundur, güçlüdür, serttir, bilgedir, verimlidir.

Ateş: Heyecanlıdır, hareketlidir, arındırıcıdır, güçlüdür, saygındır, şifadır.

Toprak: Doğurgandır, mütevazıdır, hareketlidir, adaletlidir, edilgendir.

Demir: Keskindir, serttir, ilkelidir, mantıklıdır, liderliktir, hükümdarlıktır.

Bir hayvan yılı üzerinde
hangi olutun egemen olduğunu saptamak:

Doğum yılının son rakamı, o yılın üzerinde egemen olan olutu belirler. Her olut iki yıl boyunca hükmünü sürdürür. Bu nedenle olut açısından döngüler 10 yılda bir tamamlanır.

0-1 Demir
2-3 Su
4-5 Ağaç
6-7 Ateş
8-9 Toprak

Örneğin: 1977 yılında doğan biri Ateş Yılanı'dır.

Ateş Yılanı'nı Suyılanı'ndan ayıran en büyük özelliği genel anlamda daha tutkulu olmasıdır. Suyılanları daha yumuşak bir yapıya sahip olurlar.

1962 yılında doğan biri Su Parsı'dır.

Su Parsı'nı Toprak Parsı'ndan ayıran en büyük fark, Toprak Parsı'nın daha edilgen oluşudur. Su Parsı daha başına buyruktur.

12 Hayvanlı Türk Takvimi'nde
mengi (bengü/ebedi) sistemi:

12 Hayvanlı Türk Takvimi değerlendirmelerinde pek bilinmeyen fakat Kham'ların özellikle dikkat ettiği "mengi" adlı bir sistem vardır. Mengi, Türkçede bengü/ebedi anlamına gelir. Tıva'da ise dağların tepelerinde yaz kış erimeyen karlara verilen isimdir.

Mengi, karakteristik yapıdaki zayıflığa işaret eder. Kişinin bu zayıflığını bilip hayatı boyunca her zaman bu yanına dikkat etmesi ve onu potansiyel bir güce çevirmesi gerekir.

Mengi çeşitleri:

1 = Ak

2 = Kara

3 = Kök (mavi)

4 = Nogaan (yeşil)

5 = Sarı

6 = Ak

7 = Kızıl

8 = Ak

9 = Kızıl

Mengilerin önünde duran sayılar, onların derecesini, şiddetini, çokluğunu ve yoğunluğunu gösterir, bu nedenle de önemlidir.

Ak: İfade eksikliği ve akciğer zayıflığıdır. Kişinin kendisine söylediği yalanların, solunum sisteminde ya da teninde tezahür edeceğini gösterir.

Kara: Böbrek zayıflığına, cesaretsizliğe, takatsizliğe ve korkulara işaret ettiği gibi bedensel açıdan oluşacak sıkıntıların yoğunlukla hormonal olduğunu gösterir.

Kök: İnançsızlığa, gökten kopukluğa, maddiyatçılığa, şükürsüzlüğe, merhametsizliğe ve güvensizliğe işaret eder. Bu nitelikler, bedensel olarak kişinin beyninde bir zayıflık olarak ortaya çıkar. Beyin yeterince beslenmiyordur, onunla ilgilenilmiyordur.

Nogaan: Aktif ya da pasif agresifliğe, aşırı kuşkuculuğa, karaciğer rahatsızlıklarına, göz bozukluklarına, gerginliğe işaret eder. Bu nitelikler asidik bir beden olarak kendini ifade eder.

Sarı: Midenin, dalağın ve pankreasın hassasiyetine işaret eder ve muhtemel sıkıntıların da bu bölgeden türeyeceğini gösterir. Aşırı kurgulama ve endişelenme eğilimi söz konusudur.

Kızıl: Tutkusuzluğa, amaçsızlığa, alınganlığa, imansızlığa, neşesizliğe işaret eder ve bütün bunlar kişide mutsuzluk olarak ifade bulur. Mutsuzluğun tezahür edeceği organ da yürektir.

Bu tabloya göre pozitif olarak tanımlayabileceğimiz mengi, 1 Ak'tır. 1 sayısıyla minimum düzeyde bir zayıflığa işaret eder. En olumsuz mengi de 9 Kızıl'dır. Yüksek düzeyde bir zayıflığı gösterir. 9 Kızıl sahibi olan kişilerin yüreklerini derhal güçlendirmeleri gerekir.

Mengi nasıl saptanır?

Doğum tarihinin son iki rakamı toplanır ve çıkan sonuç da yine kendi içinde toplanır. Çıkan sonucu 10'a tamamlayacak olan rakam kişinin mengisidir.

Örneğin:

1977 yılında doğan birinin mengi hesabı:

$77 = 7 + 7 = 14$
$1 + 4 = 5$
5'i 10 sayısına tamamlayacak olan sayı: 5
Buna göre mengi: 5 Sarı

1969 yılında doğan birinin mengi hesabı:

$69 = 6 + 9 = 15$
$1 + 5 = 6$
6'yı 10'a tamamlayacak olan sayı: 4
Buna göre mengi: 4 Nogaan

1989 yılında doğan birinin mengi hesabı:

89 = 8 + 9 = 17
1 + 7 = 8
8'i 10'a tamamlayacak olan sayı: 2
Buna göre mengi: 2 Kara

2000'li yıllarda ufak bir değişiklik söz konusudur. 2000'den itibaren dünyaya gelenler mengi sayısını 10'a değil 9'a tamamlamalıdır.

2009 yılında doğan birinin mengi hesabı:

0 + 9 = 9
Buna göre mengi: 9 Kızıl

2008'de doğan birinin mengi hesabı:

08 = 0 + 8 = 8
8'i 9'a tamamlayacak olan sayı: 1
Buna göre mengi: 1 Ak

2014 yılında doğan birinin mengi hesabı:

14 = 1 + 4 = 5
5'i 9'a tamamlayacak olan sayı: 4
Buna göre mengi: 4 Nogaan

2001 yılında doğan birinin mengi hesabı:

01 = 0 + 1 = 1
1'i 9'a tamamlayacak olan sayı: 8
Buna göre mengi: 8 Ak
2000 yılında doğmuş birinin mengi hesabı:

00 = 0 + 0 = 0
0'ı 9'a tamamlayacak olan sayı: 9
Buna göre mengi: 9 Kızıl

Buna göre en başından itibaren yapılan hesapları bir araya getirirsek, örneğin 1977 yılında doğan biri, 5 Sarı Mengi'li Ateş Yılanı'dır.

Bu bilgi bir Kham'a verildiğinde, kişinin rahatsızlıklarının kökenine inilmesi ve ona göre bir tedavi yöntemine başvurulması kolaylaşır.

Bazen içinde bulunan yılın mengisiyle, kişilerin mengisi eş düşer. Bu da o kişinin yıl boyunca mengisinin iki kat daha fazla olacağı anlamına gelir. Yani zayıflıkları iki katına çıkar.

Örneğin:

1980 doğumlu birinin mengi hesabı:

80 = 8 + 0 = 8
8'i 10'a tamamlayacak olan sayı: 2
Buna göre mengi: 2 Kara

İçinde bulunduğumuz 2016 yılının mengisi de 2 Kara'dır. Buna göre 1980 doğumluların mengisi bu yılın mengisiyle denk düşer.

Bu durumda kişinin mengisinin o yılın mengisiyle olan bağı kesilmezse yıl boyunca zayıflıkları iki katına çıkacaktır. Yaşamında karşılaştığı olmadık aksiliklere bir anlam veremeyecek ve bütün bunlara katlanmak zorunda kalacaktır. Belki bedensel zayıflıkları da artacaktır.

Mengi kesme işlemini kişi kendi başına yapamaz. Bunun için doğanın iyeleriyle daha derin bağları olan bir Kham'a danışmak zorundadır. Kham söz konusu bağı en uygun şekilde kesecek ve kişinin mengisini yılın mengisinden ayıracaktır.

12 Hayvanlı Türk Takvimi'nde bir diğer dikkat edilmesi gereken nokta da kişinin doğum döngüsündeki çakışmadır. Doğumdan itibaren 12 yıllık döngü her tamamlandığında kişiyi birtakım sıkıntılar bekler. Bunlar doğum sıkıntılarıdır.

Ana rahminde geçen 9 ay içinde bebek çok hızlı bir büyüme gerçekleştirir. Büyümenin hızı, yaşanan komplikasyonlar, tamamen annenin gebelik esnasında içinde bulunduğu ruhsal durumla doğrudan ilgilidir. Anne içinde bulunduğu yılın, bilinç düzeyinin ve sosyal çevresinin etkisinde kalarak gebeliğini tamamlar.

2003 yılında gebe kalan ve 2004 yılında doğum yapan bir kadın üzerinden konuyu şu şekilde örneklendirelim. Bu kadının gebelik sürecini güç geçirdiğini varsayalım. Kendisine iyi davranılmadığı gibi, o da başkalarına iyi davranmadı, kazalar atlattı, bir yakınını kaybetti, eşiyle kavgalar yaşadı, şiddet gördü, geçim sıkıntılarından geçti, iyi beslenemedi diyelim.

Anne gebelik süresi boyunca her ne yaşadıysa karnındaki bebek de aynı deneyimleri yaşamıştır. Buna göre gelişimi de etkilenmiştir. 2004 yılında doğum yapan bu kadının bebeği 5 Sarı Ağaç Maymunu olarak doğar. Aradan 12 yıl geçtikten sonra yani yıl 2016'yı gösterdiğinde kadının gebelik süreci tekrarlanır ve o dönem ne yaşadıysa aynı sıkıntıları yeniden yaşamaya başlar. Doğal olarak yine bir Maymun yılına denk gelinmiş olur. İşte bu döngünün adı doğum döngüsü çakışmasıdır.

Ruhunu seven ve onun uğruna savaşma cesareti olan kişiler bu olumsuzlukları birer fırsat haline dönüştürürler ve daha da güçlenirler.

Yeniden daha güçlü ve asil olarak hayata doğarlar. Yaşanacaklara karşı nasıl göğüs gereceklerini bilirler. Bunu başardıklarındaysa bir daha hiçbir şekilde ana rahminde gerçekleşmiş olan travmatik süreci deneyimlemezler. O dönemin kalıntılarından topyekûn arınmış ve yeterince güçlenmiş olurlar. Başa gelebilecek olumsuzlukları güce çevirebilmeyi öğrenmişlerdir. Bunu başaramadıklarında gelecekteki 12 yılın sonunda açığı telafi etme imkânı bulacaklardır.

12 yıllık döngüler hesaplandığında, şaşılacak olayların nasıl atlatıldığını görmek mümkündür. 12-24-36-48-60-72-84 yaşlarındaki hemen herkesin başına iz bırakan birtakım olumsuzluklar gelmiştir.

Doğanın döngüsüne göre kişinin zor dönemi 12 yılda bir değil, 60 yılda bir tezahür eder. 60 yılda bir, kişinin hem yıl hayvanı hem de olutu kendini tekrar eder.

1956 yılında doğmuş olan biri Ateş Maymunu'dur. 2016 yılı da Ateş Maymunu olduğuna göre, bu yıl 60. yaşını dolduranlar eğer ki güçlenme açısından yıllar içerisinde hiçbir şey yapmamışlarsa, sadece annelerinin gebelik esnasındaki sürecine değil, yılın ve olutun da olumlu olumsuz tüm etkilerine maruz kalırlar ve tarih tekerrür eder.

İç doğanın işaretlerini okumak

Doğa kocaman bir saat gibidir. İçinde bulunan dişliler büyük ve küçük döngülerdir. Hayatın kusursuzca işleyişi için bu mekanizma şarttır. Bu döngülerin içinde mevsimler, aylar, yıllar, doğum-ölüm ve dönüşümün bütün işaretleri söz konusudur. Her şey doğanın bir unsurudur ve doğrudan döngülerin içinde yeri vardır.

Dış doğa: İnsan bedeni dışında kalan her yer dış doğadır. Hava, ormanlar, dağlar, dünya, gök, güneş, ay, gezegenler ve bunların içinde ya da üzerinde bulunan her şey dış doğadır. Burada gerçekleşen döngüler, etkileşimler ve dönüşümler doğrudan insanın bedensel ve ruhsal yapısını etkiler.

İç doğa: İnsan bedeninin teninden itibaren içerideki her şey iç doğadır. İç doğada da, tıpkı dış doğada olduğu gibi, güneş, ay, orman, dağ, toprak, ırmaklar vardır. Bedenimiz dış doğanın bir minyatürü gibidir. Dış doğaya bağımlı olmasına karşın kendi erkliğinde bir iç doğası da vardır.

Dış ve iç doğanın etkileri

Dış doğada hava, su, güneş yoksa iç doğaya bir tedarik söz konusu olmaz. Fakat buradaki öz erklik, bedenin sahibinin kendi iç doğasını dış doğayla uyumlu tutabilme sorumluluğudur. Doğaya bağlı bir hayat süren insan, iç doğasını dış doğayla uyum halinde yaşatmalıdır. Bunu başarırsa hiçbir sıkıntısı olmaz. Fakat insan doğal olmayan bir hayat tarzını benimsemişse, ister istemez dış doğanın uyumundan cayacaktır ve iç doğasında dengesizlikler meydana gelecektir. Dengesizlikler kendini ruhsal ve bedensel açıdan gösterecektir.

Evin dışındayken doğrudan dış doğanın egemenliği altına girilir. Yağmur yağıyorsa ıslanılır, rüzgâr çıkarsa etkilenilir, sıcak olursa terlenir ve susanır. Fakat dışarıdan evin içine girildiğinde tüm bu etkilerin dışında kalınmış olunur. Artık farklı bir etkileşim alanı söz konusudur. Evdeki klima suni hava üflüyorsa hasta olunur, doğalgaz yanıyorsa çok toz olur ve burun kuruluğu meydana gelir. Tüm bunlar gösterir ki evin de kendisine ait bir doğası vardır ve insan evin doğasının egemenliği altına girdiğinde, otomatikman orası o kişi için dış doğası haline gelir.

Buna karşılık evin de bir iç ve dış doğası vardır. Dışarıda oluşan döngülere, etkilere ve işaretlere maruz kalan evin dış doğası, içerideki insanlara kendi imkânları ölçüsünde işaretler gösterir. Mesela dışarıda gökyüzü yağmur topluyorsa, evin içerisinde bir bardak su istemsizce dökülür. Bunlara her ne kadar ev kazası dense de, aslında dışarıda olup bitenlerin işaretleridir.

Ev kazaları ne söyler?

Ev kazaları olarak adlandırılan "nimet"ler de önemli işaretlerdir. Evde oluşan her kaza ve her oluşum doğal akışın bir parçasıdır. Matruşka bebekleri gibi birbirinin içine girmiş iç doğa ve dış doğa sistemlerine göre doğanın içinde doğa söz konusudur.

Evin ortasına yağmur yağmayacağına ya da güneş açmayacağına göre, doğa da işaretlerini farklı yollardan ulaştırır.

Eve bir arı girmişse bu çok sevilen bir misafirin yolda olduğunun işaretidir. Aynı şekilde horoz da misafir habercisidir. Eğer horoz kapının önünde ötüyorsa tıpkı bir saray teşrifatçısı gibi gelmekte olan bir misafiri yüksek sesle haber veriyordur.

Evin en işlek yeri mutfaktır. Bereketin ve üretkenliğin bol olduğu yerdir. Evin saadeti üzerinde mutfağın çok büyük önemi vardır. Mutfağı suskun, soğuk ve işlevsiz olan evler mutsuz ve bencil olur. Mutfak her gün konuşmalıdır. Fırın mutfağın ağzıdır. Mutfak her zaman tertipli, düzenli ve temiz olmalıdır.

Nasıl ki gök gürlemeleri az sonra yağacak olan yağmuru haber veriyorsa aynı şekilde mutfaktaki patlamalar da birtakım durumların habercisidir. Örneğin yemek pişirirken aşın içinde patlama ya da çatlama oluyorsa bu iyi bir haberin ya da iyi bir misafirin gelmekte olduğunu gösterir.

Mutfakta meydana gelen kazalar da yaklaşmakta olan birtakım durumların işaretidir. Unutmamak gerekir ki mutfakta kullanılan her malzeme bir oluttur (elementtir) ve doğanın (mutfağın) içinde sabit bir yeri vardır.

Örneğin yemeğin içine tuz yerine yanlışlıkla şeker katılmışsa bu gelecek olan tatsız bir haberin iyiye dönüştüğünü gösterir. Tuz denizden gelir ve verimsiz bir suyun içindedir. Bal gibi şekerli sularsa çiçeklerden elde edilir ve onlar da güneşe doğrudan bağlıdırlar. Bu nedenle yemeğe tuz yerine yanlışlıkla şeker katmak tatsız bir durumun tatlıya yani güneşliye dönüştüğünü haber verir. Sihrin bile temelinde bu gerçekler vardır.

Dalgınlıktan dolayı bir yemeğin baharatı unutulmuşsa o yemekten yiyenler de dalgınlaşır, hal ve hareketleri ağırlaşır. Bu yemeğe oturmadan evvel eksik baharatını katmak gerekir. Zira o baharat yemeğin doğasında olduğundan dolayı eksik yenmemelidir. Aksi halde ortamda tatsızlık çıkması mümkündür. Yiyenlerin iç doğasını da eksik bırakmamak için baharatı sonradan da olsa eklenmelidir.

Türk kültüründe kahve içmenin çok ayrıcalıklı bir yeri vardır. Atalar da her zaman kahvenin bol köpüklüsünü tercih etmişlerdir. Bunun elbette ruhsal bir nedeni vardır. Köpük söz konusu olduğunda kahvenin lezzeti ikinci plandadır. Benim dedem de kendisine köpüksüz bir kahve ikram edildiğinde "Bunu götür köpüklüsünü getir" derdi.

Türk kahvesinde bol köpük tercih edilmesinin nedeni, paranın çağrılmasıyla ilgili yapılan bir sihirle bağlantılıdır. Bol köpük, doğada bol bulut demektir. Bol bulut da bol yağmur, bereket ve can suyudur. Kahvenin köpüğü de bolluğu davet etmek içindir. Köpük fincanın etrafına yayılıyorsa bu paranın daha süratli geleceğini gösterir. Ortada toplanıyorsa, biraz daha zamana ihtiyacı var demektir ve sabır edilmesi icap eder. Aynı davet köpüklü ayranla da yapılır.

Bulutlar yağmuru şiddetle yağdıracakları zaman gökte kule gibi yükseğe tırmanırlar. Kahve pişirilirken de eğer kısa sürede köpükler ve kabarcıklar oluşup sönmeye başladıysa bu ev halkından birinin üzüntüyle eve geleceğinin habercisidir. Gözlerinden yağmur yağabilir demektir. Aynı şekilde dolu bir su bardağının devrilmesi de evden birinin eve üzüntülü döneceğine işaret eder.

Yemek sırasında elden kayıp düşen bir parça ekmek, birinin yardıma muhtaç olduğu ve ekmeği düşüren kişinin yardımını beklediği anlamına gelir.

Rızık yerden değil gökten geldiği için muhtaç olana yardım etmek esastır. Aksi halde eldeki bereket de yitip gitmeye başlar.

Nasıl ki ulu yaratan ve atalar bereketle yukarıdan yolluyorlarsa, yardıma ihtiyacı olanlara da cömertçe sunmak esastır.

Masadan bir çatal düşerse eve erkek misafir, kaşık düşerse kadın misafir gelecektir.

Evde çok toz oluşması düşünceli zamanların yaşanacağını ancak bunun geçici olacağını haber verir. Düşünmek yerine eyleme geçmek süreci daha da kısaltacaktır. Toz topraktır ve toprak da durağan bir oluttur. İnsan durduğu an düşünmeye başlar ve düşünmenin de sonu yoktur. Oysa harekete geçildiğinde toprakta ağaçlar filizlenir, meyveler olgunlaşır.

Evden taşınılırken eski temizlik malzemeleri yeni eve götürülmez. Eski evde bırakılır. Eski evin iç doğasındaki pislik geride bırakılmalıdır. Yeni evin iç doğasına eski evin iç doğasındaki pislik taşınmamalıdır. Temizlik malzemeleriyle birlikte taşınmak, eski evin virüsünü yeni eve bulaştırmak gibidir. Eski evdeki sıkıntılar, kavgalar, tartışmalar, üzüntüler temizlik malzemeleriyle yeni evin yerlerine ve camlarına bulaşmış olur.

Doğadaki her şeyin bir ruhu ve her şeyin ruhsal olarak birbiriyle "kader" bağı vardır. Yani bir şey yok olduğunda, diğer şeylerde de azalma oluşur.

III. BÖLÜM

DOĞUM VE ÖLÜM GELENEKLERİ

Doğum Gelenekleri

Olağandışı bir durum söz konusu olmadığı sürece normal şartlarda doğumda aşırı sancı, erken veya geç doğum olmaz. Karın ve kasık bölgesindeki kasların harekete geçmesiyle hissedilen doğum sancısı, annenin korkular ve stresi nedeniyle kaslarının normalinden çok daha yoğun kasılmasıyla şiddetlenir. Doğum sancısının büyük bir kısmı psikolojiktir.

Kadın döllendiğinde gün içinde kullandığı güç de artar. Gebelik dönemindeki kadının biraz daha fazla güce ihtiyacı vardır. Bu güç ihtiyacı bebek büyüdükçe artmaya devam eder. Kadın, bebeğinin karnında büyümesiyle birlikte artmaya devam eden güç ihtiyacını nasıl tedarik edeceğini bilemez. Bu yüzden bedeni ara sıra aşerme diye bilinen gıda ihtiyacını ortaya çıkarır. Fakat aşerme beslenmesi, kadının ihtiyaç duyduğu gücü karşılamaya yetmez. Kadının fazladan yemek yiyerek kilo alması, içerideki bebeğin alanını daraltır ve gelişmesini de olumsuz yönde etkiler. Kadın gebelik döneminde de gayet hareketli ve aktif olmalıdır. Hareket halindeki beden tıpkı bir dinamo gibi kendi kendine elektrik üretir ve üretim de çocuğun gelişiminde önemli rol oynar. Elbette hareketlilikle elde edilen enerji de tek başına yeterli değildir gebe kadın için...

İşte tam bu noktada devreye erkek girer. Doğum süreci genel kanıdaki gibi sadece kadını bağlayan bir durum değildir. Doğumu sadece kadın gerçekleştirmez. Erkek de sürece dahildir. Onu etkisiz bırakmak, doğumu olumsuz etkiler. Çünkü doğal süreç böyle işlemez.

Dünyanın doğurganlığını besleyen güç güneştir. Güneş olmadığında ya da dünyayı orantısız beslediğinde doğan hiçbir canlı sağlıklı ve verimli bir potansiyele sahip olamayacaktır. Bitkilerden hayvanlara ve insanlara kadar dünyaya gelen her canlı hücre bu zayıf doğumun ceremesini çekecektir.

Doğa, doğum sürecinde gebelik potansiyelini destekler. Örneğin aslanlar, kurtlar, kartallar gebelik zamanında eşlerinin yanından ayrılmazlar. Eşlerini dış saldırılara karşı koruma güdüsüyle hareket ettikleri düşünülse de tek faktör bu değildir. Eşlerini korumanın yanı sıra yavruların baba gücüyle beslenmeleri için de sürece dahil olurlar. Böylece denge sağlanır. Yavrular yüksek oranda sadece dişiden beslenmemiş olurlar.

Erkeğin gücü, bebeğin gelişimi için gerekli kaynaklardan biridir. Kadınlar bu ihtiyaçtan dolayı gebelik dönemlerinde fazla hassas olurlar ve ilgi beklerler. Bu onların "bebeğe güç yetiştirme" yorgunluklarından ileri gelir.

Erkek, dünyanın doğurganlığını besleyen güneş olarak düşünülmelidir. Yapı olarak erkek güneşe, kadın da dünyaya benzer. Dünya nasıl ki güneşin etrafından ayrılmıyorsa, kadın ve erkek arasındaki ilişki de gebelik süreci içinde aynı olmalıdır. Dünyanın kendi başına güç üretmesi mümkündür ancak doğum söz konusu olduğunda güneşin desteği çok kıymetlidir. Dünya kış mevsiminde güneşten uzaklaştığı için doğum zayıflar. Doğa uykuya yatar.

Doğum kadının sınavıdır...

Kadın doğumu gerçekleştirebilmek için ruhunu ve bedenini tamamen açmak durumundadır. Doğacak olan bebek doğrudan annenin ruh ve beden potansiyeliyle irtibat içinde olduğundan, anne ne yapıyor, ne düşünüyor, ne hissediyorsa, bebek de aynı şeyleri yaşıyordur. Kadın kendini tamamen açtığında, yani bütün koruma kalkanını indirdiğinde ve ne olursa olsun doğumu bir an evvel gerçekleştirme arzusuyla dolu olduğunda, bunu bebek de hisseder ve hareketlenmeler artar. Bu nedenle doğum bebekte değil, annede başlar. Bir kadının anne olarak doğduğu andır çocuğunu dünyaya getirmesi. Kadın bu deneyimle birlikte mertebe atlar. Doğum kadının sınavıdır. Bu nedenle doğum sadece bebeğin doğum günü değildir, kadının da anne olduğu çok özel bir gündür. Asıl Anneler Günü kişiye özeldir ve çocuğun doğum günüyle aynı gündedir.

Gebe kadının yapması gerekenler

• Gebe kadın uzun yürüyüşler yapmalı ve yürüyüş sırasında yoluna çıkan taşları bir bir kaldırmalıdır. Bu onun doğumunu kolaylaştırır. En iyi yürüyüş yolu bayır, tepe ve dağlardır. Böylece bacak kasları yukarı çekilir ki bu da doğumu kolaylaştıracak bir artıdır.

• Gebe kadının etrafındaki insanlar yüksek sesle ya da bağırarak konuşmamalıdır. Aksi halde kadın da doğum anında bağırır.

• Doğum sırasında ek güç sağlamak için kadının yanında eşi ya da kendi babası olmalıdır. Erkeği doğum yerine almayanlar, doğum sürecinden sonra baba karakterini bilinç dışında ailenin bir parçası olarak saymazlar ve çocuğun üzerinde daha fazla hak sahibi olduklarına inanırlar. Bir kadının kocasıyla birlikte doğumhaneye girmesi, ikisinin birbirine olan bağını güçlendirir. Kadın doğum sırasında eşinin verdiği gücü hisseder. Böylece doğumu da kolaylaşır. Erkek, doğumhanede eşinin yanı başında durur ve elini tutar. Doğumdan sonra da bebeği görmeden dışarı çıkartılır. Anne ve babanın doğumu birlikte atlatmaları gerekir. Aksi halde ailede "güç birliği" oluşmaz.

Kadının eşi vefat etmişse ya da ayrılmışlarsa doğuma kendi babasını alır. Çünkü kadın doğumhanede yanında güç hissetmek ister. Başka bir kadından güç alması söz konusu değildir. Kadınlar doğum sırasında gebeye güç veremezler. Güç polariteleri aynı olduğundan birbirleri arasında etkileşim oluşmaz. Babanın doğumhaneye girmesi, doğuracak kadını yalnızlık hissinden kurtarır. Bir kadının, küçüklüğünden beri onun her derdine koşan babasından destek alması kadar doğal bir şey olamaz.

Baba, doğum sırasında kızının başında durur ve doğum anına tanık olmaz. Bebek doğduğu anda dışarı çıkartılır. Bir baba kızının her sağlık sorununda onunla birlikte doktorun yanına girebiliyorsa ve evladını sakinleştirip ona güç verebiliyorsa doğumda da kızına destek olabilir. Bu doğal algılanmalıdır. İkisi arasındaki sevgi bağı çok güçlüdür.

Gebe kadının yapmaması gerekenler

• Gebe kadın hiçbir şekilde ineğin ya da geyiğin yağından yememelidir. Tereyağı, süt, kaymak tüketmemelidir. Çünkü ineğin sütü buzağı içindir ve insan yavrusuna uygun değildir. Aşırı yağlı olduğu için bebeğin özütünün bu yağı büyüme enerjisine çevirme kabiliyeti yoktur. Bu nedenle bebek henüz gelişmeden yağ bağlamaya başlar.

• Sakız çiğnememelidir. Bu midesinin sertleşmesine ya da donmasına neden olur. Dolayısıyla bebeğin batın içindeki alanı daralır ve bebek annenin karaciğerine doğru kaymaya başlar. Bu da kadında öfke ve sindirim sistemi sorunu yaratır. Bazı kadınların gebelik döneminde dişlerinin dökülmesinin nedeni budur çünkü diş ve dişetleri karaciğere bağlıdır.

• Gebe bir kadının yolu kesilmemelidir. Yolundan alıkonmamalıdır. Çünkü bu doğumun gecikmesine neden olur. Kadın yürüyemeyecek durumdaysa ya da doğumun son iki haftası içindeyse kadının yerine eşi ya da başka bir yakını yürüyebilir. Nasıl ki dünya doğum ve yeniden canlanma gücünü güneşten alıyorsa, doğurmak üzere olan bir kadın da gücünü eşinden alır. Bu da aralarındaki güçlü bağdan dolayıdır. Erden eşe doğru her an enerji akmaktadır. Kadınlar bu enerjiye "ilgi" derler ve gebelik süresince kendileriyle ilgilenilmediği takdirde bundan çok yakınırlar. Gebe bir kadın her zaman ilgiye ihtiyaç duyar. İlgi kadim Türkçede "bağ" demektir. Erkek de eşi için yürüdüğünü ve neden bunu yaptığını bilerek yol alır. Attığı her adımı "Kadınıma güç olsun" diyerek atar. İlgiden dolayı, bu yürüyüşten elde edilen gücün enerjisi eşi besler. Eş dışında bir yakının yürüyor olması da empati gücüyle alakalıdır. Biri kendisini başkasının yerine koyarsa, orada yaptığı tüm şeyler kendini yerine koyduğu kişiye de geçer. O nedenle birinin "yerine" iyilikte ve hayırda bulunmak, kendisine yapılmış olduğu gibi yerine konan kişiye de faydalıdır.

• Gebe bir kadın dar giyinmemelidir. Belini sıkan şeyler takmamalıdır. Doğum yaklaştığında ve ilk sancı bedende oluştuğunda dar giysilerden dolayı bebek sancıyı artırabilir.

Alanı fazlasıyla daraldığından dolayı kendini zorlayarak ihtiyaç duyduğu açıklığa ulaşmaya çalışacaktır.

Loğusanın yapması gerekenler

• Doğumdan az sonra zorla da olsa kadın yatağından kaldırılıp biraz yürütülmelidir, aksi takdirde etene (plasenta) dışarı çıkmakta zorlanır. Zira kadın doğumdan sonra, hissettiği acıdan dolayı kendisini savunmaya alacaktır. Bedeni kapanmaya gayret gösterecektir. Vajinal bölge istem dışı kasılacaktır. Kadının itim gücü doğum sırasında tükendiğinden plasentanın yatarken dışarı çıkması güçtür. Yerçekiminden destek almak için kadını üç ya da beş dakika yürütmek önemlidir. Yürüyüşten sonra loğusaya temiz ve rahat giysiler giydirilerek yatağa yatırılmalıdır.

Kadın yatırılmadan önce kalçası bir kemerle sıkıca bağlanmalı ve bu kemer üç gün boyunca çıkarılmamalıdır. Bu önemli bir işlemdir çünkü doğum sırasında yerinden oynayan kemiklerin eski yerlerine oturtulması gerekir. Kemer uygulaması yapılmadığında kadının bedeninde orantısızlıklar oluşur. Olması gerekmediği halde kadının kalça kısmı her çocukta giderek genişler.

Doğumla birlikte kadının özütü zayıf ve bitkin düştüğünden dolayı karnına kızıl bir kumaş sarılmalıdır. Bu uygulama özütün güçlenmesini destekleyecektir.

Bu süreç içerisinde etene (plasenta) de çıkacak olursa, onu, "Hoş geldin. Yavrumu koruduğun için teşekkür ederim. Lütfen bunu ömrü yettiğince yapmaya devam et" diyerek karşılamalı ve ak bir tül içine alarak muhafaza etmelidir. Yıkanıp temizlendikten sonra evin yakınlarına gömülmek üzere kayın ağacından yapılma bir kutunun içine yerleştirilerek kapağı kapatılmalıdır. Kayın ağacının Türk geleneklerinde ve inancında kutlu bir yeri vardır. Etene (plasenta) bu ağaçtan yapılmış bir kutuya yerleştirildiğinde kurt ya da diğer haşarattan korunur.

Loğusanın yapmaması gerekenler

Loğusa kadın doğumun ertesi günü evden çıkabilse de, üç gün boyunca hiçbir ev işine kalkışmamalıdır. Doğumdan sonra, nasıl ki bebek son derece hassas bir yapıya sahipse ve en ufak bir rüzgârdan, aşırı sesten ve ürkütülmekten bile rahatsızlık duyuyorsa, doğumu gerçekleştirmiş olan anne de aynı hassasiyette olur. Kendini tazelenmiş ve hatta yeniden doğmuş gibi hissetse de, bedeni o mücadeleden yorgun düşmüştür. Bu nedenle tıpkı bebeği gibi hemen bir koruma kalkanı oluşturamaz. Koruma alanları güçleninceye dek annenin de bebeğin de üzerine kızıl bir tül örtülmelidir. Kızıl "can rengi" olduğundan dolayı negatif herhangi bir varlık ya da enerjinin bu kalkanı geçmesi zordur. Loğusa kadın koruma kalkanını kurmaya çalışırken, yani bağışıklığını güçlendirirken, ev işi yapmak gibi yorucu bir işle ilgilenmesi toparlanma sürecini geciktirecek, enfeksiyon kapmak gibi fiziksel risklere de kapı açacaktır. Ayrıca loğusa kadının, başından sarkan kızıl tülle iş yapması zaten zorlayıcı da olacaktır.

Loğusa kadının önce ebe tarafından yıkanması gerekir. Ebe kadın, doğumdan üç gün sonra loğusayı yıkar. Ardından loğusa da ebenin ellerini yıkar ve hiç kullanılmamış bir havluyla kurulanırlar. Sonrasında loğusa tütsülenir. Tütsüleme yapılırken loğusanın zıplayıp titremesi ve sallanması lazımdır. Bu işlemlerden geçen loğusa artık evinin işlerine girişebilir. Kadim geleneklerin getirisi çoktur fakat bazıları zahmet gerektirir. Yeni doğan bebeğin ve annenin ruhsal olarak temiz ve saf kalması açısından bu zahmete katlanılmalıdır. Eski çağlarda ebeliği damadın annesi yapardı. Ebelik bir nevi aile geleneğiydi. Bu yöntem günümüz şartlarına tabii ki uyarlanabilir. Loğusalık döneminin önemini anlamak gerekir. 9 aylık gebelik boyunca bu ritüeli uygulayabilmesi için uygun bir ebe bulunmalıdır.

Loğusa kadın 40 gün boyunca kocasına yaklaşmamalıdır. Kadın bu süre içinde nadasa bırakılmış toprak gibidir. Ürünü vermiştir fakat mineralleri tekrar toparlayabilmesi için zamana ihtiyacı vardır. Toprak Ana herhangi bir ürün verdiğinde, onu sadece yılda bir defa verir. Bunun nedeni ürün için gerekli olan mineralleri ancak bir yılda tekrar toparlayabilmesidir. Kadın da Toprak Ana gibidir ve ürün verdiğinde toprağını tekrar minerallerle doldurabilmek için 40 gün beklemek gerekir. Bu bekleyiş kadının 40 gün sonra yeniden gebe kalabileceği anlamına gelmez. Sadece eşiyle olan münasebetini rahat ve noksanlıktan uzak bir bilinçle yaşayabilmesi demektir. Eşlerin 40 gün birbirlerine yaklaşmamalarının bir diğer nedeni de erkeğin baba olarak doğmuş olmasıdır. "Kadın bir doğuruyorsa, erkek dokuz doğurur" sözü bu açıdan doğrudur. Her türlü tehlikeden eşini korumak için adeta güdümlü olan erkek, doğum karşısında çaresiz kalır ve bu süreçte çok hızlı bir şekilde yaşlanır, olgunlaşır. Artık koruması gereken iki kişi vardır. Ulu yaratanın izni ve ataların desteğiyle ona bu vazifeyi yerine getirebilme olgunluğu ve gücü verilir. Sonuç itibariyle baba olarak doğmuş olan erkeğin güçlenmiş koruma güdülerinden ötürü "köz"ü de güçlenmiştir. İster istemez baktığı yeri kurutabilme özelliği kazanmıştır. Bu bakışların yumuşaması ve kontrol altına alınması süreci 40 gündür. Kadim Türk destanlarından biri olan *Manas Destanı*'nda Kağan savaştan obaya geri döndüğünde eşinin kolunda bir bebek görür, fakat her ikisi de kızıl tül altında saklanarak kendisine gösterilmez. Kağan atıyla otağın yanından geçerken, anne bebeğe minik bir çimdik atar ki babası ağlayışından evladının kız mı erkek mi olduğunu anlasın...

Doğan bebeğe hemen bir isim verilmemelidir. Konuşmaya başlayana kadar beklenmeli ya da geçici bir isim konmalıdır. Gerçek adını alana dek kısaca kız/oğul diye seslenilmelidir ki bu gelenek halen bazı aileler tarafından uygulanmaktadır. Ebeveynlerin çoğu bebeklerinin adını söylemez. Ona "oğlum" ya da "kızım" diye seslenirler. Çocuk gerçek adını alıncaya dek bu gelenek sürdürülür. Gerçek ismini alan çocuğa ise artık "oğlum" ya da "kızım" demeye son verilmelidir. Aksi takdirde çocuk birey olarak yetişmeyecektir ve annesiyle babasının yanında daimi bir ergenlik öncesi psikolojisi yaşayacaktır. Aynı şekilde anne ve baba da çocuğunu bir yetişkin olarak kabul etmekte zorlanacaktır.

Çocuğun gerçek ismini alması için olağanüstü bir şey başarması gerekir ki, o başarının gücü yaşamı boyunca göklere doğru taşsın. Her ne kadar olağanüstü başarısının sonucu aldığı isim çocuğun kendi seçimi olsa da, eğer istenirse çocuğa henüz küçük olduğu dönemlerde de kendi ismini seçmesi için birtakım ritüeller uygulamak mümkündür.

Çocuk kendi ismini nasıl seçer?

Bu tören çocuk üç yaşına geldiğinde uygulanabilir. Çocuk üç yaşından önce ana rahminden çıktığını bile idrak edemeyeceği için bu zamanı beklemek önemlidir.

Nehirden çocuğun serçeparmağının ilk boğumu kadar büyüklükte bir taş alınır ve kızıl bir iple sarılır. İpin diğer ucu ise kayın ağacından bir çomağa bağlanır. Ucunda taş olan bir olta görünümündedir.

Çocuk için uygun görülen isimler bir kâğıda yazılır. Bu listeye göçüp gitmiş ataların isimleri de eklenmelidir. Ataları unutmak ve anmamak Şamanlar açısından saygısızlıktır. Hazırlanan çomak çocuğun eline verilir ve kâğıda yazılmış isimler birer birer kendisine söylenir. Hangi isim okunurken çomak daha çok sallanıyorsa, çocuğun seçtiği isim odur. Bu çok eğlenceli ve heyecan verici bir uygulamadır çünkü çocuk için aranan isim doğrudan atalar tarafından gelir.

Bebeğin korunması için uygulanan ritüeller

Nazar boncuğu (tengri karak) köze (göze) karşı kullanılabilecek koruyuculardan biridir. Bu şekilde köz değmesinden ya da albasmasından korunmak mümkündür. Bu korunma ritüeli günümüzde de uygulanmaya devam etmektedir. Bebeğin hırkasına çengelliiğne ya da delik para takılması geleneği halen sürmektedir.

Daha önce düşük yapmış bir kadın, ikinci çocuğu dünyaya geldikten sonra onun kıyafetlerine mutlaka demir ya da ataların koruyucu figürlerini asmalıdır. Bu koruyucu figürler bir zamanlar dedenin ya da ninenin kendi üzerine taktığı bir koruyucu olabilir. Dedenin ya da ninenin eğer bir tespihi vardıysa bunun başlığı (imame) da asılabilir. Burada önemli olan kullanılan nesnenin yadigâr niteliğinde olmasıdır. Yadigâr nesneler kaç nesil geriye gidiyorsa, o kadar çok atanın koruması altındadır. Örneğin dört nesil önce yaşamış bir büyüğün bir nazarlığı, dört nesillik bir koruyucu güçle görev yapar.

Bir diğer koruma ritüeli de nehir taşıyla yapılır. Bunun için öncelikle nehirden kızıl bir taş alınır. Bu taşın büyüklüğü de bebeğin serçeparmağının büyüklüğü kadar olmalıdır. Taşın sığabileceği büyüklükte, ceylan ya da keçi derisinden küçük bir parça kesilmelidir.

Korumaya alınacak olan bebek, ritüeli gerçekleştiren kişinin önüne bırakılır. Ritüeli uygulayan kişi elinde tuttuğu taşı bebeğe göstererek şunları söyler:

"*Ulu Kayra Han'ın adıyla.*

Sen (adı söylenmemeli ve ya kızım/oğlum denmemeli) dünyada değilsin! Sen bu taşın içindesin! Yağmurlar yağsa da, sel bassa da, sana zarar gelmez. Sen dünyada değilsin! Sen bu taşın içindesin! Yeller esse de, fırtınalar kopsa da, sana bir zarar gelmez.

Sen dünyada değilsin! Sen bu taşın içindesin! Sen bu taşı bir kayaya atmadığın sürece hiçbir taş sana zarar veremez. Sen dünyada değilsin! Sen bu taşın içindesin!"

Ardından taşı deriye sarar ve bu taş daha sonra bebeğin kıyafetine dikilir. Taşın kaybolmaması önemlidir zira taş kaybolduğunda bebek huysuzlaşır, dalgınlaşır. Çünkü ritüelde içsel olarak bebeğe değil, onun sünesine seslenilir. Bebekler ancak battaniye, oyuncak, emzik gibi yakınlarındaki nesnelere sünelerini gönderebilirler. Ritüeli gerçekleştiren kişi bu uygulamayla bebeğin sünesini tembihlemiş ve ona ürktüğünde kaçabileceği bir yer tahsis etmiş olur. Bebeğin sünesi uzaklara gitmediği için taşı "kaçış yuvası" olarak görür.

Çocuk, göğün hanedanlığının kadına ve erkeğe verdiği en kutsal hediyedir. Çocuk kutsal bir sorumluluktur. 9 ayın sonunda baba ve anneye kendilerini aklama fırsatı verir. Çocuk, erkeğe ve kadına, anne ve baba olarak yeniden doğma imkânı sunar. Kişisel açıdan ve ilişkiler açısından köklü dönüşümlerin başarılabileceği bir dönemdir çocuğun doğum süreci. Bu dönemi iyi kullanabilenler tarifsiz bir güzelliğin ve kutsallığın içine girerler.

İnsanoğlu yeni başlangıçlar için güçlü mazeretler arar. Bir bebeğin doğumu, her şeye sil baştan başlamak için dünyanın en güçlü, en kutsal, en manidar, en yumuşak, en sevimli mazeretidir.

Çocuğun gelişimi için uygulanan ritüeller

Şamanlar çağlar boyunca bebeğin doğumu için ve doğduktan sonra ergen oluncaya dek çocukluğun neredeyse bütün evreleri için çeşitli törenler, ritüeller ve büyüsel özgüler yapmışlardır.

Bir çocuğun iyi bir gelecek yazgısının olması ve mutlu bir

yaşam geçirmesi dünyaya geldiği ilk yıllarda garanti altına alınmalıdır.

Çocukları koruma altına almak önemlidir zira son derece savunmasız ve kalkansız doğarlar. Fazlasıyla açık oldukları için çeşitli kaynaklardan etkilenebilirler. Bu yüzden de koruma altına alınmaları gerekir. Bu koruma alanı onları ileriki yaşlarında da doğrudan etkileyecek güçtedir.

Plasentayla yapılan ritüeller

Yeni doğmuş bir bebeğin etenesi (plasentası) oldukça güçlü bir koruyucudur. Büyük önem taşır. Anne karnındaki çocuğu 9 ay boyunca her türlü dış tehlikeden koruyan plasenta bebek doğduktan sonra da bu görevine devam eder.

Etene doğrudan özütle ilgilidir. Bebek özütün bulunduğu bölgede geliştiği için, etene de özütün gücünden en çok faydalanan dokudur. Bir kadının özütü ne kadar zayıf olursa olsun, eteneyi zayıf bırakmaz. Fakat bazen özütün bedeni bile besleyecek gücü kalmadığında çocuğu beslemekten kaçınır ve onu düşürür.

Doğumdan sonra koruyuculuğu güçlü olan plasentayı almak ve çocuğa koruma ritüeli uygulamak çok önemlidir. Bu çocuğun yaşamı boyunca gereksiz rahatsızlıklara da kapılmamasını sağlar, onu korumaya devam eder.

Bu ritüel doğan çocuğun dünyayla olan bağını güçlendirip adaptasyonunu ve huzurunu sağlar. Etenenin huzuru, bebeğinki kadar hassastır. Kirletilirse, hoyratça ellenirse ve etrafında kavga edilirse bebeğinki gibi onun da huzuru bozulur. O vakit işlevini yerine getiremez. Eğer ki etenenin "huzuru" bozulursa çocukta rahatsızlıklar oluşabilir. Böyle bir deneyim yaşandığında etenenin gömülü olduğu yere eritilmiş tereyağı dökülür ve eteneye çocuğu korumakla görevli olduğunu hatırlatan bir dua okunur.

Bu dua üç kadın tarafından okunmalıdır. Biri torun görmüş, biri ergenliğe girmemiş kız, diğeri de bebeğin annesi olmalıdır. Üçü de etenenin etrafında el ele tutuşarak durmalı ve şu duayı birlikte aynı anda ve üç defa art arda okumalıdırlar:

"Ulu yaratanın adıyla! Etene, etene! 9 (tos diye okunmalı) ay yettin bebege (özellikle "g" harfiyle söylenmelidir). 9 aylar nedir ki? Ömür boyu yet ene..."

Etenenin gömüldüğü yerin temiz tutulması önemlidir. Bir etene her zaman gömüldüğü yerde bırakılmalıdır. Ona göre rahatsız edilmeyeceği bir yerde karar kılınmalıdır. Normal şartlarda etene çocuğun yeteneğini temsil eden yerlere yakın gömülmelidir. Örneğin çocuğun şifa yeteneği varsa, otacının ya da Kham'ın yakınlarına, savaşçılık yeteneği varsa askeriyeye yakın bir bölgeye gömülür. Böylece çocuğun yeteneği daha da güçlenir ve işini yeteneğiyle birleştirebilen tutkulu biri olur. Çocuğun yeteneğinin ne olduğu Kham tarafından görülür.

Bebeğin olutlarla (elementlerle) güçlendirilmesi

Bebekler için uygulanan olut ritüelleri, bebeklerin olutlarla yani elementlerle tanışıklık kurmalarına yöneliktir. Tavsiye edilen ritüeller, doğrudan olutlarla (elementlerle) alakalıdır. Bu ritüellerin uygulanmasıyla çok güçlü bir tılsım oluşturulmuş olur. Böylece bebek hem doğayla barışık, hem de yapıtaşları güçlü yetişecektir.

Bu kadim öğretiler Orta Asya'dan Anadolu'ya kadar pek çok toplum tarafından halen uygulanmaktadır. Fakat jeopolitik birtakım nedenlerden dolayı ritüeller özünden sapma gösterdikleri için hedeflenen tılsım oluşturulamıyor.

Bebek için olutlarla gerçekleştirilecek olan ritüeller üst üste yapmak şartı olmaksızın aşağıdaki sırayla uygulanmalıdır.

Ateş olutuyla (elementiyle) gerçekleştirilen ritüel

Ateş olmadan güç olmayacağı için öncelik bir oluta verilmelidir. Haftada bir, tercihen çarşamba ya da perşembe günü bebeğin "fırınlanması" gerçekleştirilmelidir. Bunun için öncelikle ruhlu bir ateş yakılmalıdır. Bu ritüel kesinlikle ruhsuz bir ateşle yapılamaz. Aksi halde bebek büyümez, hatta kurumaya başlar.

Bebek ruhlu ateşin üzerinde bir sağa bir sola çevrilirken, onu yüksekte tutmaya ve canının yanmamaya dikkat etmek gerekir. Her ne kadar bebek bir şekilde ateşe maruz kalıyor olsa da 7 yaşına dek ateşe doğrudan baktırılmamalıdır. Aksi halde çocuğun elleri ve ayakları sürekli terler ve yatağını da ıslatmaya başlar.

Bebek "pişerken" şu sözler tekrarlanmalıdır:

"Tohum tomurcuk oldu. Tomurcuk filiz oldu. Filiz ağaç oldu, ağaç meyve verdi. Sen de tohumdun, bebek oldun. Bebekten er/kız olacaksın. Er/kız olunca meyve vereceksin. Tohumla yazgın bir olsun. Olsun mu? Olsun mu? Olsun mu?"

Bu soruya törene katılmış olanlardan biri *"Olsun!"* diye karşılık vermelidir.

"Öyleyse yaratanın izni ve ataların desteğiyle kutlu olsun!" diye devam eden kişi bu kez *"Kutlu olsun mu? Kutlu olsun mu? Kutlu olsun mu?"* diye sorar ve yine *"Olsun!"* yanıtını alır.

Bu ritüeli bir Kham'ın yapması elbette çok daha uygundur fakat aynı şekilde bebeğin babası da yapabilir. Baba yoksa kadının babası ya da erkek kardeşi de gerçekleştirebilir.

Bu uygulamayla bebeğin yüreği ve bağışıklık sistemi güçlendirilir. Fırınlanmış bebek olgunlaşmaya ve güçlenmeye başlar. Nasıl ki güneş ham meyveye vurduğunda, onu olgunlaştırıyorsa, bebekler de bu uygulamayla olgunlaşırlar.

Su olutuyla (elementiyle) gerçekleştirilen ritüel

Bebekler en çok banyo sırasında suya temas ederler. Su, gücünü sessizlikte korur. Suyla temas ederken yüksek sesli konuşma, şarkı söyleme ve bilumum gürültüler oluştuğunda suyun gücü azalır ve yerini gerginliğe bırakır.

Bu nedenle bebek banyo yaparken konuşulmamalı, onunla oynanmamalı ve bu uygulamaya bir eğlence aracı olarak yaklaşılmamalıdır. Bebek oyunlardan heyecan duyarak suya pisleyebilir ve bu da su iyesini kızdırır. Su iyesinin kızgınlığı bebeğin cildinden bedenine nüfuz eder.

Su bilgi depolayan bir elementtir ve ona ne yüklenirse, hafızasında tutar. Bebeğe banyo yaptırılırken ona iltifat edildiğinde ya da adıyla hitap edildiğinde sözlerle birlikte bebeğin bu sözlere verdiği neşeli tepkiler de suyla birlikte akıp gider. Ona ismiyle hitap edildiğinde de aynı şey olur ve bu durum bebeğin söz dinlemeyen biri olarak gelişmesine neden olur. Çünkü adının söylenmesiyle üzerinden akıp gitmesine "alışmış" olur. Bebeğin banyoda oyun oynaması da oyun hevesini alıp götürür. Hevessiz çocuk huzursuz olur ve ileride hayattan zevk almaz, yaşamı renksiz bulur. Bebeğin banyosunun sessizlik içinde yaptırılması bu nedenle çok önemlidir.

Ateşin ruhu temizlediği gibi su da bedeni temizler. Bedene yapışmış olan kirleri/hastalıkları suyla temizlemek mümkündür. Bebek gün boyunca topladığı kiri, tozu, közü ve hastalıkları suyla üzerinden atar. Banyo suyuna az miktarda tuz eklenirse bebeğin huzurlu uyuması sağlanır.

Bebeklerin sorunları olmadığı için temizlenirken soruna takılı kalmazlar. Rahatsızlıkların onlar açısından bir anlamı ve önemi yoktur. Bu nedenle rahatlıkla üzerlerinden atabilirler ya da Karluk Han'ın yardımıyla bu rahatsızlıklar buharlaştırılabilir. Karluk Han buharın tengrisidir. Atalar için süt kaynatıldığında onun buharını da göğe taşıyan odur.

Bebeği yıkamak annenin vazifesidir. Kadının yapısı suyla uyuştuğundan dolayı banyo suyuna da güç katar. Çocuk daha iyi temizlenir. Banyo sırasında anne şu sözleri tekrarlamalıdır:

"Ulu Kayra Han'ın adıyla! Ak Ana'nın ve Karluk Han'ın desteğiyle akıp gidesin. Uzakların ötesine varasın. Orada denginle olasın. Yolunu kaybedip, orada kalasın."

Sözler tekrarlanırken bebeğe bakılmamalı ve rahatsızlığına hitap edilmelidir. Bebeğin kuru yeri kalmayacak şekilde yıkanmalıdır. Ardından bebek sudan çıkarılıp kurutulabilir, rahatsızlığı yıkayan su da akıp gitmeye bırakılır.

Anne hiçbir surette bebekle birlikte küvete girmemeli.

Annedeki rahatsızlıklar suyun iletken yapısından ve bebekle aralarındaki bağdan ötürü çok daha hızlı geçebilir. Eğer bebek leğende yıkanıyorsa anne bebeği oradan çıkardığında baba yukarıdaki sözleri söylemekle yükümlüdür. Baba leğeni alır ve evin hatta avlunun da dışına götürerek o sözleri söyleyip suyu dökmelidir. Leğeni de o gece güneş doğana kadar orada bırakmalıdır.

Ağaç olutuyla (elementiyle) gerçekleştirilen ritüel

Bebek yıkandıktan sonra onu kayın ağacından yapılmış beşiğe yatırmak gerekir. Kayın ağacı yaratanın dünyaya ilk ve bizzat kendinin diktiği ağaçtır. Bu ağaçtan insan ırkı doğmuştur. Kayın ana kavramının kökü de buna dayanır. Hayat ağacı olarak da görevli olan kayın, gökyüzünden dünyaya gelen ruhlar için bir aracı görevi görür. İnsanlar göçtüklerinde yine onun içinden geçerek göğe varırlar. Kayın bu vesileyle bebeği göğe bağlı tutar. Onun ruhani tarafını güçlendirir. Bebeğin beşiği de bu nedenle havada asılı olmalıdır. Böylece bebek uykusunda göğe emanet edilmiş de olur.

Bebek yatırılmadan önce yatağın ağacına süt ya da tereyağı sürülmelidir. Yatağın iyesi bu sunuyla beslenmiş olur. Bebek yatağa yatırılırken ona "Ulu kayın emanetsin! Yine ona emanetsin!" diyerek fısıldanır. Bebeğin kulağı hafifçe çekilerek yatağın tahtasına vurulur. Vurma işlemiyle yatağın iyesi uyandırılır, bebeğin kulağı yani söz dinleme yetisi yatağın iyesine devrolur. "Beşik iyesi güçlüdür, uzatır seni! Beşikten taşarsın, çınar eder seni!" denir. Ardından "Oo-oo-oo-o! Ee-ee-ee-e" sesleriyle ninni söylenir.

Bu iki ses ağaçların büyürken çıkardığı sestir. Kökler

uzayınca "Oo", dallar ve gövde uzarken de "Ee" sesi çıkar. Kadim atalar bu nedenle "o" ve "e" seslerini ninni olarak mırıldanmayı daha uygun bulmuşlardır. Ayrıca bu sesin yardımıyla, nasıl ki ağaçlar köklerinden birbirine bağlı oluyorlarsa, çocuk da ailesine bağlı yetişir.

Toprak olutuyla (elementiyle) gerçekleştirilen ritüel

Bebek uyandığında kendiliğinden bir sonraki ritüele geçilir. Zira bebek aç uyanır ve doymak ister. Bu ritüelde özel bir uygulama söz konusu değildir. Annenin bebeğini emzirirken *"Sütgölden geldin, ötesine varasın. Bu süt de etine buduna yarasın!"* demesi yeterlidir.

Bebek anne sütünü en az iki en fazla üç yıl emmelidir. Üçüncü yaşını doldurduğunda sütten kesilmelidir. Bu da yeni bir çocuk doğurmak için en az üç yıl beklemek gerektiği anlamına gelir. Süt vermek kadını sürekli yeniler. Böbreklerini ve doğurganlığını diri tutar. Doğurganlığı diri tutulan kadın altmış yaşında da doğurur.

Demir olutuyla (elementiyle) gerçekleştirilen ritüel

Bebeğin başlığına ve kıyafetine dokuz adet ince demir halka dikilmesiyle gerçekleştirilir. Bebeğin başlığının alın kısmına yan yana sırayla dikilmelidir. Gün içinde hırka, süveter gibi dış kıyafetlerinin sırt kısmına omurgaya denk gelecek şekilde boynundan kuyruksokumuna dek dokuz halka aralıklarla dikilmelidir. Her bir halka dikilirken "Dokuz gök korusun!" diyerek tekrarlanmalıdır. Bu demirler zaman içinde nazar gibi olumsuz enerjileri üzerine çekip toplayacaktır. Temizlenmeleri için de ruhlu bir ateşin üzerinden hızlıca geçirilmesi yeterli olacaktır.

Bebeğin şekillendirilmesi ritüeli

Yenidoğanlar son derece zayıf ve hassastırlar. Yürümeyi öğreninceye dek ihtimamla koruma altında tutulmaları gerekir. Bir çocuğun gelecekteki bedensel kudreti ve işlevi bebekliğinde ekilen tohumların kalitesine bağlıdır.

Çocuk dünyaya geldiğinde ana karnındaki gelişimi tamamlanmış sayılmaz. Çocuğun doğduktan sonra da devam eden gelişim sürecini tamamlamak ebeveynin görevidir. Bu nedenle doğumdan sonraki ilk aylarda bebeğe bedensel olarak doğru şekil verilmelidir.

Bunu yapmak için ayda bir dolunay gecelerinde, bebek ay ışığını görebilecek bir yere yatırılır ve anne de bebeğin her uzvu için bir dua ederek o uzvunu hafifçe çeker ya da okşar:

Başı için: "Başın hafif olsun. Sülden olgun olsun. Onu nereye çevirirsen, sana hayır olsun."

Boyun için: "Boynun güçlü olsun. Yaratandan başkasına onu eğmeyesin."

Omuzlar için: Erkek bebeğe: "Omuzların sağlam olsun. Ona yaslanan ak olsun." Kız bebeğe: "Omuzların sağlam olsun. Onu yasladığın ak olsun."

Kollar için: Erkek bebeğe: "Kolların ayınınki gibi olsun. Kollasın, kaldırsın, bükülmesin." Kız bebeğe: "Kolların dayanıklı olsun. Yorulmasın. İş görsün."

Eller için: Erkek bebeğe: "Uzattığın eller hayırlar kılsın. Yumruğun sert olsun. Ustaca kullanasın. Harama uzanmasın." Kız bebeğe: "Ellerin hamarat olsun. Dokunduğuna şefkat versin. Bereketi, lezzeti bol olsun. Harama uzanmasın."

Sırt için: "Her zaman dik durasın. Atanı bilesin. Soyunu yüceltesin. Dürüstlükle yenesin."

Göğüs için: Erkek bebeğe: "Cesur olasın. Yiğit olasın. Yüreğin her daim önderin olsun. Sünen ehil olsun. Adaleti bağrında taşıyasın." Kız bebeğe: "Sütün, merhametin bol olsun. Sünen ehil olsun. Erine, yuvana sadık olasın."

Karın için: "Hazmın kolay olsun. Fazlada gözün olmasın. Her zaman doyasın. Huyun suyun güzel olsun."

Kalça için: Sadece kız bebeklere: "Kalçaların geniş olsun. Özütün güçlü olsun. Doğumların kolay olsun."

Bacaklar için: Erkek bebek için: "Keçi gibi dağları tepesin. At gibi hızlı olasın. Avını taşıyabilesin. Deve gibi yüklenebilesin." Kız bebek için: "Keçi gibi dağları tepesin. At gibi hızlı olasın. Deve gibi yüklenebilesin."

Ayaklar için: "Bastığın yerde izin kalsın. Her vakit yaratana yürüyesin. Ataların yolundan gidesin."

Gözler için: "Gerçekleri göresin. Senin olana gözlerin bağlı olsun. Ufkun açık olsun. Görülmeyeni göresin." (Bunu söylerken bebeğin gözleri kesinlikle ovulmamalı, dokunulmamalı. Sözler söylendikten sonra çok hafifçe gözlerine üflenebilir.)

Kulaklar için: "Kötü söze sağır olasın. İyi söze kulak veresin. Duyulmayanı duyasın."

Erken doğumlarda uygulanan ritüeller

Bazı çocuklar zamanından önce doğar. Bunun nedeni annenin özütünün yeterince güçlü olmamasıdır. Her kişinin özütü öncelikle kendini korumaya programlıdır. Bebekten önce bedenin sahibi olan kişi için yeterli gücü bulamayacağına kanaat getiren özüt, çocuğu zamanından önce bedenden çıkartmak isteyebilir.

Erken doğan çocuklar ham meyveye benzetilebilir. Bu çocukları mümkün mertebe güneşlendirmek ve kırmızı nevresimlerin içinde yatırmak gerekir.

Aynı tür iki meyveden biri kırmızı diğeri ak kumaşa sarıldığında bile kırmızı kumaşın altındaki meyvenin kısa sürede diğerinden daha canlı olduğu ve taze kaldığı görülecektir.

Bebekler kurt, at ya da ayı gibi güçlü bir hayvanın derisine sarılabilir ancak bu sarma işlemi postla yapılmamalıdır. Zira hayvanın tüyleri bebeğin solunum yollarını tıkayabilir.

Kafa şekli yatış pozisyonuna göre değişen bebeklere banyo sırasında kafalarına masaj yapılarak doğru şekil verdirilir.

Çocuğu uykusunda korumak için uygulanan ritüeller

Uyku sırasında çocuğun korunması için yapılacak olan ritüelde dikkati keskin olan bir hayvanın derisinden faydalanılır. Bunun için genelde sincap tercih edilir. İplik yardımıyla sincap derisinden adam şeklinde bir koruyucu (eeren) yapılır. Daha sonra bu koruyucu ruhlandırma işleminden geçirilerek çocuğun yatağının başucuna asılır. ("Nesneye

Bilinç Vererek Destekçi Tılsımlar Yapmak" adlı bölümde ruhlandırma işlemi etraflıca anlatılmaktadır.)

Beşiklerin her zaman ritmik şekilde sallanması gerekir. Boş beşik kesinlikle sallanmamalıdır zira bebeğin uykusu kaçar.

Bebeğin yatak odasına bir yabancı ya da uzaklardan bir misafir gelecekse, yatağın üzeri tülle kapatılmalıdır.

Bebeğin yatağına demirden nesneler koymak, onu negatif güçlerden koruyacaktır.

Çocuğun ilk adımlarının güçlü olması için uygulanan ritüeller

Emeklemeye başlayan ve yavaş yavaş kendini yürümeye hazırlayan çocuklar, bu dönemde şaşırtılmamalı ve korkutulmamalıdır. Düşmeleri engellenmemelidir. Çocuk eğer düştüyse ve korktuğu için ağlamaya başladıysa düştüğü yere tuzlu su serpilmeli ve o yere bir de çivi çakılmalıdır. Tuzlu su yoksa çocuğun düştüğü yere üç kez tükürülmelidir. Bu ritüel çocuğun düşmeden dolayı yaşadığı korku yüzünden hastalanmasını engeller ve ayaklanması yolunda cesaretini korur.

Beyaz bir keçinin kılıyla örülmüş bilekliği çocuğun ayak bileklerine sarmak ya da çorabına dikmek güçlü bacaklarının olmasını sağlar.

Çocuğun giyimiyle ilgili dikkat edilmesi gereken gelenekler

Bebeklerin alt bezleri hazır alınmamalıdır. Bebek doğmadan önce bez dikilmemeli, doğduktan sonra ise özel bir kumaştan alt bezi hazırlanmalıdır. Bebek bezi için en uygun kumaş ebeveynlerinin giydiği kıyafetlerden dikilmiş olanlardır. Buna göre baba, eril gücü taşıdığı için kıyafetinin sırt kısmı kesilmelidir. Zira erkeğin en güçlü olduğu alanlardan biri sırtıdır. Burada biriken güç kumaşa da işleyeceğinden dolayı kumaşın sırt bölgesi tercih edilmelidir. Eğer ki herhangi bir sebepten dolayı bebeğin babası yanında değilse annenin eteğinden de alt bezi kesilebilir. Eteğin alt kısımları kesilmemelidir. Zira kadının mahremiyet güdüsü yoğun şekilde etek uçlarındadır. Bu nedenle eteğin yukarıdan 9 santimlik alanından kumaş kesilmelidir. Bu da bebeğe ek bir koruma sağlayacaktır.

Çocuğun giysileri, oyuncakları ve kullandığı eşyalar yeterli miktarda olmalıdır ve bunlar küçüldüğünde ya da eskidiğinde başkalarına verilmemelidir. Çünkü bebek sevdiği şeylere ruhunu çabuk verir.

Çocukların sevdiği şeyler sık değişir fakat bebekliklerinde battaniyelerine ya da emziklerine bile sünelerini (ruhlarını) verirler.

Bir çocuğun fazla oyuncağı olmamalıdır. Oyuncaklar süneyi gerekli olan şeye odaklamaktan alıkoyar ve çocuğun sünesini gereksize doğru çeker. Fazla oyuncağı olan çocuklar büyüdüklerinde de her şeyi bir ihtiyaç olarak algılayıp zorunluluk duygusuyla satın alma eğiliminde olurlar.

Çocuk artık eski oyuncaklarıyla oynamıyorsa, bu oyuncaklarda sünesi yoktur. Süneleri genelde yeni oyuncaklarındadır. İlgi duymadığı oyuncakları elbette atılabilir.

Çocuğun kullandığı başlıklar hastalıklara ve negatif güçlere karşı önemli bir koruma sağladığından başlıklara özellikle dikkat edilmelidir. Daha önce de belirtildiği gibi başlıklara dokuz demir halka dikilmelidir. Bu çok güçlü bir tılsım türüdür. Demir halka bulamayanlar varsa tengri karak (nazar boncuğu) da dikebilirler. Fakat bu boncukların adedi de dokuz olmalıdır. Sekizi alın çevresine, bir tanesi de bıngıldağın üzerine denk gelecek şekilde başlığa dikilmelidir.

Bebeğin ilk sesi ve ilk sözü çok önemlidir. Onlar birer kök hücre kadar değerlidir. İlk sesi not alınmalıdır ve ona ilerleyen yaşlarında aktarılmalıdır. Kadim çağlarda bu sesi anne ezberlerdi ve uyutmak için de ninnilerinin arasına katardı. Fakat günümüz teknolojisinde kayıt alma avantajı da olduğundan bebek ilerleyen süreçlerde kendi ilk sesini duyma avantajına sahiptir. İlk ses, bebek doğduktan sonra ağladığında çıkardığı ses değildir. Bebeğin sakin zamanında çıkardığı ve sürekli tekrarladığı sestir. İlk ifade en saf, en temiz, en dürüst, en yalın ve en içten ifade olduğu için kök hücre kadar değerli bir kök ses olarak algılanabilir. Bu kök ses, zikir gibi tekrarlanmaya devam edildikçe kişinin yüreğini ve bilincini saf tutar. Yalanı hayatından uzak tutmasını sağlar. Böylece yüreği kararmaz, zihni bulanmaz. Bebek henüz kelime bilmediği için ruhunun tınısını çok net bir şekilde duyabilir ve onu taklit etmeyi başarır. Eğer ki bebeğin ruhu kaçacak olursa onu geri getirmekte bu sesi kullanmak oldukça etkili olacaktır. Kham'lar ruhu kaçmış birinin ruh tınısını duyup bu sesle onu geri çağırırlar.

İlk söz elbette bebeğin kendi içsel kararı değil, öğrendiğidir. Burada da iş büyük ölçüde ebeveyne düşer. Bebeğe ona yeteneğiyle ilgili bir söz öğretmek gerekir ki ileriki zamanlarda meslek seçimini kolayca yapabilsin. Hem böylece taşıdığı yetenek konusunda genç yaşta ustalaşma eğilimi de gösterir. Örneğin yeteneğinde adalet varsa ilk sözü "anne" ya da "baba" yerine "adalet" olmalıdır. Çocuğun ilk sözü "anne" ya da "baba" olursa, geleceğiyle ilgili kararları ve meslek seçimini ebeveyni yapmak zorunda kalır ki bu çok daha tehlikeli bir durumdur.

Bebeğin kıyafetleri nehirden alınana suyla yıkanmalıdır. Ancak nehrin içinde hiçbir şekilde kıyafet yıkanmaz. Nehrin arılığı kirletilmiş olur ki bu da nehrin iyesine saygısızlıktır. Nehirden alınan suyla çamaşırlar uzakta yıkandıktan sonra hiçbir şekilde nehre geri dökülmemelidir. Eğer kişi sünesini çamaşırına göndermişse nehir suyuyla birlikte sünesi de akıp gideceği için yerinde duramama, sebepsiz telaş, uykusuzluk ve tahammülsüzlük gibi birtakım rahatsızlıkların oraya çıkması söz konusu olabilir.

Anne çocuğuna süt veremediğinde uygulanan ritüeller

Bazı durumlarda anne özütü zayıf olduğundan dolayı çocuğuna süt veremeyebilir. Özüt ancak kendini toparlayabilecek kadar güce sahipse, dışarıya vereceği enerjiden kısmaya çalışır. Süt vermek de önemli bir enerji kaybı olacağından özüt bebeğin sütünden de keser.

Kadınların doğumdan sonra sağlıklarını ihmal etmemeleri gerekir. Hamilelik sürecinde beslenmesine gösterdiği özeni doğum sonrasında da göstermelidir. Özüt sağlıklı beslenmeyle gebelik öncesindeki gücüne kavuşur.

Bazı kadınlar asabi olduklarından dolayı yüksek sesle konuşup küçük bir bahaneyle bile bağırmaya başlayabilirler. Bazılarıysa evlerinde düzensiz ve tembeldir. Bu gibi durumlarda evin iyesi annenin sütünü kesme yoluna gidebilir. Evin huzurunun olmayışı, ev iyesini kızdırır ve közünün (nazarının) değmesine neden olur. Bu şekilde anne ev iyesinin nazarına gelmiş olur ve sütü kesilir. Evin iyesiyle barışmak için ev temiz tutulmalı ve ona sunu verilmelidir. Ev içinde dingin olunmalıdır.

Evde pişen yemeklerin ilk üç kaşığı ev iyesi için ayrılmış özel bir kâseye konmalı ve evin iyesine yönelik "Afiyet olsun, güç olsun" denmelidir. Bu ritüeli âdet haline getirmek önemlidir. Evin iyesi de evin bir üyesidir ve ona da yemek verilmelidir.

Çocuğun ilk saçı kesilirken uygulanan ritüeller

Çocuğun saç ve diş çıkarması yeni bir çağın başladığını gösteren işaretlerdir. Saçların çıkması, bıngıldağın kapandığını ve kendini koruyabilecek güce eriştiğini gösterir. Bıngıldağın kapanması elbette artık ebeveyni tarafından korunmasına gerek kalmadığı anlamına gelmez. Fakat çocuğun doğal gelişimini sürdürdüğünü kanıtlar.

Bazı istisnai durumlar tabii ki söz konusudur. Saçlı doğan bebeklerin annelerinin özütü o kadar güçlüdür ki onu anne karnında bile kendini koruyabilecek güce eriştirinceye dek beslemeyi başarmıştır. Ya da anne çok gergin bir gebelik süreci geçirmiştir ve karaciğeri de yoğun olarak çalışmıştır. Zira karaciğerin yoğun çalışması saç ve tüyü çoğaltır.

Bebek üç yaşına gelene kadar saçı kesilmemelidir. Saçlar ek bir koruma sağlar ve çocuğun cinsiyetini gizler. Böylece negatif varlıkların ona yaklaşmasını engeller.

Bazı Kham'lar bu öğretiye dayanarak törenden önce boyanırlar. Erkekler dişi bir izlenim bırakmak için börtlerine (Kham başlığı) bellerine kadar örülmüş at saçı takarlar. Kadınlar da yüzlerine bıyık çizerler. Üç yaşına gelen çocuk kız ya da erkek olsun saçları kazıtılır. Zira doğduğundan beri o güne dek pek çok nazara ve negatif etkilere maruz kalmıştır. Saçlar da bu olumsuz etkileri emmiştir. Hem bunları üzerinden atması hem de dış dünyayı algılayan bir varlık haline erişmesi için saçlarını kazıtmak çocuklar için yeni bir başlangıç olarak kabul edilir.

Kesilen saçlar yakılmalıdır. Çöpe ya da herhangi bir yere atıldığında baş ağrısına neden olabilir. Bazı kuşlar atılan saçları yuva yapmak için kullandıklarında sürekli rüzgâra maruz kalacağı için sahibini huzursuz edebilir.

Çocuğun ilk dişinin çıkması, artık ona seslenildiğinde tepki verebilecek olgunluğa eriştiğine ve kendi fikrinin oluşmaya başladığına işarettir. Bu nedenle ilk dişi çıkan çocuğa hediye alınır. Kızlar için tarak, erkek içinse bıçak tercih edilmelidir. Çocuk 16 yaşına geldiğinde bu hediye kendisine verilebilir.

Tarak Şaman bir genç kızın hayatında önemli bir yer teşkil eder. Zira onunla saçlarını düzgünce tarayıp farklı şekillerde örer. Kızın saçını örme biçimi onun bekâr mı, evli mi ya da dul mu olduğunu gösterir.

Erkekler içinse bıçağın hayati bir önemi vardır. Onunla hem kendisine, hem ailesine bakar, korur ve işlerini görür.

Çocuğun gür saçlı olması için uygulanan ritüeller

Çocuğun saçları gür olsun isteniyorsa, doğduktan hemen sonra alnına ve ensesine bir yarımay çizmelidir. Bunun için çam ağacının ince bir iğnesi alınır ve ucu kesilir. İğne ucu sivri olduğu için bu kesme işlemi önemlidir. Bebeğe uygulanan hiçbir ritüelde canını yakmamak gerekir. Çamların iğneleri yaz kış dökülmediği için saç ritüelinde özellikle çam iğnesi kullanılmalıdır. Bebeğin alnına ve ensesine D şeklinde bir yarımay çizilir. Ters D, küçülen ay olduğu için çizilmemelidir, saçları döker.

Çocuk erkekse fasulye, kızsa kabak çekirdeği ya da günebakan çekirdeği, boğa kanıyla birlikte kaynatılır. Anne ve babanın saç telleri yakılarak toz haline getirilir. Bu toz da kaynatılan sıvıya dökülür. Sıvı soğuduktan sonra çocuğun alnına ve ensesine çam ağacının ucu kesilmiş iğnesiyle yarımaylar çizilir. Bu ritüel sayesinde çocuğun saçları gür olur ve dökülmez.

Çocuğun ilk dişi çıktığında uygulanan ritüeller

Çocuğun sütdişleri dökülmeye başladığında, kesinlikle atılmamalıdır. Aksi halde kemik niyetine başka hayvanlar tarafından yenme riski yüksektir. Bu da o çocuğu asi yapar. Dişler ruhlu bir ateşte yakılmalı ve külleri civardaki güçlü bir ağaca serpilmelidir. Böylece çocuğun dişleri de ağaç gibi sağlam ve güçlü olur.

Çocuk uykusuz ve üzgünse: Çocuk üzüntülü, uykusuz ve huzursuzsa, bu göçüp gitmiş atalarının yani büyüklerinin ihmal edildiği anlamına gelir.

Atalar çocuklar aracılığıyla ebeveynlere sorumluluklarını hatırlatmaya çalışırlar. Bu durum karşısında hemen bir çövenç (şekersiz, tuzsuz helva) kavrulmalı ve kavururken de şu sözler tekrarlanmalıdır: *"Ulu Kayra Han'ın adıyla atalar hayrına. Canınıza can, gücünüze güç olsun."*

Bu ritüel çocuğa da öğretilmeli ve çövenç kavrulurken çocuğun da kaşığı tutup çövenci karıştırması sağlanmalıdır.

Çocuk ilk kez dışarı çıkarılırken uygulanan ritüeller

Normal şartlarda bebek bir yıl boyunca dışarı çıkarılmamalıdır. Dışarıdaki olumsuzluklardan etkilenmemesi için bu süreye ihtiyacı vardır. Aynı uygulamayı kurtlar (börü) da kendi yavruları için yaparlar. Kurt yavruları ancak dört hafta sonra gün ışığına çıkarlar. İnsan ve kurt arasındaki yaş hesabına göre çocukların da bir yıl boyunca dışarı çıkmaması gerekir.

Buna uygun şartlar mevcut değilse bebek ancak 40 gün sonra ilk kez dışarı çıkarılmalıdır. Fakat bu bile özel bir amaçla yapılmalıdır. Annesinin göğsünden başka şey görmemiş olan bebeğin kırkından sonra gözleri tam anlamıyla açılır ve göreceği ilk şeyin ne olacağı önemlidir. Ya yeteneğine uygun bir yere götürülmeli ya da zengin ve bereketli bir tanıdığın evine ziyarete gidilmelidir. Bebek evden ilk kez çıkarılırken alnına ruhlu bir ateşten kalan külle bir daire çizilmeli ve içine de çarpı atılmalıdır. Bu Kutupyıldızı'nın sembolüdür ve Türklerde Demirterek olarak da bilinir. Tüm güneş sistemi bu yıldızın etrafında döndüğünden gücü tartışılmazdır. Bu işaretle birlikte bebek yıldızın koruması altına sokulmuş olur. Bu ritüelin amacı, bebeğin dünyadaki ilk yolculuğunu güvenli, korunaklı ve huzurlu bir şekilde atlatmasını sağlamak içindir. Yolda karşılaşılan insanlara kim olurlarsa olsunlar bebeğin yüzü gösterilmemelidir ve dokunmalarına izin verilmemelidir. Bebeğe dokunmalarına engel olunamadıysa müdahale eden kişiye *"Közün varsa, sana dönsün!"* denmeli ya da kişiye *"Közüm varsa, bana dönsün! Tü tü tü!"* dedirtilmelidir.

Çocuğun kaçan sünesi (ruhu) nasıl geri çağrılır?

Çocuğun yaşadığı bazı rahatsızlıkların sebebi sünelerinin kaçmış olmasıdır. Bu rahatsızlıklar ağır, uzun süreli ve ciddi rahatsızlıklardır. Çocuğun gezgin olan ruhunu geri çağırmak onu iyileştirmek açısından çok önemlidir.

Çocukların sünelerinin kaçmasındaki belirtiler daha açıktır. Süneleri gittiğinde ağlamaya ve huzursuzlaşmaya başlarlar. Yetişkinlerin bu tür dışavurumları olmadığı için sünelerinin kaçtığı sonradan anlaşılır.

Çocukların sünelerini geri getirmek yetişkinlerinkinden farklı değildir fakat daha kolaydır, çünkü çocuğun sünesini gönderebileceği alan oldukça dardır. Çocukların yaşam süreçlerinde edinmiş oldukları deneyimleri ve izlenimleri yetişkinlerden az olduğu için süneleri de ancak hatırlayabildikleri yerlerde bulunur. Örneğin bir bebeğin gittiği ve görebildiği yer ancak beşiğidir. Bu nedenle sünesi beşiğin bir tarafında hızlıca bulunabilir. Oysa yetişkinlerde deneyim alanı geniş olduğu için çok daha kapsamlı bir arayış başlatılır. Çocukların süneleri çabuk geri döner fakat kaçan sünesi bir uygulamayla geri çağrılır:

Beyaz bir tülbent, ekmek, tuz, süt, tereyağı ve hasta çocuğun en çok sevdiği bir kıyafetiyle evin etrafında gezilir. Süne çocuğun sevdiği kıyafeti tanıdığı için sevilen şeye çabuk döner. Dolaşmaya çocuğun oyun oynamayı sevdiği ve kendini huzurlu hissettiği yerlerden başlanır. Bahçeli bir evde yaşanıyorsa, çitlere kadar gidilir. Gezgin ruhlar genelde bilinen ile bilinmeyenin kesiştiği yerlerde bulunurlar. Bahçenin sınırı, evin sınırı, oyun parkının sınırı sünelerin bekleyebileceği yerlerdir. Zira sınıra kadar giden bölge bilinen, sınırdan sonrası bilinmeyen olduğu için çocuğun sünesini ararken buralarda dolaşmak önemlidir. Dolaşılan her yerde elde taşınan malzemelerle birlikte üç kez eğilmek gerekir. Bunu yaparken çocuğa geri dönmesi için gezgin ruha ricada bulunulur.

Dışarıda dolaşılan yerlerden biraz ot ya da çalı çırpı toplanarak eve geri dönülür. Gezgin toplanan şeylerle birlikte eve gelir. Toplanan çalı çırpı çocuğun yatağının yanına bırakılır.

Koç ya da koyun kaburgalarından bir çorba pişirilir. Bütün aile üyeleri toplanarak hep birlikte yemek masasına oturulur ve çorbadan içilir. Çocuğun da yemek masasında bulunması önemlidir. Bu ruha duyulan saygının bir göstergesidir. Sünenin bedende oturduğu yer göğüskafesi olduğu için bu yemeği severler. Yemek yendikten sonra çocuğun sevdiği kıyafet üzerine giydirilir. Oyuncağı eline verilir. Bu şekilde sünesi tekrar bedene oturmuş olur.

Korkutulan çocuklara da sünenin geri çağrılma ritüeli uygulanır. Eğer çocuğu bir hayvan korkuttuysa o zaman korkutan hayvanın saçıyla ya da tüyüyle çocuk tütsülenir. Çocuk bir kuş tarafından ürkütüldüyse kuş tüyüyle tütsülenir ve bu sırada şu sözler tekrarlanır:

"Ulu Kayra Han'ın adıyla. Bunun (çocuğun ismi ve aidiyeti söylenmeden) üzerindeki korku ve onun getirdiği rahatsızlıklar yanan ateşin dumanına karışıp uzaklaşsın."

Tütsüden geriye kalan küller bir örümcek ağıyla birlikte yıkanma suyuna katılır ve çocuğa bu suyla banyo yaptırılır. Banyonun oturma odasının ortasında, destek kirişinin altında gerçekleşmesi daha uygundur.

Çocuk sık tıkanıyor ve yutkunma güçlüğü çekiyorsa:
Küçük çocukların yaşadığı rahatsızlıkların bir sebebi de sevi-

şen insanların ellerini ayaklarını yıkamadan çocuğa dokunmalarından kaynaklanır. Bu gibi durumlarda çocuğun benzi solar, gücü zayıflar ve yorgunlaşır. Çocuk rahatsızlığını atlatsa bile yine de yorgun ve bezgin görünür. Özellikle çokeşli kişilerin hiçbir surette bebeklere yaklaşmaması gerekir. Çünkü sevişmeden sonrasında kişinin kendi enerjisine dönmesi zaman aldığından bebekler oluşan bu karışıklıktan etkilenirler ve enerjileri bozulur. Enerjisi bozulan çocuk sık sık tıkanır, yutkunma güçlüğü çeker, iştahsızlık, kabızlık, göz kuruluğu gibi sorunlar yaşar. Oluşan bu durumun kişinin karakteristik özelliğiyle hiçbir ilgisi yoktur. Sadece enerjisi odaklı, saf, olgun ve ergin değildir. Bu da çocuğun bünyesini altüst eder. Çokeşli kişiler tekeşli olanlara nazaran daha farklı duygu ve düşüncelerle bu kutsal birleşmeye baktıklarından enerjileri nispeten daha olumludur. Enerjisi bulanmış birinin temasına maruz kalan çocuğun aile yapısıyla ilgili algısı da bulanır. İlerleyen zamanlarda eş seçiminde kararsızlıklar yaşar.

Dış dünya yoğun olarak ağız, burun ve gözenekler yoluyla içeri alındığından çocuklar bu olumsuz enerjiyi bedenlerine aynı yoldan alırlar ve doğal olarak da yutkunmakta zorluk çekmeye başlarlar.

Burada çocuğun saf bedeninin kaldıramadığı bir kirlilik söz konusudur. Üstelik bu kirlilik onun henüz tanışmamış olduğu tüketilmiş cinsel enerjiyle temasa geçmesiyle oluşmaktadır.

Çocuğa dokunacak kişilerin önce ellerini yıkamaları gerektiği mutlaka hatırlatılmalıdır. Özellikle çokeşli kişilerin hiçbir surette bebeklere yaklaşmaması gerekir.

Bu tür bir temas yaşandığında çocuğu eski enerjisine geri getirmek için biraz zahmetli bir ritüele ihtiyaç vardır. Her şeyden önce çocuğa yeni bir isim verilmesi gerekir. Bu uygulamalar son derece önemlidir ve muhakkak yapılması gerekir.

Anne yanına eşinin annesini ve çocuğunu alarak hamama gitmelidir. Hamamda anne kendini yıkarken, bebeği de kayınvalide sessizlik içinde yıkamalıdır.

Anne bacaklarını doğum yapar pozisyona getirir ve sancılarını yaşadığı anı canlandırır. Yaşlı kadın, annenin bacakları arasındaki çocuğu kaldırıp indirerek üç defa "Kız mı oğlan mı?" diye sorar. Buna karşılık anne de çocuğun cinsiyetini söyler. Böylece kayınvalide çocuğu annenin kollarına verir ve ona çocuğunun adının ne olmasını istediğini sorar. Bu sırada anne çocuğa yeni bir isim verir. Bu ritüelin temelinde anne ve kayınvalidenin varlığının bir önemi yoktur aslında. Önemli olan çocuğun kendi doğumunu yeniden hatırlaması ve doğduğundaki arı enerjisine geri dönebilmesidir. Çocuğun ilk ismi resmi belgelere işlenmiş bile olsa bundan böyle ona yeni ismiyle seslenilmelidir. Çocuk olağanüstü bir şey başarıp kendi ismini seçene dek bu yeni ismiyle çağrılmalıdır. Bu uygulama Sibirya'da özellikle Türk kökenli toplumlarda önemli bir aile geleneği olarak bilinir. Kastamonu yöresinde de halen bilinen bir uygulamadır ve geçerliliğini korumaktadır.

Çocuğa nazar (köz) değiyorsa: İlkbahar aylarında dışarıda bırakılan kullanılmamış bir tülbentte biriken çiy, temiz bir kaba alınır ve köz (nazar) değmiş çocuğun eli yüzü salonun ortasında bu çiy suyuyla yıkanır. Bu sırada şu sözler tekrar edilir:

"Ey çiy! Gecenin közünü nasıl söndürdüysen, bu çocuğun üstündekini de söndür."

Çocuğa değen nazarı (közü) gidermenin bir diğer yolu da güneş doğmadan önce nehir kenarından ya da kaynaktan alınan suyla çocuğun yüzünü yıkamaktır.

Çocuk yemek yemiyorsa: Çocuk yemek yemiyorsa babanın dizleri üzerine yatırılır ve sırtı tahta bir kapla kapatılır. Tahta bir kap bulunamıyorsa bunun yerine et kesme tahtası ya da ekmek tahtası da kullanılabilir. Baba bir eline balta alır ve şu sözleri tekrar eder:

"Kün Keje'yi kesgen. Keje Kün'ü kesgen. Bo baltı urugtan tırıkkesgen." (Gece günü kesti. Gün geceyi kesti. Bu balta çocuğun tokluğunu kesti.)

Ardından baltayla tahta kabın üzerine hafifçe vurur. Ritüel sırasında çocuğun baltayı görüp ürkmemesine dikkat etmek gerekir. Kesme işlemi içsel olarak çocuğa değil doğrudan tokluk hissine yönelik yapılmalıdır. Aksi halde bu uygulamadan beklenen sonuç alınamaz.

Çocuk sürekli acıkıyorsa: Çocuk çok iştahlıysa ve haddinden fazla yiyorsa ya da sürekli acıkıyorsa, aynı işlem bir kez daha uygulanır. Fakat bu kez tahtanın üzerine kuru çalı ya da süpürge dalları kırılır. Balta ele alındıktan sonra da şu sözler söylenir:

"Kün Keje'yi kesgen. Keje Kün'ü kesgen. Bo baltı urugtan aşıkesgen." (Gece günü kesti. Gün geceyi kesti. Bu balta çocuğun açlığını kesti.)

Ardından balta tahtaya vurulur ve üzerindeki çalıların kırılması sağlanır. Çocuğun bu çatırdama sesini duyması önemlidir. Ritüeli uygulayan babanın baltayı çocuğuna değil onun açlık hissine vurduğuna inanması gerekir. Açlığı somut bir nesne gibi düşünmeli ve onu baltayla lime lime ettiğini canlandırmalıdır hayalinde.

Tahta kap, çocuğun üzerini tamamen örtecek kadar büyük olmalıdır. Ritüelden sonra çocuk iyileşecek ve ihtiyacı olan kadarını yemeye başlayacaktır.

Eski zamanlarla işkence yöntemi olarak kullanılan falaka, aslında Şamanlar tarafından küçük bir farkla sıklıkla tercih edilen bir gölge dağıtma ritüelidir. Bu uygulamada kalın sopa kişinin doğrudan ayak tabanlarına değil, ayakların arasına sıkıştırılmış ve bir duvar görevi gören tahtaya vurularak gerçekleştirilir. Tahtaya vurmak içerideki karanlık gölgeleri püskürtürcesine dağıtır ve kişi kelimenin tam anlamıyla kendine gelir.

Çocuk altına kaçırıyorsa: Çocuğun yedi yaşından önce ateşe baktırılması geceleri altına kaçırmasına neden olur. Çocuk ateşe baktığında bedenindeki suyun devirdaim işlemi hızlanır. Aslında bu yetişkinler için de geçerli bir durumdur. Fakat çocukların metabolizması yetişkinlere göre çok daha hızlı çalışır. Ateşe bakarken çocukta bir korku da oluştuysa verdiği yakıcı etkiden dolayı korkunun bedene yerleşmesi an meselesidir. Dikkatle izlenirse yatağını ıslatan çocukların nevresimlerindeki lekenin koyu sarı renkli olduğu görülür. Tuvalete çıktıklarında da idrarlarının koyuluğu fark edilir. İdrar yoluyla dışarıya atılmaya çalışılan korku, idrarı koyu renkli hale getirir. Aşırı korkuya maruz kalan biri idrarını tutamaz. Beden bu tepkiyi doğal olarak verir. Sürekli aynı yere idrar yapıldığında beden korkudan bir türlü kurtulamaz. Çağımızda tuvaletler evin içinde olduğundan dolayı korku bir nevi evde kilitli kalmış sayılır. Korkuyu evden dışarı taşımak bu anlamda çok önemlidir. Bunun için uygulanabilecek iki yöntem vardır:

1. Bahçeli evi olanlar çocuğu birkaç sabah bahçenin dışına işetmelidir. Kısa süre sonra çocuk iyileşecek ve artık altı-

na kaçırmayacaktır. Çocuğun yatağı da dahil eski nevresimlerinin hepsi yakılmalıdır. Evde kullanacağı tuvalet sirkeyle dezenfekte edilmelidir.

2. Apartmanda yaşayanlar çocuğun sabahki idrarını şişeye yaptırmalı ve çocuğun geçmeyeceği bir dört yol ağzına dökmelidir.

Çocuk aşırı tükürük salgılıyorsa: Çocuk aşırı tükürük salgılıyorsa, salgı anında salyası bir makasla kesilmelidir. Böylece kısa sürede salyalaması normale inecektir.

Çocuğun göbek deliği dışa doğru çıkıksa: Sıklıkla erkeklerde görülen göbek deliği çıkıklığı, sağlığı olumsuz yönde etkileyen bir durumdur. Göbek deliği, bir zamanlar bebeğin yaşam gücünü elde ettiği yerdir. Doğumdan sonra göbek bağı kesilmesine rağmen görevi devam eder ve hassasiyetini sürdürür. Nasıl ki göbek bağından giren bir bakteri çocuğun gelişimini etkiliyorsa, bağ kesildikten sonra da görevine devam eder ve göbek deliğini etkiler.

Kız çocukları doğaları gereği alıcı olduklarından dolayı göbek deliklerini de mümkün oldukça karınlarına doğru çekmeyi başarırlar. Elbette istisnaları olabilir.

Ancak erkek çocuklar doğaları gereği verici olduklarından, bir anlamda da dışadönük sayıldıklarından göbek bağından artakalanı da dışa doğru itme eğiliminde olurlar. Bu onları dış saldırılara karşı hassas kılar. Buradan çeşitli negatif enerjiler yolunu bularak çocuğa sağlık sorunu yaşatırlar. Bu çıkıklığı önlemek ya da geri çevirmek için uygulanması gereken yöntemler vardır.

Erkek bebeği yüksek sesle bağırtmamaya dikkat etmek gerekir. Bunun yanı sıra göbek deliğinin üzerine bir tutam un, onun da üzerine bir tutam şehriye yerleştirilmelidir. Deliğin soluna bir tutam kömür tozu, sağına da bir tutam tuz konur. Bu sıralamaya göre üzerleri bastırılır ve sağ elinin başparmağıyla çarpı atılır.

Ölüm Gelenekleri

Göç eden ruhlarla ilgili uygulanması gereken ritüeller: Kişinin yaşlılığı ya da rahatsızlığı nedeniyle dünyadan göçü yaklaştığında kendisi için bir tören düzenlenir. Sevdiği kıyafetlerini giydiği bu tören bir kutlama havasında geçer. Kutlamada ikramlarda bulunulur, yenilir, içilir, eğlenilir ve göçü yaklaşmış olan kişinin yaşamına tanıklık etmiş olanlar bir araya gelerek onun gençliğini ve kahramanlıklarını anlatır.

Göçü yaklaşan "yolcu" ne şekilde ve nereye gömülmek istediğini belirtir. Yakınları da onun bu isteklerini kaydederler. Fakat bu kutlamada hiç kimse "yolcu"ya vermek için hediye almaz.

Tören biterken herkes birbiriyle vedalaşır ve iyi yolculuklar diler. Törenin ardından göçü yaklaşan kişiyi bir kez daha gördüklerinde onunla ikinci kez vedalaşmazlar. Aynı sohbetler bir kez daha yapılmaz. İkinci vedalar hiçbir zaman iyi değildir.

Bir tanıdık uzak bir ülkeye yolcu edildiğinde kendisine söylenenler ve sarılmalar samimidir ve yürektendir. Yürekten söylenen cümleler bir kere söylenir, çünkü hissedilen sevgi o esnada doruktadır. Bir şey olur da vedalaşmadan sonra yolculuk kısa bir süre ertelenirse vedalaşmış olan kişiler hiç konuşmaz. O süreçte ne söylenirse söylensin, ilk söylendiğindeki gücü bulamaz. Tekrar veda vakti geldiğinde aynı sıcaklık bir daha yakalanamaz. Aynı durum dünyadan göç edecek olan kişi ile yakınları arasında da geçerlidir. İkinci defa vedalaşmanın "tadı" ilkindekiyle aynı olmayacağından gidecek olan kişiyi, görünürde, "daha az sevgiyle" yollamamak için bir daha vedalaşılmaz.

Kişi göçtüğünde ayakları dışarıyı görecek şekilde camdan ya da çatıdan çıkarılır. Ayaklar başka bir yönü gösterecek olursa, kişinin ruhu bulunduğu mekânı kolay terk edemez, çıkmakta zorlanır. Eğer göçen kişi şehir hayatında bir apartman dairesinde yaşıyorsa, o zaman en sevdiği ve yanından hiç ayırmadığı eşyaları camdan çıkartılmalıdır.

Göçen kişinin bedeninin gömüleceği yer derin bir çukur olarak açılır. Toprağın yüzeyine yakın gömülmemesi gerekir. Derin gömülmek zorlanmadan uçmasını sağlar ve geçişini kolaylaştırır. Bir diğer önemli konu da göçen kişinin hayattayken yaşadığı bölgeden fazla uzaklaştırılmamasıdır. Eğer kişinin bu konuda özel bir vasiyeti yoksa mutlaka evine yakın bir yere gömülmesi gerekir.

Göçen kişinin çok sevdiği ve sıklıkla kullandığı eşyaları ya da yiyecekleri de yanına konur. Ayrıca gömülmeden evvel göğsünün üzerine ucu yukarı bakacak şekilde tahta saplı bir bıçak yerleştirilir. Göç etmiş kişi yanında sevdiği eşyaları ve göğsünde tahta saplı bıçağıyla bu şekilde gömülmelidir.

Gömü merasimi sona erdiğinde kimse sırtını dönerek gitmemelidir. Dokuz adım geri giderek sırtlarını dönmeli ve bir daha geriye bakmadan oradan uzaklaşılmalıdırlar. Uzaklaşırken de ellerinde çam ağacının birkaç dalını arkalarında kuyruk gibi tutmaları gerekir. Yeri süpüren çam ağacının iğneleri, merasime katılanların ayak izlerini siler. Bu şekilde kişinin henüz gitmemiş olan ruhu da onları takip edemez.

Birçok kişi ölünün ardından kurban kesme geleneğini uygular. Hayvanlar arı olduklarından gidecekleri yer bellidir. Ölen kişi de bu durumda yolunu kaybetmesin diye kurban kesilen hayvan ona yol arkadaşlığı ederek, göçen kişinin ruhunu gökyüzüne götürür. Eski Türk destanlarında bahsi geçen atıyla birlikte gömülme ritüelinin nedeni budur. Göçen kişi eğer bir kadınsa inek ya da buzağı kurban edilir. Erkekse at kurban edilir. Ancak bu konuda da dikkat edilmesi gereken önemli bir nokta vardır. Kurbanın kanının yere akmaması çok önemlidir. Can nereye akarsa ruh da oraya doğru çekilir. Kanı yerin altına akarsa hayvan göçen kişiye yol arkadaşlığı yapamaz.

Tüm bu hazırlıklar olağanüstü gibi görünse de, aslında yaşayanlar için de yola çıkmadan evvel buna benzer törenler düzenlenir. Bunlar doğal ve olağan bir yolculuğun gereklilikleridir.

Göçen kişi için gerçekleştirilen bu törenlerin ardından görevlerin hepsi tamamlanmış sayılmaz. Çünkü göçen kişinin dünyadan tamamen ayrılması ve "işlerini" bitirmesi 49 gün sürer. Bu zaman çerçevesinde göçen kişi çoğu zaman öldüğünü dahi bilmez. Ani ve zamansız ölümlerde çok daha yoğun görülür. Bunun için göçünün yedinci gününde bir tören daha düzenlenir. Bu törende aile mezarın başına gelir ve göçen kişi de bir Şaman aracılığıyla yakınlarına söylemek istediklerini ifade ederek vasiyetini bildirir. Bu sırada göçen kişiye güç vermesi açısından helva (çövenç) kavrulur. Göçen kişi, kalan 42 gün boyunca dünyada görmediği yerleri gezer. Sonunda bir tören daha düzenlenerek ruhla vedalaşılır. Artık tamamen gitme vakti gelmiştir. Bu vedalaşma töreninde de göçen kişinin sevdiği tütünü ya da yemeği mezarın başına getirilir. Burada ateş yakılıp yemekler hazırlanır. Ardından hep birlikte yemek yenir. Törenin sonunda Şaman gidecek olan ruha son kez aracı olur ve ruhun son sözlerini yakınlarına bildirir. Yakınları da yine Şaman aracılığıyla göçenin ruhuyla konuşur. Böylece göçmüş olan ruh gözü arkada kalmadan, gökyüzüne, atalarının katına çıkar.

Kişi eğer doğal koşullar altında değil de kendi canına kıyarak yaşamına son verdiyse, ölümü iki kez yaşar. Bir kez gerçekleşen ölümde sonuç net ve açıktır. Göçen ruhlar aklıklarına ya da karalıklarına göre ait oldukları yerlere geçerler. Fakat intihar edenler çift ölüm yaşarlar.

Sülde olgunlaşarak göğe tırmanmak ve bu dünyadan göçtükten sonra gökte gelişimini devam ettirmek ister. Doğal şartlarla bu dünyadan göçmüş olan kişinin ruhsal gelişimi devam eder. Diğer bir deyişle hâlâ yaşıyordur.

Fakat intihar edenler hiçbir zaman yeniden doğamazlar ve göğe gidemezler. Çünkü onlara yardım edilemez. İntihar edenler için ayrılmış özel bir yere giderler. Bulundukları yerden çıkmayı başarabilirlerse tekrar dünyaya gelebilirler ancak bu neredeyse imkânsızdır. İntihar edenlerin gelişimi yoktur. Sülde gelişemez. Dolayısıyla hem intihar ederek ölmüş olurlar hem de ruhları ebedi bir kafese girdiği ve gelişemediği için de ölmüş sayılırlar.

İntihar etmiş olanların ruhu, gözün görebildiği yere kadar kupkuru bir çölde durur. Ne bir adım öne, ne yana, ne geriye adım atabilir ve bu sonsuza dek bu şekilde sürüp gidebilir. Bu yüzden intihar edenler iki kez ölmüş oldukları için her daim "ara" boyutta kalırlar. Çünkü ne dünyadaki işleri bitmiştir ne de atalarının katına geçmeye hazırdırlar. Denizle kum arası, evin içiyle dışı arası, ülkeler arası, gökle dağ arası gezip dolaşırlar. Boyutlar arası gezebilen Şamanlar çift ölmüş kişiyi bulamazlar, çünkü Şaman'ın gezdiği boyutların bile arasında gezer çift ölmüş ruhlar. Bu ruhlar bir süre sonra artık tamamen gücünü yitirmeye başladığında yeraltının hizmeti altına girerler çünkü ruh bilincini tamamen yitirmiştir. Bu nedenle intihar edenlerin mezarı, kıyafetleri ve eşyaları, yaşadığı evin çok uzağında kimsenin bilmediği bir yere, yüzleri yere dönük şekilde gömülür.

IV. BÖLÜM

NAZAR (KÖZ) DEĞMESİ,
NAZAR BONCUKLARI VE TÜTSÜLER

Üç çeşit nazar vardır: Köz, Sug ve Til.

Köz (göz) değmesi

Köz değmesini (göz değmesini) anlatmadan önce "köz"ün kelime anlamına ve kökenine bakmak, köz değmesi olgusunun nasıl işlediğini anlayabilmek adına önemlidir.

"Köz", kadim Türkçe bir kelimedir ve "göz" anlamına gelir. "G" harfinin sonradan dile girmesiyle "köz" zaman içinde "göz" kelimesine dönüşmüştür.

"Köz", aynı zamanda kor halinde yanan kömür parçası anlamına da gelir. Kadim Türkçede "köz"ün hem "göz" hem de "kor" anlamına geliyor olmasının nedeni, gözün aslında kor kadar yakıcı olduğundan dolayıdır. Bu nedenle nazar anlamında kullanılan "köz"ün kaynağı "göz"ün kendisidir. Fakat konu ilerledikçe görülecektir ki nazar sadece gözle değmez.

Tüm köklü medeniyetlerde köz kavramı üzerinde özellikle durulmuştur. Mısır, Helen, Afrika, Asya medeniyetlerinde bugün bile varlığını sürdüren bir olgudur. Birçok eski ya-zıtta ve tıp metinlerinde köz, kötü göz belirtileriyle birlikte açıklanmıştır.

Babil tabletlerinde de közden bahsedilir. Helen mitolo-jisinde Medusa adlı varlığın közüyle insanları taşa çevirme-sinden bahsedilir. Bunlar gibi pek çok örnek bulmak müm-kündür. Bu yazıtlar sayesinde bilimadamları da köze ilgi duy-muşlar ve araştırmaya koyulmuşlardır. Edindikleri bulguları da bilim dünyasına sunmuşlardır.

Hayvanlar üzerinde yapılan araştırmalarda kaplumba-ğaların yumurtalarını gözleriyle ısıttıkları, çöl yılanlarının avlarını bakışlarıyla kör edip öldürebildikleri ve kurtların avlarını hipnoz edebildikleri saptanmıştır.

Kaplumbağalar közleriyle yumurtalarını ısıtmalarına rağ-men, o yumurtaların kabuğu olmasaydı eğer kendi yavrula-rını kurutarak öldürebilirlerdi. Bu közün salt kötü bir şey ol-duğu anlamına gelmez. Köz elektrik gibidir. Doğru kullanıl-dığında güzel işlere, kötü kullanıldığında kötü işlere vesile olur. İyi kullanımı için insanların içinde kötülük olmaması, kin, nefret, kıskançlık, hinlik, öfke gibi olumsuz duygula-rın insan bünyesinde bulunmaması gerekir. Közün hangi duygularla beslendiği çok önemlidir. Mesela bazı insanların bakışlarındaki sıcaklıktan bahsedilir. İç ısıttığı söylenir. Bu insanlarda olumsuz hisler yoktur, közleri negatif enerjiyle beslenmiyordur.

Gözden bir ısı yayıldığı bilimsel olarak da tespit edilmiş ve bu ısının tahribat gücü de pek çok deneyle sınanmıştır. Bilim dünyasında gözün gücü üzerinde incelemeler yapan "psikokinezi" adlı bir bilim dalı da mevcuttur.

Gözlerden çıkan elektromanyetik dalgalar sayesinde, bakışın yöneldiği yerde bir süre sonra yükselmeye başlayan ısı ölçülebilir düzeydedir.

Kişinin, bir başkası tarafından izlendiğini fark etmesi de közün elektromanyetik gücü sayesindedir. Bir kişiye olumsuz hissiyatla bakıldığında kişinin üzerinde dermatolojik bir kurumanın meydana geldiği saptanmıştır. Bu gayet olağan bir sonuçtur zira göz (köz) bir ateş türüdür.

Halk diline yerleşmiş olan "buz gibi baktı", "sıcacık bir bakış attı" ya da "gözleri alev alev yanıyor" gibi yerleşik deyimlerin "köz" kavramıyla doğrudan ilgisi vardır.

Yıkıcı bir közün oluşmasında en güçlü etkenlerden biri kıskançlık duygusudur. Bunun yanı sıra hırs, hasetlik, kin ve şehvet gibi olumsuz duygular da yıkıcı köz oluşturabilir.

Yapıcı köz oluşturmak da mümkündür. Merhamet, hürmet, saygı, anlayış gibi olumlu duygular yapıcı köz oluşturur. Yıkıcı köz can alabilirken, yapıcı bir köz can verebilir.

Yıkıcı közler hedefteki kişinin koruyucu kalkanına zehirli oklar atar ve bu oklar, süreç içinde o kalkanı deşip eritmeye başlar. Yıkıcı köz her nereye yöneltilmişse orada bir rahatsızlık türer.

Örneğin kişinin dudak, göz, kirpik, saç gibi fiziksel özellikleri üzerine yöneltilen yıkıcı bir köz, bu bölgelerde sıkıntıların meydana gelmesine neden olur. Birkaç kişinin yıkıcı közüne maruz kalanların koruma kalkanında ciddi aşınmalar meydana gelir. Bu nedenle her türlü saldırıya açık olurlar ve yorgun düşerler. Zehirli okların koruma kalkanı üzerinde açmış olduğu deliklerden olumsuz hava koşulları bile sızabilir ve bu yüzden kişi sürekli üşütebilir, ağır soğuk algınlıkları yaşayabilir ve hatta daha ağır sağlık sorunları dahi yaşayabilir.

Yıkıcı köze maruz kalmış kişide oluşan sıkıntılar nelerdir?

- Adımlarda ağırlaşma
- Takatsizlik
- Grip olmadığı halde grip belirtileri gösterme
- Algıda bozukluk
- Dikkat eksikliği
- Tahammülsüzlük
- Halsizlik
- Ruhsal bitkinlik
- Sıkça iç çekme

- Gözkapaklarında ağırlık
- Zayıf bağışıklık
- Çarpıntı
- Vücut ısısında artış
- Sperm sayısında düşüklük
- Süt veren kadınların sütünün kesilmesi
- Yüzde ve vücutta oluşan nedensiz yaralar
- Bedende oluşan yumrular
- Aile ilişkilerinin bozulması
- İşsizlik
- Aksilik

Bunlardan biri ya da birkaçı aynı anda kendini gösterebilir ve kişinin yaşam kalitesiyle birlikte sağlık sistemini de bozabilir.

Özellikle süt veren loğusaların sütten kesilmemeleri ve bebeklerini emzirmeye devam edebilmeleri için közden korunmaları çok önemlidir. Annenin ve bebeğin közden nasıl korunabilecekleriyle ilgili olarak "Doğum ve Ölüm Gelenekleri" başlığı altında konuya etraflıca yer verip ritüellerin nasıl uygulanacağını anlatmıştık.

Kişinin yıkıcı köze maruz kalıp kalmadığını başkasından destek almadan kendi başına teşhis etmesi mümkündür. Bunun için önce rahat bir koltuğa oturmalı ve uykudan uyanır gibi gözlerini avuç içleriyle 30 saniye boyunca ovmalıdır.

Ardından arkasına yaslanıp gözlerini tavana dikmelidir. Gözlerin önünde uçuşan siyah noktalar ya da gölgecikler görüyorsa, yıkıcı köze maruz kalmış demektir. Tavana bakmak çok gerekli değildir. Sadece beyaz olduğundan dolayı göz önünde uçuşan siyah noktaları görmek açısından kolaylık

sağlar. Bazen sabah yataktan çıkarken, gözler ovuşturulma-
dan bile bu siyah noktalar ve küçük gölgeler görülebilir.

Köz sadece dışarıdan ikinci bir şahıs aracılığıyla değdi-
rildiği gibi, kişi kendi kendine de köz değdirebilir. Kendine
acıdığında, kendini değersiz gördüğünde, bedenini beğen-
mediğinde ve aynaya çok sık baktığında kendisine köz de-
ğer. Aynaya vuran enerji ister olumlu ister olumsuz olsun,
bakan kişiye geri yansır. Aynalar közü büyütür, ikiye katlar.
Öz Türkçede aynaya bu özelliğinden dolayı "közgü" denir.
Yani köz veren...

Geceleri aynaların üzeri siyah bir bezle örtülmeli ve
mümkünse yatak odalarında ayna bulundurulmamalı-
dır. Aynalar gündüzleri güneşin hâkimiyeti altında
olsalar da geceleri cansız âleme geçiş kapılarıdır. Be-
densiz varlıkların insanları gözetlediği bir araç haline
dönüşürler ve bedensiz varlıkların da közleri vardır.
Onların közlerine maruz kalmamak için aynaların üze-
ri geceleri örtülmelidir.

Ayrıca aynalar her şeyi ikiye katlar. Gücü de ikiye
katlar, zayıflığı da, yorgunluğu da... Yatağa yorgun ya-
tıldığında onu gören aynanın karşısında iki kat yorgun
görünür. Sabah yataktan daha yorgun bir bilinçle çıkı-
lır. Bu yüzden yatak odasında ayna bulundurulmamalı-
dır ya da üzerine siyah bir örtü örtülmelidir.

Sug nazarı

Parmakla değdirilen nazardır. İşaretparmağı doğrultularak kişiye tenkit, ihtar ya da tehditte bulunulduğunda nazar değdirilmiş olunur.

Üzerine işaretparmağı doğrultularak nazara maruz bırakılan kişi bu sırada sol elini göğüs hizasına getirip, makas işareti yaparak parmaktan akan nazarı kesmelidir. Parmaktan çıkan nazar doğrudan yüreği hedef aldığından, bu köz ancak göğüs hizasına yerleştirilen parmakların makas hareketiyle kesilebilir. Böylece közü gönderen kişi közün kendisine geri döndüğünü hisseder.

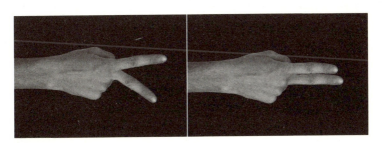

Til nazarı

Sözle değen bir nazardır. Birinin kalbini kırmak, incit-
mek, bağırmak, iltifat etmek, kinaye yapmak Til nazarıdır.
Sesli düşüncelerle dil arasındaki bağla doğrudan ilgili bir na-
zar şeklidir Til nazarı. Til nazarına maruz kalan kişinin, ona
kötü konuşanın ağzına bakarak, kendi dilini hafifçe dışarı
çıkartması ve üç defa acıtmadan ısırması gerekir. Böylece
saldırganın Til nazarı kendisine geri döner, dili de bağlanmış
olur. Kitabın ilerleyen bölümlerinde "Duyuların Orucu" adlı
başlık altında konuya etraflıca yer verilmiştir.

Nazardan arınma ritüelleri

Kut kuyma (Kurşun dökme): Nazardan arınmak konu-
sunda en güçlü uygulamalardan biri kut kuymadır. Kut kuy-
ma, kut koymak, kut yenilemek, ruh yenilemek anlamına
gelir. Kut kuymak yani kurşun dökmek kadim çağlara daya-
nan bir arınma yöntemidir ve çok güçlüdür.

Günümüzde de uygulanıyor olsa da maalesef geleneksel
titizlikten sapılmış yöntemlerle gerçekleştirilmektedir.

Kurşun dökerek nazardan arınma ritüelinin prensibinde
beş olutu (elementi) bir araya getirmek ve bunların üzerine
altıncı olutu dökmek vardır.

Beş olutu temsil eden gereçler arınmadan geçirildikten
sonra kurşun dökmede kullanılırlar. Kurşun suya değil süte
dökülür ve ritüelde kullanılacak elementlerin doğru orantı-
da kullanılması gerekir. Bu orantılamayı da kut dökülecek
(üzerine kurşun dökülecek) kişinin özellikleri belirler.

Diğer arınma yöntemlerinin aksine, bu yöntem ancak

el vermeyle başkasına aktarılabilir. Yetenek gerektirir. Kut kuymak için el alanlara kuymacı denir. Kurşun dökülen kişinin üzerindeki zehirli okların her biri dökülen kurşunlar tarafından emilir ve kuymacı tarafından dikkatle incelenip yorumlanır. Kuymacılığı sadece kadınlar yapabilir.

Şu durumda tanıdığı bir kuymacısı olmayanların da elbette kendilerinin uygulayabileceği başka arınma yöntemleri vardır. Fakat bu yöntemler ağır bir köz saldırısına uğramış olan kişinin sorunlarını tam anlamıyla çözmeye yetmeyecektir.

Tütsü: Tütsü de köz değmesine karşı yapılan arınma yöntemlerinden biridir.

Tütsü yaparken bitki seçimi çok önemlidir. Her bitki tütsü olarak kullanılamaz. Bazı bitkiler negatif enerjilerden ya da közden arındırmadığı gibi aksine negatif enerjileri tutma ve çoğaltma etkileri de vardır.

Ardıç (özellikle mavi ardıç da denen ve yayılarak genişleyen ardıç türü),üzerlik ve defne, arınmak için kullanılabilecek en etkili ve güçlü bitkilerdir.

Bu otlardan herhangi bir tanesi metal bir kâse içinde yakılır ve dumanı da birkaç derin nefesle içe çekilir. Koltuk altları da dumanla tütsülendikten sonra kâse yere konup üzerinden birkaç defa atlanır. Sonrasında evin bütün odaları ve köşelerinde tütsü kâsesi dumanıyla birlikte dolaştırılır. Bu işlem yapılırken evin kapısı ve en az bir penceresi açık olmalıdır.

Tütsüleme yaparken arada kontrolsüz çığlıklar atılmalıdır. Tütsü iyi bir arınma ritüelidir ve buradaki her hareketin hem ruhani bir anlamı hem de işlevi vardır.

Derin nefes alarak iç temizliği gerçekleşir ve içeri nüfus etmiş olan köz, öksürükle birlikte dışarı çıkartılır. Atlama eylemi ise bir yerdeki hali terk edip, başka bir hale geçmek anlamına gelir. Havadayken dumanın içinden geçildiği için göğün de desteği alınmış olunur. Böylece dış beden de yıkıcı közden arınmış olur. Kontrolsüz çığlıklarsa yüreği ateşlendirir. Yüreğin ateşlenmesi demek bağışıklığın güçlenmesi demektir. Yürek ısısı doğrudan timüs bezini uyardığı için bağışıklığa doğrudan etkisi olur. Aynı zamanda negatif güçlere karşı tehdit oluşturmak için de yapılır.

Evin çok kullanılan ve fazla zaman geçirilen yerleriyle birlikte giysi dolaplarına kuduzotu asmak da içeriye negatif enerjilerin girmesini engeller. Ara sıra bu otları yenileriyle değiştirmek, eskilerini de açık bir alanda yakmak gerekir.

Örümcekler kurdukları ağlarla doğal olarak bu korumayı sağlarlar.

Eve girmeden önce kapının önünde çam dallarından yapılmış bir süpürgeyle üstü başı süpürerek de yıkıcı közlerden kurtulmak mümkün. İyi bir uyku için arınmış olmak önemlidir.

Tengri karak (Nazar boncuğu): Nazar boncuğu diye bilenen tengri karaklar tanrı gözü anlamına gelir. Türkiye'de en çok bilinen ve yaygın olarak kullanılan bir tılsım olmasına rağmen maalesef yanlış kullanılmaktadır.

İki çeşit tengri karak vardır:

1. İçten dışa doğru siyah, ak ve mavi: Kök tengri (göğün tanrısı)

2. İçten dışa doğru siyah, ak ve yeşil: Yer tanrısı

Bu ikisi dışında nazar boncuklarında kullanılan renkler hastalık, bağımlılık ve terslik üretir. Son zamanlarda içlerinde sarı, kırmızı renklerinin de kullanıldığı nazar boncukları doğru değildir.

Korunmak için her iki tengri karaka (nazar boncuğuna) da ihtiyaç vardır.

İnsanın iç doğasında gök, boyun bölgesinden itibaren başlar. Buna istinaden mavi olan tengri karak (nazar boncuğu) boyundan yukarı bir yere takılmalıdır. Bazı eski kadınlar mavi karakları çocuklarının saçlarına örerdi.

Yeşil olan tengri karaklar da boyundan aşağıda bir yere asılmalıdır. Çünkü insanın iç doğasında beden boyun altından başlar.

Tengi karakların camdan olması önemlidir. Plastik karakların tesiri yoktur.

Tü tü tü: Çok eski zamanlardan beri kullanılan köz savunmalarından biri de tükürür gibi söylenen "tü tü tü" sözüdür. Üç defa tükürmeyi temsil eder.

Günümüzde de sıklıkla kullanılan bir yöntemdir. Buna göre közlerden çıkan yıkıcı ateşin ve ısının hedefe ulaşmadan evvel tükürükle söndürülmesi sağlanır. Mesela çocuk seven eski insanlar "tü tü tü" diyerek çocuğu kendi közlerinden korumak için bunu yaparlar.

V. BÖLÜM

BÜYÜ VE SİHİR

Büyü ve sihir aynı şey değildir

Sihir, insanı ya da doğayı etkileyen birtakım güçleri kullanarak yönlendirmektir. Sihir ritüelleri için eski Türkçede kullanılan "afsun" kelimesinin anlamı, kötü ruhları aldatmaktır ki bu bir Şaman'ın en önemli niteliklerindendir.

İnsanoğlu konuşmaya başladığından bu yana çeşitli sebeplerden dolayı sihirler uygulamıştır. Asırlar öncesinde yaşayan insanlar hayatlarında görmek istedikleri oluşumları birtakım ritüellerle gerçekleştirmişlerdir. Doğanın o muhteşem gücünü kullanabilmek ve bu konuda ustalaşabilmek adına tüm hayatlarını kozmik döngüleri, oluşumları ve elementlerin birbiriyle olan ilişkilerini gözlemleyerek geçirmişlerdir.

Hepsi yaratımın nasıl işlediğini keşfetmiş, hayatlarını en etkili biçimde yaratımdan fayda sağlamaya adamış ve uzun süren arayışlarının sonunda doğanın sihrini, simyasını çözmüşlerdir.

Dünyanın ilk bilim dalı olarak görülebilen sihir ritüelleri, hayatımızı çok fazla etkilemektedir.

Kham'lar büyüye ve sihre son derece vâkıftırlar fakat bilgiyi kendi aralarındaki kullanım etiği değişiklik gösterir.

Konuya açıklık getirmeden önce büyü ve sihrin aynı şeyler olmadığının altını çizmekte fayda var.

Büyü doğadan kopuk, sadece yeraltı varlıklarıyla gerçekleştirilen pazarlıklarla gerçekleştirilir. Sihre nazaran çok daha hızlı oluşur, tesirlidir. Başlangıçta büyüden tesirli bir fayda sağlanabileceği gerçektir. Fakat uzun vadede zararlıdır da. Faturası oldukça ağırdır. Büyü, başka birinin ruhuna müdahale etmek olduğundan sadece yapılan kişiye değil, yaptıran kişiye de kötü ruhların müdahalesi söz konusu olur. Büyü yapılan kişiye karanlık varlıklar sadece tesirde bulunabilirken yapan kişiyi doğrudan ele geçirirler. Eğer ki kötü ruhlar büyüyü yaptıran kişiyi ele geçirmemişlerse, bu dünyadan göç ettiğinde, kimlere ne büyüsü yaptırdıysa, o büyülerin her biri ruhuna yüklenir. Yüklenen büyülerin enerjileri o ruhun gerçeğini şekillendirir ve ona cehennemi getirir.

Sihir ise doğanın halihazırda var olan güçlerini, uygun zaman ve koşullar altında bir araya getirip olumlu sonuçlar almak üzere uygulanır. Zararsızdır ve bir başkası üzerinde rızası olmadan uygulanamaz.

Sihri, görünen güçlerin görünmeyen nitelikleri oluşturur. Mesela bir masa üzerine konan birtakım eşyaları rahatlıkla barındırabilir. Bu onun niteliğidir. Ancak asıl soru masayı bir arada tutan niteliğin ne olduğudur.

Atom düzeyine inildiğinde, masayı bir arada tutan şey sihirdir. Çünkü her şeyi bir arada tutan şeydir sihir.

Sihir, arzulanan şeyin gerçekleşmesi için gerekli malzemeleri bir araya toplayan kazan gibidir. Bu kazan olmadığı takdirde arzulanan şey gerçekleşmeyecektir.

Nasıl ki her canlının yaşayabilmesi için görünmeyen bir güç olan havaya ihtiyacı varsa, arzuların da elde edilmesi yönünde sihre ihtiyaç vardır.

Ulu yaratanın yarattığı bu güzel sistemde mümkün olmayan hiçbir şey yoktur. Aksi takdirde sihir dahil var olan her şeyi eksiksiz yaratmış olan ulu yaratanın eksik kaldığı bir nokta ortaya çıkmış olur ki, bu da mümkün değildir.

Tüm maddeleri bir arada tutan gücün adı sihirdir. Doğanın döngüsünü sağlayan sihirdir. Güneşin ışığını, ısısını ve gücünü taşıyan sihirdir. Gezegenlerin havada asılı kalmaları bir sihirdir. Suyun renginin olmaması ve sadece etrafını yansıtması bir sihirdir. Rengârenk çiçeklerin açması bir sihirdir. Bir yağmur damlasının gökten düştükten sonra koca bir yolu aşması ve tekrar buharlaşarak bulut olup yeniden yağması bir sihirdir.

Sihri olmayan hiçbir şey bu varoluşta varlığını sürdüremez. Binlerce yıldır yer edinmiş olan geleneklerin ve göreneklerin neredeyse tamamı sihirle bağlantılıdır. Yapılan bir şeyin uğur ya da uğursuzluk getirmesi sihir kavramıyla ilgilidir. Tahtalara vurmak, mezarlıktan geçerken ceketin ters giyilmesi, gece aynaların örtülmesi, doğum-evlilik-ölüm ritüellerindeki gelenekler, nazar ve daha pek çok olgu doğrudan sihirle bağlantılıdır.

Birçok nedenden dolayı sihir yaşamda gereklidir. Sihrin sadece sosyokültürel merasimlerle sınırlı kalması bir kayıptır. Kişisel yaşama nüfuz etmiş bir sihirle hayat ruhani olmaya başlar.

Sihir, doğal oluşumları kullanarak olma ihtimali az olanı olabilirliğe kavuşturmak ve hatta yaratanın izni, ataların da desteğiyle, kesinliğe ulaştırmak açısından çok önemlidir.

Örneğin, bir tohumun filizlenip meyve ağacı olabilme ihtimali başlangıçta sadece yüzde ondur. Sonrasında su, toprak, hava, ateş ve taş (demir) ile beslenmeye devam ederse tohumun ağaç olma ihtimali giderek artmaya başlar.

İşte sihir de, tıpkı bu örnekteki sisteme göre çalışır.

Sihir için elbette olutlar kullanılır. Bazıları dört, bazıları beş oluttan bahsederler.

Sihri oluşturabilmek için 6 oluta (elemente) ihtiyaç vardır. Sihir konusunda çok güçlü olan Kham'lar sır olarak sakladıkları 7. olutu kullanırlar.

Sihir için gerekli olan 6 olut

Sihir için gerekli olan olutlar sırasına göre şunlardır:
Toprak, demir, su, ağaç, hava ve ateş...

Bu olutların her birinin kendine has önemli nitelikleri vardır. Altı olut bir araya getirildiğinde dünyayı ve daha da ötesi hayatı elde etmiş olunur.

Hayat sınırsız bir güçtür ve ölçülemez olanaklara meydan tanır. Her oluşum hayatın içerisinde gerçekleşir. Yaşam bile hayatın içerisindedir. Hayat her şeyi kapsayan bir canlılıktır. Yaşamsa bu canlılığın içerisindeki kişisel tutum, deneyim, algı ve tepkilerin toplamıdır.

Hayatın dengede olması için bu olutların ahengi şarttır. Birinin fazla ya da az olması dengenin kayması demektir. Birinin eksikliği diğerlerini de işlevsiz kılar. Bu nedenle sihirde altı olut da mutlaka bulundurulmalıdır.

Bu kitapta önerilen sihirlerin olmazsa olmazı gereçler 6 oluttur. Her uygulamada temsili olarak bir masanın üzerine sıralamaya göre çember şeklinde dizilmelidirler:

Toprak: Porselen ya da seramik bir kabın içine konur. Kum olmaması gerekir çünkü kumda tohum da sihir de filizlenmez. Hatta toprağın içinde mümkünse bir iki de solucan olabilir. Bu toprağı canlı tutacaktır.

Demir: Bir bıçak da olabilir. Fakat paslanmaz çelikten yapılmış olmaması gerekir zira paslanmaz çeliğin manyetik gücü yoktur. Mıknatıs tutmaz. Bu da demirin soyut işlevinin çalışmadığı anlamına gelir. Bunun için en uygunu eğer bulunabilirse bir meteor taşıdır. Yüksek miktarda demir içerir ve gökten gelir. Demirin en güçlü halidir.

Su: İçinde bir avuç dolusu çakıltaşı bulunan bir bardağa konabilir. İdeal olanı elbette nehir taşlarıdır. Taşlar suyu canlı tuttuğu için günlük olarak tüketilen suyun içine birkaç nehir taşı atarak suyun tazeliğini korumak mümkündür. Bazı sihirlerde deniz suyu da kullanılır, fakat bunu daha çok sihir ilminin üst mertebesinde olanlar kullanırlar. Bu kitapta oluşturulan sihirlerde tuzlu suya gerek yoktur.

Ağaç: Bir kayın ağacı dalı olmalıdır. Eğer dalı bulunamıyorsa odunclardan kayın odunu alıp, odundan ince bir parça da koparılabilir. Kayın bulunamadığındaysa çalı süpürgesi dalları ya da buğday sapları da kullanılabilir. Fakat kayın ağacı, yaratanın yeryüzüne diktiği ilk ağaç olması nedeniyle çok daha ulvi bir değere sahiptir.

Hava: Bu olut masaya yerleştirilen bir tüyle temsil edilir. Mümkün mertebe yükseklerden uçan bir kuşun tüyü kullanılmalıdır. Kaz, leylek, bürküt (kartal), şahin gibi kuşlar rüzgârın yoğun olduğu yerlerde uçarlar. Hava olutu kuşların tüylerinden geçtiğinden dolayı içine de hapsolmuştur.

Birkaç tane tüyün birbirine bağlanması daha yüksek bir etki sağlayacaktır. Martı, kumru, güvercin, karga gibi kuşlar yere yakın olmalarının yanı sıra rüzgârdan da kaçarlar. Bu nedenle tüyleri havayı temsil edebilecek kadar güçlü sayılmaz.

Ateş: Bu olutu temsil etmek için en uygun malzeme çakmaktaşıdır. Çakmaktaşı ülkemizdeki kullanım yaygınlığını giderek kaybettiğinden yazık ki artık tedariki de zorlaşmıştır. Çakmaktaşlarını ve bunların özel demirlerini yurtdışından satın almak mümkün.

Çakmaktaşının çıkardığı kıvılcımlar "ilk ateş"tir. Dünyaya ilk ateş bir yıldırım aracılılığıyla kıvılcım olarak düşmüştür. Bu şekilde insan ısınmış ve varlığını sürdürebilmiştir. Ateş hareketliliği temsil eder. Hareketin olmadığı yerde devinim olmaz ve ölüm gerçekleşir. Bu sebeptendir ki ölü olan her şey buz gibi soğuktur. Canlının içindeki ateş çekildiğinde soğukluk başlar. Sihri oluşturmak ve ona hareket katmak için ateş çok gereklidir. Olutların niteliklerini bilmek, sihir algısına derinlik ve anlam katar. Bu nedenle kavramlar hakkında biraz düşünüp, içselleşmekte fayda var.

Toprak: Güzellik, besleyici bolluk, doğuş, yenilik, tevazu, manyetik çekim, durağanlık, sabitlik, güven, merkez, sarı/kahverengi, verimlilik, aile ve canlılıktır.

Demir: İfade, sağlamlık, sağlık, soyluluk, yardımseverlik, direnç, korunmak, işlevsellik, iş, amaç, gençlik, kut, ak renk ve batı yönüdür.

Su: Ruhsal güç, sezgi, duygu, bilinç, dünyevi haberler, zorlukları aşmak, kararlılık, hürlük, odak, yazgı, evrimsel döngü, tazelik, ferahlık, yatay hareket ve yolculuktur.

Ağaç: İletişim, eğitim, öğretim, zekâ, yaşam, tekâmül, deneyim, olgunluk, sabır, bilinmeyene merak, yeşil, azim, eşlilik, dostluk, zorluklarla mücadele ve doğu yönüdür.

Hava: Hayat, can, rüzgâr, gök, habercilik, şeffaflık, dürüstlük, ses, ruhani haberler, gökçe rengidir. Toprağın zıddıdır. Toprak yeryüzünde her şeyi üzerinde barındırırken hava her şeyi içinde barındırır. Yönü merkezidir. Yani herhangi bir yönü olmadığı gibi yaşayan her varlığın içinde ve merkezinde bulunur. Örneğin toprağın içinde de hava var, suyun ya da insanın içinde de. Hem her şeyin dışında, hem her şeyin içindedir. Bu nedenle yönü iç ve dış merkezdir.

Ateş: Tutku, cesaret, iman, can, nefis, dönüşüm, aşk, merhamet, şifa, sevgi, neşe, dikey hareket, dinamiklik, kızıl renk ve güney yönüdür.

Bu nitelikleri özel bir kâğıt üzerine yazıp küçük bir panoya asmak, sihir sürecini kolaylaştıracaktır.

Bu kitap, bir sihir öğretim rehberi değildir. Buradaki uygulamalar sihir desteğini oluşturmaya yöneliktir. Çünkü sihir çok derin ve hassasiyetle üzerinde durulması gereken bir ilimdir. Gerçek anlamda sihri anlayabilmek için konusunda uzman olan kişinin yanında 7 yıl boyunca usta çırak ilişkisi içerisinde eğitim almak gerekir. Sihir meraktan ziyade güçlü bir beceri ister. Burada yer alan sihirler kolaylıkla ve tehlikesizce uygulanabilecek ve faydası mutlak görülecek olan sihirler arasından özel olarak seçilmiştir.

Olutların nitelikleri sihir için sunabilecekleri katkıyı gösterir. Her nitelik bir güçtür ve bir kaynağa bağlıdır. Bu kaynak olut sahibinin ta kendisidir. Kham'lar var olan her şeyin ruhu ve canı olduğuna inanır. Bu inanış Geleneksel Türk Khamlığı'nın yapıtaşını temsil eder ve yapılan tüm törenlerde, tedavilerde ve kehanetlerde bir başvuru kaynağıdır.

Olutların ruhuna olut iyesi denir. Başka bir deyişle, insanın da ruhu bedeninin iyesidir. Bu nedenle her olutun bir ruhu vardır. Her sihrin başlangıcında bu iyelere seslenilir ve onlardan destek istenir.

Sihri oluşturmak için önemli olan bir diğer faktör de zamanlamadır. Her sihir, günün her saatinde, her an yapılamaz. Örneğin aşk ve tutku istemek için gerçekleştirilen sihirler gece yarısında ve yeniayda yapılmamalıdır. Bunun için en uygun zaman günün tam ortasıdır. Yani güneşin en güçlü olduğu zamanlar... Ancak aşk sihrini günün ortasında yapmak da yeterli değildir. Ay ve mevsimin de büyük önemi vardır. Kış ortasında aşk sihri yapmak doğru değildir. Kış mevsiminde yapılan aşk sihirleri gerçekleşse de ömrü kibrit alevi kadar kısa olur. Aşk sihirleri için en uygun mevsim yazdır.

Sihir konusunda ilerlemiş olan güçlü Kham'lar için kış ayları dışında mevsimlerin pek bir önemi yoktur. Çünkü ilerlemiş Kham'lar hangi hayvanın hangi organını kurutup tılsıma malzeme yapacağını çok iyi bilirler ve böylece güçleri dengeleyebilirler.

Ay ve güneş, sihirler üzerinde tartışılmayacak kadar güçlü bir etkiye sahiptirler. Güçleri her an dalga dalga dünyaya vurur. Kadınlar Ay'ın gücüne fazlasıyla bağlıdırlar. Ay'ın sihri kadınları her ay yeniler ve onları yeniden doğurganlaştırır. Eski kanı atıp yenisinin oluşmasını sağlar. Bu muhteşem bir güçtür.

Erkekler de güneşe bağlıdırlar. Bu nedenle güneşin sihri erkeklerin sperm sayısında ciddi oranda yükseliş sağlar. Kış mevsiminde erkeklerin cinsel gücünde azalma olmasının nedeni güneşin uzaklaşmasıdır.

Ay ve güneşin sadece insanlar üzerinde değil doğa üzerinde de güçlü etkileri vardır. Tohumların filizlenmesi, hayvanların çoğalması, denizlerin gelgitleri ve dünyanın renkleri bu iki gökcisminin gücü sayesindedir.

Güneş açtığında insanların kendilerini daha ferah ve enerjik hissetmelerinin nedeni güneşin soyut tarafının gücüdür. Ay doğduğunda ise daha dingin duygular yaşanır. Bu örnekler aslında sihrin her an her yerde olduğunu gösterir. Sihir her yerde ve her an kullanılmayı bekler. Elbette güneşin ve Ay'ın farklı güç yapıları vardır. Ay ışığının altında kaldığı için kimsenin cildi yanmaz ama uykusuzluk ya da baş ağrısı çekebilir.

Kham'lar güneşin ve Ay'ın yaydığı güce buyan der. Buyandan yüksek oranda faydalanabilmek için Ay'ın döngüleri ve güneşin döngüleriyle birlikte mevsimleri de takip etmek gerekir. Her ayın kendine has bir buyanı vardır ve uygun törenlerde kullanılmayı bekler.

Hangi sihir ne zaman ve nasıl gerçekleştirilir?

12 Hayvanlı Türk Takvimi'ni esas alarak, hangi ayın hangi tür sihir için uygunluk gösterdiği izlenebilir.

Sıçan ayı (Küske ayı): 21 Mart-20 Nisan

Sığır ayı (Ud ayı): 21 Nisan-20 Mayıs

Kaplan ayı (Pars ayı): 21 Mayıs-20 Haziran

Tavşan ayı (Toolay ayı): 21 Haziran-20 Temmuz

Ejderha ayı (Ulu ayı): 21 Temmuz-20 Ağustos

Yılan ayı (Çılan ayı): 21 Ağustos-20 Eylül

At ayı: 21 Eylül-20 Ekim

Koyun ayı (Koy ayı): 21 Ekim-20 Kasım

Maymun ayı (Meçin ayı): 21 Kasım-20 Aralık

Horoz ayı (Dagaa ayı): 21 Aralık-20 Ocak

Köpek ayı (İt ayı): 21 Ocak-20 Şubat

Domuz ayı (Tonuz ayı): 21 Şubat-20 Mart

Bu ayları temsil eden hayvanların her biri farklı niteliklere sahiptirler ve bu yüzden sihir güçleri de değişiklik gösterir.

Küske ayı (Sıçan ayı): 12 Hayvanlı Türk Takvimi'ne göre yeni yılın ilk ayı sayıldığından dolayı, olması arzu edilen yeni başlangıçlar için sihir yapmaya uygun bir aydır. Yeni doğumlar, yeni başlangıçlar, yeni istekler ve yeni hedefler için sihirler gerçekleştirilebilir. Doğurganlıkta sıkıntı çekenlerin bu ayda dolunay sihrini uygulamaları gerekir. Bağı bahçesi olanlar, daha bereketli ve güçlü ürünler elde edebilmek için sihir yapabilirler. Dünyanın herhangi bir yerinde açlık, acı ya da hastalık mücadelesi verenlerin bu sıkıntılardan kurtulabilmeleri adına da sihir gerçekleştirilebilir.

Ud ayı (Sığır ayı): Refah seviyesinde bir memnuniyetsizlik ya da başarıya ve sevgiye karşı büyük bir özlem söz konusuysa bu ayda sihir yapılabilir. Başarı ve ekonomik rahatlık amacıyla gerçekleştirilecek sihirler için yeniayın ilk çeyreğini kullanmakta fayda vardır. Gebelik yaşayan kadınlar da bol sütlerinin olması için yine bu ayda sihir yapabilirler. Ud ayı, bol yağmurların yağdığı bir dönemdir. Bu nedenle arınma ve kişisel bakım zamanıdır. Güzelliğin artması ve gençliğin güçlenmesi için de yine bu ayda sihir yapılması güzelliği taçlandırır ve tazeler.

Pars ayı (Kaplan ayı): Pars ayı yolculuklar için oldukça idealdir. Bilinmeyen yerlere gitmek, buradaki yerlilerle tanışmak, doğayla ve doğanın ruhuyla iletişime geçmek kişiye deneyim ve olgunluk katacaktır. Pars ayını bu açıdan değerlendirmekte fayda vardır. Ne sebeple gerçekleştiriliyor olursa olsun her yolculuktan yüksek fayda sağlayabilmek için bu ayda sihir yapılabilir. Kişinin üzerindeki yükleri azaltabilmek ve ruhunu hafifletebilmek amacıyla gerçekleştireceği yolculuklar için bu ayın dolunaydan sonraki son çeyreğinde sihir yapılması en iyi sonucu verecektir.

Toolay ayı (Tavşan ayı): Bu ayın başlamasıyla birlikte ilkbahar sona erer ve yaz mevsimi başlar. Güneşin dünyaya en yakın olduğu ve en uzun günlerin yaşandığı ay Toolay ayıdır. Yazın gelmesiyle meyveler olgunlaşmış olur, çiftleşmiş hayvanlar yavrular. Aile meseleleri üzerine eğilmek açısından oldukça uygun bir aydır. Ailede güven, destek, anlayış, sevgi, paylaşım, koruma ve birlik duyguları derin anlamlar içerir. Bu nedenle aileyi dışarıdan gelebilecek muhtemel kazalara, nazarlı bakışlara ve kötü niyete karşı korumak için bu ayda sihir yapılabilir. Dolunaydan dört gün önce sihre başlanmalı ve dört gün boyunca aynı sihir yapılmaya devam edilmelidir. Dolunaya dışarıdan çıplak gözle bakıldığında şekil açısından geniş bir kalkana benzer. Bu nedenle koruma kalkanı olarak dolunaydan faydalanabilmek için o kalkanın içinin dolu olması gerekir ki aileyi her türlü tehlikeden korusun. Koruma kalkanı oluşturmak adına sihir yapmak için Ay'ın diğer halleri uygun değildir.

Ulu ayı (Ejderha ayı): Bolluk bereket ve genel olarak sağlık adına sihir yapmak açısından uygun bir aydır. Yaz mevsiminin tam ortası olduğundan güneşin Ay'a en güçlü şekilde buyan verdiği dönemdir. Bu nedenle hem Ay'ın hem de güneşin gücünden bolca faydalanılabilir. Normal şartlarda kişi kendini güneşin sağaltıcı gücüne teslim ettiğinde bile ruhsal ve bedensel açıdan sağlığında güçlenmeler gözlemlenebilir. Bolluk, bereket ve sağlık sihirleri yapmak için bu ayda en uygun saatler öğle saatleridir. Buyan gücü saat 11.00 ile 13.00 arasında yoğun şekilde yağar.

Çılan ayı (Yılan ayı): Kendini aşma, kabukları kırma, eski alışkanlıklardan kurtulma ve zorluklarla mücadele etme konusunda sihir yapmak adına uygun bir aydır. Çılan ayı gereksiz ve tüketici alışkanlıklardan sıyrılmaya destek olur. Bu ayda gerçekleştirilecek sihirler bu yönde kullanılırsa iyi sonuçlar elde edilir. Bu ayda sihir için en uygun zaman, yeniaydan 4 gün öncesidir. 4 gün boyunca her gece aynı sihir uygulanmalı ve yeniay oluştuğunda da son verilmelidir.

At ayı: Beraberliğin, dengenin ve ilişkilerdeki uyumun desteklenmesi adına sihir yapmak için uygun bir aydır. Sonbaharla birlikte ruhun duygusal ihtiyaçları daha fazla ön plana çıkar. Ruhun bütün ilgisi tamamen bu ihtiyaçları üzerine odaklanır. Bu nedenle doğada da meyveler ve bitkiler ilkbahardaki kadar hızlı büyümezler, boy atmazlar. Daha ziyade köklerine, yani görünmeyen alanlarına önem verirler. İnsan da doğanın bir parçası olduğundan dolayı içsel olarak aynı şeyi yapar. Bu ayda duygusal dünyayı desteklemek, kırıklıkları onarmak ve duygusal yorgunlukları gidermek amacıyla yapılan sihirlerden iyi sonuçlar elde edilir. Bu ayda sihir yapmak için en uygun zaman akşamüzeri saat 17.00-19.00 saatleri arasıdır. Bu saatlerde güneş ve ay aynı anda aynı göğü paylaşırlar. Bu da beraberlikleri güçlendirmek ve ilişkileri dengelemek açısından destekleyici bir güç oluşturur.

Koy ayı (Koyun ayı): Koyun ayı sonbaharın ortası-
na denk gelir. Sonbaharda ağaçlar ve bitkiler tohumlarını
yere bırakmaya başlar ve kendilerini yeni olana hazırlar. Bu
nedenle gebelik sihri yapmak için oldukça uygun bir aydır.
Doğa bu ayda çoğalma enerjisiyle doludur. İlkbaharda ol-
duğu gibi sonbaharda da birçok hayvan çiftleşir. Kham'lar
sonbahar aylarında alınan hasat, elde edilen destek, başarı-
lan işler, atlatılan adımlar ve yaşanan her güzellik için ulu
yaratana ve atalara minnet töreni düzenlerler. Elde ettikleri
ürünlerden, onlara aş yapıp sunarlar. Bu ayda sihir için en
uygun zaman, Ay'ın dolunaya yaklaştığı günlerdir. Ay'ı kadı-
nın yumurtası olarak gördüğümüzde Ay'ın dolmaya başladığı
bu günleri gebe kalmak açısından uygun zamanlar olarak de-
ğerlendirmekte fayda vardır. Gebelik sihri yapıldıktan sonra
bu gecelerde gebe kalmayı denemek uygundur.

Meçin ayı (Maymun ayı): Maymunlar çok meraklı
hayvanlardır, çabuk öğrenirler ve çok gezerler. Onların bu
nitelikleri Meçin ayında insanların ilmi ve bilimsel araştır-
malarıyla birlikte bilgilenmeye yönelik her türlü uğraşlarını
destekler. Meslek sahibi olup da ertelediği bilimsel projeleri
olanların bu ayın enerjisinden faydalanması gerekir. Meçin
ayında yapılacak sihirler, ilmi derinlikler kazanmak, sonuç
almak, tatmin olmak ve başarı yakalamak açısından kişiyi
destekler. İbadet kavramı özellikle sonbahar aylarında önem
kazanır. Ruhani olgunluk ve derinlik edinmek için bolca
okumak ve o yönde bilgilenmek, inanılanın daha arı ve
daha net şekilde algılanmasını sağlar. Bu nedenle başta ulu
yaratana dua etmek, doğanın iyelerine ve olutların iyelerine
teşekkür etmek için her bir olutu besleme ritüeli yapılmalı-
dır. Geleneksel Türk Khamlığı'nda verilen ya da alınan her

şeyin mutlaka bir karşılığı olmalıdır. Bu nedenle olutların iyelerine sunu hazırlanması önemlidir. Toprağı havalandırıp su vermek, ateşe odun atmak, suya eski taşlarının yerine yeni taşlar katmak, demiri ateşten geçirip temizlemek/parlatmak, ağacı sulamak gerekir. Bunlar olutları beslemek içindir. Olutların iyesi içinse süt kaynatmak gerekir. Kaynatılan sütü olutların ortasına koyarken de şu sözler tekrar edilmelidir:

"Ulu yaratanın adıyla... Ey varoluşun unu, suyu! Ey hayatın mayası! Ey göğün çiftçileri olan olut iyeleri! Bana, sevdiklerime ve tüm dünyaya verdiğiniz destekten ötürü sizlere minnettarım. Bu süte sizin için ateş verdim. Güç olsun can olsun!"

Sihir yapılmaması gereken aylar:

Dagaa ayı (Horoz ayı), İt ayı (Köpek ayı) ve Tonuz ayında (Domuz ayı) Geleneksel Türk Khamlığı öğretisine göre sihir yapılmaz. Kış aylarına girildiğinden dolayı ne yeni şeyler doğar, ne ürün elde edilir, ne de etkin bir buyan (Ay'ın yaydığı güç) yayılmış olur.

21 Aralık ve 20 Mart arasında gökteki bütün atalar uykuya yatarlar. Bununla birlikte doğanın iyeleri de göğe çekilir. Kelimenin tam anlamıyla bütün doğa derin bir kış uykusuna yatmış olur. Karlar yağmaya başladığında etrafı bürüyen sessizlik derin uykunun işaretlerindendir. Bu ayları sihir için kullananlar vardır elbette. Ancak bu dönemde yapılan uygulamalar sihirden ziyade büyülerdir ve büyüler de yeraltının desteğiyle gerçekleşir.

Uyarı:

• Sihir bir oyun alanı değildir.

• Eğlenmek amacıyla sihir yapıldığı takdirde ciddi sorunlar meydana gelir.

• Sihre yaklaşım daima özenli, ahlaklı ve her şeyden önce ak olmalıdır.

• Gerçekten ihtiyaç duyulmadığı takdirde sihir uygulanmamalıdır.

• İleri seviyede sihir uygulayıcısı olunmadığı sürece bir başkası için ya da başkası adına sihir yapılmamalıdır.

• Bir tanıdık için sihir yapılacaksa, o kişinin bundan haberdar edilmesi gerekir. Aksi takdirde başka bir ruha müdahale söz konusu olur ve sonuçları iyi olmaz.

• 16 yaşından küçük olanlar, ak dahi olsa sihre yaklaşmamalıdır.

Sihir ahlakı

1. Kişisel arınmışlık çok önemlidir. Sihir yapmadan önce yıkanmak, temiz ve rahat kıyafetler giymek gerekir.

2. Sihre geçmeden önce ulu yaratana içtenlikle dua edilmeli ve sihrin amacı anlatılmalıdır. Ardından gökteki atalardan destek istenmelidir. Hangi dine mensup olunduğunun bir önemi yoktur. Önemli olan duadan önce içe yönelmek, samimi olmak ve huzur bulmaktır. Bu duygulara erişebilmenin en güzel ve en hızlı yolu sahip olunan değerleri düşünerek şükretmektir. Sihirden önce dua etme ve şükretmek, önemli dönüşümler ve güzellikler getirecektir.

3. Sihir sırasında kullanılacak olan malzemelerin özenle hazırlanmış olması gerekir. Özensiz gerçekleştirilen hiçbir şeye kut girmez. Kut girmezse yapılan işlem de *kutlu* olmaz. Kut kavramını kısaca açıklayacak olursak, canlılık, bereket, karizma ve korunma enerjisi diyebiliriz.

4. Sihir gerçekleştirmek için özel bir alan belirlenmelidir. Bir masa ya da tezgâh hazırlanmalıdır. Malzemelerin yemek masasında ya da yerde bulunmaması gerekir.

5. Sihir malzemeleri bel hizasının üzerinde olmalıdır.

6. Olut iyelerine seslenirken yaşını almış bir büyüğe sesleniyor gibi saygılı ve hürmetli olunmalıdır.

7. Yaratanın adını anmadan hiçbir işlem başlatılmamalıdır.

8. Olutların her birine sanki bedenin bir parçasıymış gibi özenle ve önemle yaklaşılmalıdır zira sihir sırasında olutlar kişinin uzuvlarıdır. Olutlar olmazsa beden de eksik kalır.

9. Sihri yapmadan önce ona gerçekten ihtiyaç duyulup duyulmadığı üzerinde dikkatlice düşünülmelidir. Uygulama esnasında dileklerin sıralamasını mümkün mertebe kararlı ve net bir şekilde yapmak gerekir.

10. Sihri sonlandırdıktan sonra bir kaba süt koyup yaşlıca bir ağacın gövdesine dökmek ve bunu yaparken de şu sözleri tekrarlamak önemlidir:

"Ulu yaratanın adıyla atalarıma bana sihrimde destek oldukları için teşekkür ederim."

Pek çok sihir yöntemi vardır. Sihirde ilerlemiş Kham'lar kendi sihirlerini ve malzemelerini kendileri üretirler. Ak Kham'ın 24 saati ibadet, güçlenmek, aklaşmak ve azalmakla geçer. Bu terbiye ister istemez hamın ruhsal gücünü pekiştirir ve onu ustalaştırır.

Peki her ak Kham güçlü sihirler yapabilir mi?

Hayır yapamaz, çünkü sihir kalıtsaldır. Ataları arasında sihirle uğraşmış olan Kham'lar varsa, kendisinin de doğal bir sihir gücü mevcuttur. Ata 40 yıl boyunca sihir yapmışsa, bu deneyim torununa da bir el yordamı ve sağduyu bilişi sağlar. Torun pek çok şeyi küçük yaşlarından itibaren bilmeden bile olsa yapabilir hale gelir.

Bir diğer güç kaynağı da moleküler alanda oluşur. Her insan dünyaya geldiği anda ileride ona yeteneklerini ilham etmesi için üzerine yapışmış üç, dört ve ya beş özel molekülle doğar.

Moleküllerin arasında albıslara (cadılara) ait olanı varsa bu kişiye artı bir güç sağlar. Kimsenin bilmediği ya da arkaik geçmişte uygulanan, ancak zamanla unutulan birtakım yöntemleri içgüdüsel olarak bilmesini sağlar.

Bir diğer güç kaynağı da Kham'ın Yılan yılında doğmuş olmasıdır. Yılan yılında doğmuş olanların sihre ve ruhsal olgulara karşı doğal bir yatkınlıkları vardır. Yılan yılının enerji niteliği doğal sihir uygulayıcılığında oldukça ağır basar.

Bütün bu nitelikler Kham'ın üzerinde bir araya geldiğinde yapılan sihirler de kelimenin tam anlamıyla gözle görülür haldedir. Güçlü Kham'lar tılsımlarını yalnız yaparlar ve dünyayla irtibatlarını koparırlar.

Bu kitapta işlenen sihir yöntemi halihazırda var olan olutların değişken düzenlerde bir araya getirilmesiyle sınırlıdır. Ancak dikkatli ve yetenekli bir okuyucu bu yöntemlerden bile pek çok farklı sonuçlar çıkartıp öğrenecektir.

Sihir uygulaması

Sihir tezgâhının kurulumu: Sihir tezgâhı cam kenarında olmalıdır. Özellikle ay ışığına ihtiyaç duyulan sihirlerde ışığın tezgâhın üzerine vurması gerekir. Bu hem sihri uygulayan kişiye hem de sihrin kendisine artı bir güç katacaktır.

Olutlar saat yönünde dairesel olarak sıralanır. Hava olutunun masa üzerinde yeri yoktur, çünkü hava ait olduğu yerdedir zaten, havadadır... Olutların iyeleri çağrıldıktan sonra sıra olutların kullanımına geldiğinde hava olutunu temsilen daha önce de bahsettiğimiz nitelikte bir kuş tüyü kullanılır.

Hangi sihir yapılırsa yapılsın, son olarak hava olutunu davet etmeden önce arzu edilen şeyi temsil eden olut çağrılmalıdır.

Örneğin tutkuya duyulan bir özlem varsa ve sihir bunun için gerçekleştiriliyorsa önce toprak, ardından demir, su, ağaç ve son olarak da ateş yakılmalıdır. Tutkuyu temsil eden ateş yakıldıktan sonra sihrin son kapanış olutu olarak hava olutu davet edilir. Hangi arzu için olursa olsun, sihrin kapanışı hava olutuyla yapılır.

Uyarı: Bu kitapta sunulan sihirlerin hiçbiri bir başkasının rızası alınmadan ya da şahsi tatminler için başkasının iradesine müdahale etmek amacıyla tasarlanmadı. Böyle bir yaklaşım Geleneksel Türk Khamlığı'nın ilkelerine ters düştüğü gibi yazık (günah) olarak da kabul edilir. Eğer ki bir kişi yakınına yardım amaçlı bu yöntemlere başvurmak isterse, yakınının onayını almak zorundadır. Burada sunulan sihirler Geleneksel Türk Khamlığı'nın aklığını ve yegâne amacının insanların hayrı ve iyiliğin töresi olduğunu ortaya koymaktadır.

Aşk sihri

Aşk büyüleri, genelde karşı tarafın haberi dahi olmadan uygulanır ve sonucu neye mal olursa olsun büyüyü yapan kişiye bağlanması hedefine yöneliktir. Burada kişinin iradesine onun izni olmaksızın müdahale edildiğinden dolayı yapana da yapılana da ciddi zararı dokunan işlemlerdir. Çoğu kişi büyü yaparken kendisine ve yaptığı kişiye zarar verdiğini bilmez ya da umursamaz. Fakat önünde sonunda bütün büyülerin ağır bir faturasının olduğu ortaya çıkar.

Büyüler doğrudan kişinin ruhuna müdahaledir. Kara büyülerin başında aşk büyüleri gelir. Aşk büyüleri, ruhun yanı sıra bir de yüreğe tecavüzdür. Doğrudan olmasa da yapılan büyülerin kişinin sosyal hayatı, sevdikleri, varsa çocukları ve işi üzerinde de yıkıcı etkileri olur.

Burada bahsedeceğimiz aşk sihrinde başkasının iradesine, ruhuna ve yüreğine müdahale söz konusu değildir. İlişkilerini mutlu ve huzurlu yaşamak isteyen çiftlerin, ortaya çıkan birtakım sorunlarını gidermek ve ilişkilerini aşkla beslemek amacıyla uygulanır.

Uygun zaman: Dolunaydan 4 gün sonra başlayıp yeniaya varana dek üçer gün arayla saat 20.00-22.00 arası.

Uyarı: Sihri uygularken, niyete odaklı kalmak önemlidir.

1. "Ulu yaratanın adıyla" diyerek eller, ayaklar ve yüz yıkanarak temizlenilir. Bu temizlenme işlemi sırasında tuzlu su kullanmak daha güçlü bir arınma sağlar.

2. Sadece sihir yaparken giyilecek olan rahat ve temiz kıyafetler giyilir.

3. Süt kaynatılır ve sihir masasının üzerine konur. Sütün üzerinde duman tütüyor olması önemlidir.

4. Sihir masasının üzerindeki olutlar doğru sıralanmalıdır. Sihre başlamadan evvel olutların sırası kontrol edilmelidir.

5. Hava olutunu temsil eden tüy saça da takılabilir. Ya da öncesinden tüyü deri bir ipliğe sarıp sihir sırasında kolye olarak da kullanmak mümkündür.

6. Masanın önünde sandalyeye oturup dua edilir. Sihrin amacına yoğunlaşılır. Ulu yaratanın izniyle ve ataların desteğiyle ilişki içindeki engelleri ortadan kaldırmak niyetine odaklanılır. Dua sırasında sol elin avuç içi yukarı bakarken diğer el yüreğin üzerine yaslanır.

7. Sırasıyla olutların iyeleri çağrılır. Her olut sırasıyla iki elle alınarak baş hizasına kaldırılır ve sihir sözlerle davet edilir, sonrasında yine yerine konur. (Olut çağırma işlemi her sihir uygulamasında muhakkak gerçekleştirilir. Sadece sihrin türüne göre bazı olutların davet sıralamasında küçük değişiklikler söz konusu olur.)

Toprak:
"Ey toprağın iyesi!
Ulu Kayra Han'ın adıyla sana süt sunuyorum.
Canına can, gücüne güç olsun.
Hayırlısıyla sihrim sağlam temeller üzerine kurulsun."

Demir:
"Ey demirin iyesi!
Ulu Kayra Han'ın adıyla sana süt sunuyorum.
Canına can, gücüne güç olsun.
Hayırlısıyla tüm engeller kesilsin, kırılsın, dağılsın."

Su:
"Ey suyun iyesi!
Ulu Kayra Han'ın adıyla sana süt sunuyorum.

Canına can, gücüne güç olsun.
Hayırlısıyla kolayca, hafifçe ve dürüstçe gelsin."

Ağaç:
"Ey ağacın iyesi!
Ulu Kayra Han'ın adıyla sana süt sunuyorum.
Canına can, gücüne güç olsun.
Hayırlısıyla hayat dolu, verimli ve köklü olsun."

Ateş:
"Ey ateşin iyesi!
Ulu Kayra Han'ın adıyla sana süt sunuyorum.
Canına can, gücüne güç olsun.
Hayırlısıyla canlı, tutkulu ve kutlu olsun."
(Ateş çakmaktaşıyla yakılmalıdır, aksi halde ateşin iyesi davete yanıt vermez. Çakmaktaşıyla ateş yakmak idman gerektirir ve hüner ister. Fakat kamp ateşlerini yakmak için kullanılan magnezyum çubuğundan faydalanılabilir. Kamp malzemesi satan mağazalardan temin edilebilir.)

Demirden bir kâsenin içine bir miktar pamuk koyup, kamp çubuğuyla yakılan ateş ruhlu olacaktır ve sihir sırasında da iş görecektir.

Hava:
Tüy alınır, havaya kaldırılır ve "Ulu Kayra Han'ın adıyla" dedikten sonra dudak hizasına indirilir. Dudaklardan dökülecek olan sihirli sözler, masadaki olutların üzerine tüyle yellendirilir:
"Hayırlısıyla dokuz göğün, yedi Han'ın ve tüm atalarımın desteğiyle olsun."
Bu sözlerin ardından sihir yavaşça sonlandırılır.

8. Olutlar gece boyunca oldukları yerde bırakılır. Güneşin doğuşuyla birlikte masadan kaldırılır ve sırasıyla camın kenarına konur. Buradaki sıralama da önemlidir, çünkü bazı olutlar diğer olutlarla pek anlaşamazlar. Bu çatışma da odaya iyi bir güç yaymaz.

Sihirli şifa ekmeği

Geleneksel Türk Khamlığı'nda ruhu sağlıklı olanın bedeni de sağlıklıdır. Tersi söz konusu olduğunda, hastalanmak kaçınılmazdır. Doğa, sağlık açısından canlılara büyük destek sağladığı halde ne yazık ki insanlar bu konunun ciddiyetini yeterince kavrayıp önlem almakta özenli davranmayabiliyorlar. Dikkatlice bakıldığında dünyanın tamamıyla ve tümüyle sağlıklı kalmaya programlı olduğu görülür.

Ormanlar şifalı otlarla doludur. Şifa saçan güneş (Hün Ata) her daim tepededir. Dağların şifalı suları cömertçe akmaktadır. Ak Ana (deniz) tuzlu suyuyla arındırmaktadır. Buna rağmen insanların sağlığını yeterince önemsememeleri üzücüdür. Ruhu ya da bedeni hastalanmış birine artık yardım etmenin mümkün olmadığını düşünmek de doğru değildir. Bunun doğada bir karşılığı yoktur.

Sevgi, dünyadaki en büyük şifa gücüdür. Bütün doğa her an ve hiç durmadan şifa saçtığına göre, aslında ne kadar da çok seviliyor olduğumuzu düşünebiliriz.

Sevgi doğru şekilde kanalize edildiğinde insanlar hem kendilerine hem de sevdiklerine güçlü desteklerde bulunabilir. Bu desteklerden biri de herkesin yapabileceği sihirli şifa ekmeği sihridir:

Uygun zaman: Dolunaya 4 gün kala, saat 18.00-19.00 arası (güneş doğarken, hamur yoğrulur).

Ekmek yapımı için gerekli malzemeler: Un, su, tuz, maya, yumurta

Sabah güneş doğarken ekmeğin hamuru hazırlanır ve akşamüzeri saat 18.00'e kadar mayalanmaya bırakılır.

Sihir saati geldiğindeyse hamur alınır ve avuç içinde genişletilerek açılır. Sihirde kullanılacak hamur el büyüklüğünde olabilir. Hamur açıldıktan sonra, beyaz bir sayfanın üzerine yazı yazıyormuş gibi düşünerek ve her defasında "Ulu Kayra Han'ın adıyla" diyerek kürdanla hafifçe 9 kez delinip hamurun üzerine yine 9 kez "güçlü bağışıklık" yazılır (bağışıklık sistemini desteklemek bütün rahatsızlıkların üstesinden gelebilmek için yeterli olacaktır).

Ardından hamur diğer olutların ortasına, toprak olutunun yanına konur.

Uyarı: Sihri uygularken, niyete odaklı kalmak önemlidir.

1. "Ulu yaratanın adıyla" diyerek eller, ayaklar ve yüz yıkanarak temizlenilir. Bu temizlenme işlemi sırasında tuzlu su kullanmak daha güçlü bir arınma sağlar.

2. Sadece sihir yaparken giyilecek olan rahat ve temiz kıyafetler giyilir.

3. Süt kaynatılır ve sihir masasının üzerine konur. Sütün üzerinde duman tütüyor olması önemlidir.

4. Sihir masasının üzerindeki olutlar doğru sıralanmalıdır. Sihre başlamadan evvel olutların sırası kontrol edilmelidir.

5. Hava olutunu temsil eden tüy saça da takılabilir. Ya da öncesinden tüyü deri bir ipliğe sarıp sihir sırasında kolye olarak da kullanmak mümkündür.

6. Masanın önünde sandalyeye oturup dua edilir. Sihrin amacına yoğunlaşılır. Ulu yaratanın izniyle ve ataların desteğiyle ilişki içindeki engelleri ortadan kaldırmak niyetine odaklanılır. Dua sırasında sol elin avuç içi yukarı bakarken diğer el yüreğin üzerine yaslanır.

7. Sırasıyla olutların iyeleri çağrılır. Her olut sırasıyla iki elle alınarak baş hizasına kaldırılır ve sihir sözlerle davet edilir, sonrasında yine yerine konur. (Olut çağırma işlemi her sihir uygulamasında muhakkak gerçekleştirilir. Sadece sihrin türüne göre bazı olutların davet sıralamasında küçük değişiklikler söz konusu olur.)

Demir:
"Ey demirin iyesi!
Ulu Kayra Han'ın adıyla sana süt sunuyorum.
Canına can, gücüne güç olsun.
Hayırlısıyla tüm engeller kesilsin, kırılsın, dağılsın."

Su:
"Ey suyun iyesi!
Ulu Kayra Han'ın adıyla sana süt sunuyorum.
Canına can, gücüne güç olsun.
Hayırlısıyla kolayca, hafifçe ve dürüstçe gelsin."

Ağaç:
"Ey ağacın iyesi!
Ulu Kayra Han'ın adıyla sana süt sunuyorum.

Canına can, gücüne güç olsun.
Hayırlısıyla hayat dolu, verimli ve köklü olsun."

Ateş:
"Ey ateşin iyesi!
Ulu Kayra Han'ın adıyla sana süt sunuyorum.
Canına can, gücüne güç olsun.
Hayırlısıyla canlı, tutkulu ve kutlu olsun."

Toprak:
"Ey toprağın iyesi!
Ulu Kayra Han'ın adıyla sana süt sunuyorum.
Canına can, gücüne güç olsun.
Hayırlısıyla sihrim sağlam temeller üzerine kurulsun."

Hava:
Tüy alınır, havaya kaldırılır ve "Ulu Kayra Han'ın adıyla" dedikten sonra dudak hizasına indirilir. Dudaklardan dökülecek olan sihirli sözler, masadaki olutların ve sihirli hamurun üzerine tüyle yellendirilir.

"Hayırlısıyla dokuz göğün, yedi Han'ın ve tüm atalarımın desteği ve gücü üzerinde olsun."

Bu sözlerin ardından sihir yavaşça sonlandırılır.

Arından hamur fırına sürülür. Ekmek fırında pişerken olutlar da cam kenarına sırasıyla kaldırılır. Son olarak da başta ulu yaratan olmak üzere atalara ve iyelere verdikleri destekten dolayı teşekkür edilir.

Bozulan arkadaşlığı onarma sihri

Uzun yıllara dayanan dostluklar geleneksel yemekler gibi ağır ve itinayla pişerler. Zorluklara karşı daha dayanıklı ve dirençlidirler. Dostluk, bazı anlarda aileden daha değerli olabilir. Zira aile bireyleri aralarındaki kan bağından dolayı birbirlerine destek olurken dostlar hiçbir genetik bağları olmamasına rağmen birbirlerine koşulsuz bir biçimde destek olurlar.

Herhangi bir bahaneyle dostların arasında bir dargınlık yaşanmışsa eğer, aradaki kırgınlığın ne olduğu zaman içinde unutulsa bile aralarındaki görünmez duvarı aşmak zor olabilir. Bu duvar gereksiz olduğu kadar yanıltıcıdır da. Çünkü aralarındaki güçlü sevgiden dolayı oluşmuştur ve her iki taraf da içten içe bu duvarın yıkılmasını ister. Fakat bunu nasıl başarabileceklerini bilemezler.

Kadim çağlarda birbirine dargın erkek arkadaşlar birlikte ava gönderilirlerdi. Bu aslında kurtların uyguladığı bir yöntemdir ve kadim çağlarda insanlar da aynı yöntemi kendi hayatlarında kullanmışlardır. Dargınlar eğer iki kadınsa birlikte yan yana halı dokumaya oturtulurlar ya da birbirlerinin çocuklarına bakarlardı. Bu tarz töre gelenekleri günümüzde Anadolu'da halen uygulanagelse de şehir yaşamında pek çok insan böylesi birleştirici uygulamalardan maalesef uzak kalmaktadır.

Burada açıklayacağımız bozulan dostlukları onarma sihri de tıpkı aşk sihrinde olduğu gibi kesinlikle başkasının ruhuna ve iradesine müdahale etmez. Dostların arasına örülmüş olan duvarı yıkmak içindir. Dostluğun devamlılığını engelleyen unsurları bertaraf etmeyi amaçlar.

Uygun zaman: Gündoğumu vakti en uygun zamandır. Doğan güneş güç demektir. Güneş, iyi bir dost gibi hiçbir sorumluluk ya da zorunluluk hissetmeden destek olur. Bu nedenle onun gücünden faydalanmak gerekir. Bu sihir hafta boyunca her sabah uygulanmalıdır. Ancak dolunaydan sonra yeniaya gelmeden evvel yapılmalıdır.

Olutların dışında küçük buz küplerine ihtiyaç vardır. Dargınlığın süresine denk gelecek sayıda buz küpleri edinmek gerekir. Örneğin 7 günlük dargınlıklar için 7 adet buz küpü kullanılmalıdır. 7 aylık bir dargınlıksa 7 buz küpü, 7 yılsa yine her yıl için 1 buz küpü gerekir.

Buzlar ahşap bir kabın içine konur ve sihir masasına yerleştirilir. Ahşap kap, arkadaşlığın köklülüğünü ve sağlamlığını, buzlarsa soğuk kalınan süreyi temsil eder.

Uyarı: Sihri uygularken, niyete odaklı kalmak önemlidir.

1. "Ulu yaratanın adıyla" diyerek eller, ayaklar ve yüz yıkanarak temizlenilir. Bu temizlenme işlemi sırasında tuzlu su kullanmak daha güçlü bir arınma sağlar.

2. Sadece sihir yaparken giyilecek olan rahat ve temiz kıyafetler giyilir.

3. Süt kaynatılır ve sihir masasının üzerine konur. Sütün üzerinde duman tütüyor olması önemlidir.

4. Sihir masasının üzerindeki olutlar doğru sıralanmalıdır. Sihre başlamadan evvel olutların sırası kontrol edilmelidir.

5. Hava olutunu temsil eden tüy saça da takılabilir. Ya da öncesinden tüyü deri bir ipliğe sarıp sihir sırasında kolye olarak da kullanmak mümkündür.

6. Masanın önünde sandalyeye oturup dua edilir. Sihrin amacına yoğunlaşılır. Ulu yaratanın izniyle ve ataların desteğiyle ilişki içindeki engelleri ortadan kaldırmak niyetine odaklanılır. Dua sırasında sol elin avuç içi yukarı bakarken diğer el yüreğin üzerine yaslanır.

7. Sırasıyla olutların iyeleri çağrılır. Her olut sırasıyla iki elle alınarak baş hizasına kaldırılır ve sihir sözlerle davet edilir, sonrasında yine yerine konur. (Olut çağırma işlemi her sihir uygulamasında muhakkak gerçekleştirilir. Sadece sihrin türüne göre bazı olutların davet sıralamasında küçük değişiklikler söz konusu olur.)

Ateş:
"Ey ateşin iyesi!
Ulu Kayra Han'ın adıyla sana süt sunuyorum.
Canına can, gücüne güç olsun.
Hayırlısıyla canlı, tutkulu ve kutlu olsun."

Toprak:
"Ey toprağın iyesi!
Ulu Kayra Han'ın adıyla sana süt sunuyorum.
Canına can, gücüne güç olsun.
Hayırlısıyla sihrim sağlam temeller üzerine kurulsun."

Demir:
"Ey demirin iyesi!
Ulu Kayra Han'ın adıyla sana süt sunuyorum.
Canına can, gücüne güç olsun.
Hayırlısıyla tüm engeller kesilsin, kırılsın, dağılsın."

Su:

"Ey suyun iyesi!
Ulu Kayra Han'ın adıyla sana süt sunuyorum.
Canına can, gücüne güç olsun.
Hayırlısıyla kolayca, hafifçe ve dürüstçe gelsin."

Ağaç:

"Ey ağacın iyesi!
Ulu Kayra Han'ın adıyla sana süt sunuyorum.
Canına can, gücüne güç olsun.
Hayırlısıyla hayat dolu, verimli ve köklü olsun."

Hava:

Tüy alınır, havaya kaldırılır ve "Ulu Kayra Han'ın adıyla" dedikten sonra dudak hizasına indirilir. Dudaklardan dökülecek olan sihirli sözler, masadaki olutların ve eriyen buzların üzerine tüyle yellendirilir.

"Hayırlısıyla dokuz göğün, yedi Han'ın ve tüm atalarımın desteği ve gücü üzerinde olsun."

Bu sözlerin ardından sihir yavaşça sonlandırılır.

Saat öğlen 12.00'ye kadar sihir masası olduğu haliyle bırakılır. Ulu yaratana, atalara ve iyelere verdikleri destekten dolayı teşekkür edilir. 12.00'den sonra da olutlar yine sırasıyla alınıp cam kenarına yerleştirilir.

Çocukların dilekleri için uçurtma sihri

Kadim Türk geleneklerinde atalarımız uçurtmaya ayrıca önem verirlerdi. Uçurtmayı bir ulu (ejderha) olarak tasvir ederlerdi.

Kadim Türk dini olan Töre'de mevsimlerin oluşumu hakkında önemli bilgiler verilir. Buna göre dört ana mevsim vardır ve her mevsimin kendine has bir kişiliği söz konusudur. Ne kış yaza benzer, ne ilkbahar sonbahara. Ancak her biri bir diğerini itinayla takip eder ve hiçbir zaman atlamaz. Bu sıkı düzenin nedeni mevsimlerin iyeleridir. Mevsimler birer ulu (ejderha) olarak yaratılmışlardır ve her birine farklı özellikler verilmiştir.

Ulu'lar (ejderhalar) birbirine kardeştirler. Nasıl ki kardeşlerin her birinin karakteri farklıysa Ulu'ların da böyledir.

İlkbahar Ulu'sunun adı Ças'tır. Yaz Ulu'sunun adı Çay, sonbaharınki Güz, kışınki Kış...

Ças: Evin küçük kız kardeşidir. Neşelidir, ancak çabuk küser. Heyecanlıdır, aktiftir ama hareketliliğinin bir amacı yoktur. Sıcaklık vermez. Fakat çok şirindir.

Çay: Evin küçük erkek kardeşidir. Korumacıdır, canlıdır. Sıcaklık verir. Aktiftir ama küçük kardeşine nazaran amaçlıdır. Enerji doludur. Gerektiğinde ve yerinde kullanır enerjisini. Cesur ve güvenilirdir.

Güz: Evin ablasıdır. Olgundur. Evde kalmış gibi bazen camdan bakar. İçedönüktür. Bir an neşeliyken bir an hüzünlü olabilir. Ağlamaklıdır.

Kış: Evin büyük ağabeyi gibidir. Tembelliği ağır basar. Heybetlidir ancak gerektiğinde ayağa kalkar. Çok uyur. Dingindir ve hiç sinirlenmez.

Mevsimlerin de bir ruhu ve bilinci vardır. Bu ruhlara Ulu (ejderha) denir. Kış hariç, her Ulu insanlara ama özellikle de çocuklara destek olurlar. Dilekleri gökyüzüne ulaştırmaya yardım ederler.

Açıklayacağımız sihir çocuklara olduğu kadar yetişkinlere de uygundur. Bu yüzden yetişkinin içindeki çocuksu heyecanı yitirmemiş olması gerekir. Aksi halde uygulayacağı sihir işine pek yaramayacaktır.

Sihir için gerekli malzemeler:

Bir adet uçurtma. Mümkünse kızıl renginde.

Uzun kızıl bir kurdele. Kurdele uçurtmanın, yani Ulu'nun kuyruğu olacaktır.

Rengârenk çaputlar.

Bir kâse süt.

Keçeli kalem.

Uygulama:

1. Uçurtma sütle ovulmalı.

2. Uçurtmanın ipi 30-40 metrelik bir kendir olmalıdır. Kendir bulunamıyorsa misina da olur.

3. Uzun kızıl kurdele uçurtmanın arkasına bağlanmalıdır.

4. Çocuklar 4 adet çaputun üzerine dileklerini keçeli kalemle yazmalıdır.

5. Her dilek çaputu sütle ovup, dileğin gerçekleşeceğine yürekten inanmak gerekir.

6. Dilekler uçurtmanın kuyruğuna bağlanmalıdır.

7. Bu sihir için en gerekli malzeme rüzgârdır. Bu yüzden rüzgârın yoğun olduğu dönemleri takip etmekte fayda vardır. Aksi takdirde uçurtma yeterince yükselemeyecektir. Bu da çocukların üzülmesine neden olur.

8. Uçurtma havalandıktan sonra çocuklar mevsimin Ulu'suna şöyle seslenmelidir:

"Uç göklere uçurtma
Bulutların yanına
Uç göklere uçurtma
Ataların yanına.
Güz abla. Güz abla. Güz abla... (Mevsim sonbaharsa)
Dilek yolladım sana.
Onu ver yaratana.
Kabul etsin adıma."

9. Bu sözlerin ardından çocukların her biri uçurtmanın ipini bir süre için tutmalıdır. Bu deneyim çocuğa sanki kendisinin göklerde uçuyor olduğu hissini verecektir.

10. Çocuklar uçurtmayı bir süre uçurduktan sonra onu yeniden yere geri çekerler. Ancak yanlarındaki yetişkin kişi uçurtmanın yere düşmesini engeller. Uçurtmanın yere çakılmaması gerekir. Aksi halde göğün gücü yere girer ve çaputların sihri de azalır.

11. Uçurtma yere değmeden alınmalı ve dilekler kuyruktan çözülmelidir.

12. Dilekler çocuklara dörder adet gelişigüzel dağıtılır. Çocuklar kendi dileklerini değil, arkadaşlarınınkini seçtikleri bir ağaca bağlayacaklardır. Ağaç mümkünse çift budaklı olmalıdır. Sihir tek çocukla gerçekleştiriliyorsa elbette çocuk kendi dileklerinin yazdığı çaputları ağaca bağlar.

13. Ardından çocuklar bir ağızdan "Ve öyle olsun!" diye seslenmelidir.

Böylece sihir sona ermiş olur.

Uygun zaman: Sabah saatlerinde öğleden önce yapılmalıdır. Ay zamanı dolunaya yakın olmalıdır. Ayın 21'ine denk getirilirse sihrin gücü daha da yüksek olacaktır. Her ayın 21'inde Ulu'lar yeryüzüne daha yakın uçarlar. Bu nedenle uçurtmaların da arasından geçerek çaputlardaki dilekleri toplarlar.

Bu gelenek çok güçlü bir tılsımdır, çünkü çocukların kalbinde kuşku yoktur. Onların ruhları saftır ve yürekleri temizdir. Bu gelenek onları saf tutmaya destek olur. Gelişimlerinde ruhanilikleri göz ardı edilmediğinden, kendilerine güvenen, yaratanına ve doğanın canlılığına inanan bireyler olarak büyürler.

Altın ve gümüş sihri

Defalarca küp içinde altın bulmuş olanların hikâyelerine denk gelmişizdir. Bu altın dolusu küpler, hiçbir zaman mağarada, akarsu kenarlarında ya da ağaçların üzerinde bulunmazlar. Sadece toprak altlarından çıkarlar. Genelde işlek tarlalara gömülürler.

Peki bunun nedeni nedir?

Dünyanın birçok öğretisinde olduğu gibi kadim Türk mistisizminde de olutların bolluk ve bereket açısından işlevleri söz konusudur. Çin, Kelt, Hint öğretilerinde olutlar önemlidir ancak bolluk bereket konusunda Türk mistisizminden ciddi şekilde ayrılırlar.

Onlar su olutunun servetin simgesi ve paranın kaynağı olduğuna inanırlar. Fakat bu doğanın yapısına aykırıdır. Olutlar sırasıyla birbirini doğururlar. Su ağacı doğurur, çünkü ağaç susuz yeşermez. Ağaç ateşi doğurur, çünkü ateş ağaçsız yanamaz. Ateş toprağı doğurur, zira toprak ateşin küllerinden oluşur. Toprak demiri doğurur, çünkü demir toprağın içindedir, demir de suyu doğurur zira kaynak sularının kökeni dağlardır ki dağlar da taşlardan oluşur ve taşın içinde de demir vardır. Taşlar yarı demir yarı topraktır.

Olutların doğuşu dünyanın her yerinde aynıdır. Bu değişmez bir hakikattir. Buna göre bolluk ve bereketin simgesinin su olduğunu varsayarsak, suyun demiri doğurması gerekirdi. Ancak bunun tam tersi söz konusudur. Demir suyu doğurur. Suyun gücüyle bolluk ve bereketin geleceği varsayılacak olursa o halde elde edilecek olan para paslanacaktır, zira su demiri paslandırır.

Altın ve gümüş de dahil olmak üzere bütün metaller, toprağın altındadır. Dünya var olduğunda altın henüz yoktu. Dünya olgunlaştıkça, demir türünün en zayıf hali olan tunç altına dönüşmüştür. Bu dönüş hayli uzun zaman alır. Altın ve gümüş yerin altında bu şekilde oluşur. Toprak tuncu "rahminde" büyütür, olgunlaştırır ve sonunda onu altın olarak doğurur.

Bu da gösterir ki demirlerin ve minerallerin de birer ruhu ve canı vardır. Kullandığımız madeni paralar çoğunlukla bakırdan yapılır ve diğer metaller gibi onlar da canlıdır, büyümeye ve olgunlaşmaya müsaittir. Buna göre bolluk ve bereketin gerçek sorumlusu topraktır.

Atalarımız, kilden çömleklerin içine altınlarını ve gümüşlerini koyup gömerlerdi ki çoğalsınlar. Atalar doğayla iç içe yaşamakla kalmadılar, doğayı anladılar da. Kutsal emanetlerin sorumluluğunu Geleneksel Türk Kham'larına devrettiler. Bolluk ve bereket, toprak olutunun gücüdür. Bu nedenle altın ve gümüş sihrinde toprağın gücünden faydalanacağız.

Uygun zaman: Güneş doğmadan az önce, yeniaydan iki gün sonra.

Sihir için gerekli malzemeler:

Kilden çömlek (bardak boyunda olması yeterlidir). Kil çömleği elde yapmak çok daha etkili olacaktır.

Çömleğin yarısından fazlasını doldurabilecek miktarda madeni para ya da altın.

Çömleğin üzerini kapatmak için uygun bir taş.

(Çömleğin içine paraları yerleştirip üzerini kapattıktan sonra olutlar hazırlanır.)

Uyarı: Sihri uygularken, niyete odaklı kalmak önemlidir.

1. "Ulu yaratanın adıyla" diyerek eller, ayaklar ve yüz yıkanarak temizlenir. Bu temizlenme işlemi sırasında tuzlu su kullanmak daha güçlü bir arınma sağlar.

2. Sadece sihir yaparken giyilecek olan rahat ve temiz kıyafetler giyilir.

3. Süt kaynatılır ve sihir masasının üzerine konur. Sütün üzerinde duman tütüyor olması önemlidir.

4. Sihir masasının üzerindeki olutlar doğru sıralanmalıdır. Sihre başlamadan evvel olutların sırası kontrol edilmelidir.

5. Hava olutunu temsil eden tüy saça da takılabilir. Ya da öncesinden tüyü deri bir ipliğe sarıp sihir sırasında kolye olarak da kullanmak mümkündür.

6. Masanın önünde sandalyeye oturup dua edilir. Sihrin amacına yoğunlaşılır. Ulu yaratanın izniyle ve ataların desteğiyle ilişki içindeki engelleri ortadan kaldırmak niyetine odaklanılır. Dua sırasında sol elin avuç içi yukarı bakarken diğer el yüreğin üzerine yaslanır.

7. Olutların iyeleri aşağıdaki sıralamaya göre çağrılır. Her olut iki elle alınarak baş hizasına kaldırılır ve sihir sözlerle davet edilir, sonrasında yine yerine konur.

Demir:
"Ey demirin iyesi!
Ulu Kayra Han'ın adıyla sana süt sunuyorum.
Canına can, gücüne güç olsun.
Hayırlısıyla tüm engeller kesilsin, kırılsın, dağılsın."

Su:
"Ey suyun iyesi!
Ulu Kayra Han'ın adıyla sana süt sunuyorum.
Canına can, gücüne güç olsun.
Hayırlısıyla kolayca, hafifçe ve dürüstçe gelsin."

Ağaç:
"Ey ağacın iyesi!
Ulu Kayra Han'ın adıyla sana süt sunuyorum.
Canına can, gücüne güç olsun.
Hayırlısıyla hayat dolu, verimli ve köklü olsun."

Ateş:

"Ey ateşin iyesi!

Ulu Kayra Han'ın adıyla sana süt sunuyorum.

Canına can, gücüne güç olsun.

Hayırlısıyla canlı, tutkulu ve kutlu olsun."

Toprak:

"Ey toprağın iyesi!

Ulu Kayra Han'ın adıyla sana süt sunuyorum.

Canına can, gücüne güç olsun.

Hayırlısıyla sihrim sağlam temeller üzerine kurulsun."

Topraktan bir tutam alınır ve çömleğin içine konur. Çömlek, toprak olutunun üzerine yerleştirilir.

Hava:

Tüy alınır, havaya kaldırılır ve "Ulu Kayra Han'ın adıyla" dedikten sonra dudak hizasına indirilir. Çömleğin üzerindeki kapak kaldırılır ve dudaklardan dökülecek olan sihirli sözler, masadaki olutların ve çömleğin içine tüyle yellendirilir.

"Hayırlısıyla dokuz göğün, yedi Han'ın ve tüm atalarımın desteği ve gücü üzerinde olsun."

Bu sözlerin ardından sihir yavaşça sonlandırılır. Çömleğin üzeri kapatılır.

Sihir tamamlandıktan sonra çömlek, güneşin ve Ay'ın ışığını bolca gören ve mümkünse kimsenin ayak basmadığı bir yere hiç beklemeden gömülür. Güneşin ilk ışıkları vurmadan evvel çömleğin üzeri toprakla örtülmüş olmalıdır.

Bu sihir sadece bir kez yapılır. Unutulmamalıdır ki tohumun filizlenip büyümesi zaman alır. Süreci kısaltmaya çalışmak bitkiyi zayıflatacaktır. Her tohum Toprak Ana'nın şefkat dolu koynuna bırakılır. Tohum kendisi için en uygun zamanda ve en uygun biçimde olgunlaşmaya başlayacaktır. Aynı kanun, toprağa gömülen sihirli çömlek için de geçerlidir. Bu nedenle sihirden sonra sabretmek ve çalışmaya devam etmek gerekir. Çömlekteki para sihri yapanla doğrudan bağlantılı olduğu için kişinin çalışkanlığı ya da tembelliği onun enerjisini olumlu ya da olumsuz etkileyecektir. Nasıl ki tohuma su gerekliyse, sihre de kişisel efor gereklidir.

Tılsımlı sözler

İnsanlar birbirlerine doğru konuştuklarında olumlu ya da olumsuz karşılıklı etkileşim halindedirler.

Nasıl ki güzel sözler söylendiğinde muhatap olunan kişi gülümsüyorsa, bedeni ve ruhu duyduğu güzel sözlerden hoşlanıyorsa, tarifi imkânsız bir güçle içi doluyorsa aynı şekilde kalp kıran kara sözler de kişi üzerinde içsel ve bedensel olarak birtakım olumsuz etkilere neden olmaktadır.

Sesin, dilin ve amacın bir araya gelmesiyle oluşan bir tılsım söz konusudur. Bu oluşan simyanın ne amaçla ve nasıl kullanıldığı önemlidir.

Köz sadece gizlenen kara düşünceler ve duygularla değmez. Söylenen cümleler ve bunu destekleyen sesler de ciddi düzeyde köz değdirebilirler. Atalarımız "Biri hakkında güzel bir şey söylemeyeceksen, hiçbir şey söyleme!" derler.

Kham'lar seslerin ve sözlerin gücünü kullanmayı iyi bilirler. Bu gücü algışlarında (yaratana yakarışlarında) ve tedavilerinde kullanırlar. Doğada her şeyin bir ruhu ve titreşimi olduğuna göre, doğru söz doğru sesle birleştiğinde bedensel rahatsızlıkları da ortadan kaldırabilir.

Tedavi ritüellerinde bu yüzden rahatsızlığın kendisine

seslenilerek konuşulur. Kaçan süneyi geri getirmek için nasıl ki o ruhu ikna etme çabasına giriliyorsa aynı şekilde rahatsızlığın da bedeni terk etmesi için, onu ikna etme girişiminde bulunulur.

Genelde rahatsızlıklar bu "pazarlığa" boyun eğerler. Fakat pazarlık sırasında söylenen tılsımlı sözler çok önemlidir zira bir hastalığa "git" demek yeterli olmayacaktır. Hatalıkların şuuru neyin imkânsız olduğunu bilmedikleri için onları tılsımlı sözlerle imkânsıza göndermek gerekir.

Tılsımlı sözler her rahatsızlığa göre farklılık gösterir ve bilinçle söylenmelidir.

Örneğin:

- "99 budaklı bir ağaç doğmadığı sürece sana bu bedeni yemene içmene izin vermeyeceğim."

- "Güneş yeşil doğup, mavi batmadığı sürece bu bedeni yiyip içemezsin."

Bazı rahatsızlıkların ruhu yeraltından geldiği için onlara karşı daha farklı sözlerle seslenilir.

Yeraltına ait ruhlar, konuşan kişinin samimiyetini ve otoritesini anlayıp tartmakta oldukça ustadırlar. Şımarık çocukların, ebeveynlerindeki göstermelik öfkeyi fark edip onları ciddiye almadan şımarmaya devam etmeleri gibi yeraltı ruhları da kimin ne samimiyette ya da otoriter konuştuğunun ayrımını iyi yapar. Nasıl ki çocuğa samimiyetle ve tavizsiz bir şekilde yaklaşıldığında şımarıklığını sonlandırıyorsa ve uslu olmaktan başka çaresi olmadığını anlıyorsa yeraltı ruhlarını ikna etmek için de samimi, güçlü ve otoriter olmak gerekir.

Örneğin uçuk, bir aza türüdür. Aza, yeraltı varlıklarının genel adıdır. Halk dilinde cin olarak bilinirler ve insanlara zarar vermek ya da onları ele geçirmek üzere güdümlüdürler.

Azalar, gece vakitlerinde insanlar uykudayken onların ruhlarının dudak kenarlarını yalayarak uçuk oluştururlar. Uçuk, aynı adı taşıyan bir yeraltı varlığının vermiş olduğu bir rahatsızlıktır. Zihni yoğun çalışan ve endişe içinde olan insanların dudakları çabuk kurur ve kuruyan yer bedenin zayıf bölgesidir. Yeraltı varlıkları insanların zayıf taraflarını kullanırlar ve o zayıflığın yaymış olduğu enerjiden beslenirler. Yeraltı varlıklarının gıdası insanların zayıf alanlarıdır. Dudaktaki kuru ve zayıf yeri yalayan uçuk, besinini alınca dudağın o bölgesinde yara oluşur.

Uçuğu gidermek için işaretparmağını hafifçe tükürükleyip küle batırmak ve o külü de uçuğun üzerine sürmek gerekir. Bunu yaparken de aşağıdaki tılsımlı sözlerden birini en az üç, en fazla dokuz kez tekrarlamalıdır. Tılsımlı sözlerin tekrarlanmasında samimi otorite esastır:

• "Gündüz değilsen, gece olma. Sıcak değilsen soğuk olma. Geri dönen suyla, kül gibi, toz gibi uçup git evine."

• "Güneşten korkuyorsan, ay ışığına layık değilsin. Demirden korkuyorsan, ateşe layık değilsin. Uç git evine dön."

Rüzgârla gelen rahatsızlıklar: Bazı rahatsızlıklar rüzgârla ve suyla gelir. Rüzgârla gelen o kişiye özellikle gelmemiştir. Sadece rüzgârın içinde uçuşuyordur ve kişiyle tesadüfen karşılaşarak ona çarpar ve yapışır. Gönderilmediği sürece kalır. Rüzgârda kalındığında gribe yakalanılır ya da boyun tutulması yaşanır.

Özellikle ilkbaharda rüzgârda kalmamak gerekir, çünkü doğa kış mevsimini ilkbaharda üzerinden silkiyordur. Bu silkinmenin artıkları doğal olarak rüzgâra da karışır. Havanın güneşli olmasına aldanarak hafif kıyafetler giyerek dışarıya çıkanlar silkinen doğadan yayılan rahatsızlıklara denk gelirler ve korunmasız yakalanırlar.

Grip ilkbaharda oldukça geniş bir alana yayılır. Bu mevsimde neredeyse herkes hastadır çünkü rüzgâr herkese ulaşır.

O anda hava güneşli diye hafif giyinen kişiler korumasız kaldığından, bu silkinmenin artıkları o kişiye yapışır. Sıkı giyinmeyi ihmal etmeyenler, kendilerini silkinen doğanın kış artıklarından korumayı başarırlar.

Öz Türkçede rüzgârın adı "salgın"dır. Grip, nezle, üşütme gibi rahatsızlıklara da "salgın" denmesi rastlantı değildir. Salgınla gelen rahatsızlıklar için de özel tılsımlı sözler vardır.

Salgına yönelik söylenen tılsımlı sözlerden bazıları:

• "Nereden estin, nereden koptun? Yol yolcuyu bekler. Rüzgârla geldin. Rüzgârla git."

• "Yeller taşıdı seni. Yeller yol arkadaşın. Ne işin var bu bedende? Git kavuş yeline ve özlemini gider."

Suyla gelen rahatsızlıklar: Genelde nehir ya da deniz kenarlarında dolaşır. Suyla gelen rahatsızlıklara yakalanmış olmanın üç nedeni vardır:

1. Nehrin iyesine saygısızlık edilmiştir ve cezalandırılmıştır: Nehirlere girilmez, nehirler pisletilmez ve nehirle oynanmaz. Suyun iyeleri bu durumda gerçekleşmiş olan saygısızlığı cezalandırmakta gecikmezler. Suyla gelen rahatsızlıklardan biri kekemeliktir. Bu durumda nehrin ya da denizin kenarına gidilir ve buradan suyun tengrisi olan Ak Ana'ya seslenilerek kendisine yapılmış olan saygısızlığı hoş görmesi ve affetmesi istenir. Aynı hatanın bir daha tekrarlanmayacağının sözü verilir. Bu samimi affa karşılık suyun iyesi söz konusu rahatsızlığı giderecektir.

2. Nehirden ya da denizden akan bir rahatsızlığın yolu kesilmiştir: Bir nehrin ya da denizin akışı engellenirse, o nehrin ve denizin iyesi de bu hareketi cezalandırır. Nehrin yolu kesildiğinde, oluşan rahatsızlıkları iyileştirmek için kesilen nehrin yolunun açılması ve etrafındaki çöplerin toplanması gerekir. Yolu kesilmiş iki farklı nehrin daha yolu açılmalıdır. Burada önemli olan yapılan kötülüğün iyiliğe çevrilmesidir. Böylece bedendeki kötülük de iyiliğe çevrilir.

3. Saat dörtten önce nehirden su içilmiştir: Saat dörtten önce doğa kendini rahatsızlıklardan arındırmakla meşguldür. Bu nedenle o saatten önce nehirden su içildiğinde, suyla akan bir rahatsızlık kişiye yapışır. Sudan gelen rahatsızlıklar bağırsaklarda sorun yaratır. Buna karşılık rahatsızlığa şu tılsımlı sözlerle, samimi bir otorite içinde seslenilmelidir:

• "Nereden geldin, nereye gidersin? Bu bedende durmakla ne elde edersin? Suyun iyesi. Suyun iyesi. Suyun iyesi. Bir yolcun var şu bedende. Ne olur al onu ve ulaştır evine."

Tılsımlı sözler söylenir söylenmez hemen bir sonuç beklenmemelidir. Burada seslenen kişinin samimiyetinin ve otoritesinin yanı sıra kişinin doğayla tanışıklığının ve barışıklığının düzeyi de önemlidir. İlk kez şarkı söyleyen birinin nasıl ki konser vermesi beklenmezse, bu işlemde de idman, disiplin ve kararlılık çok önemlidir.

Hayvanlarla Şifa ve Tılsım

Hayvanlar, insan ırkından 250 bin yıl önce dünyaya gönderilmişlerdir. Doğanın döngüsünde her biri kendi yerini bulmuştur ve yaratılış sebebini hemen yerine getirmeye başlamıştır. Onlar avladılar, avlandılar, öğrendiler, deneyimlediler, güçlendiler ve çoğaldılar. Bu yolculuk onlara yaşam koşullarından ötürü birtakım özellikler kattı.

Yaradılışlarına özgü duyularının keskinliği sayesinde rahatsızlıklarına iyi gelecek olan bitkileri bulup yemeyi öğrendiler. Tehlikeleri sesten ve kokudan tanımak gibi daha nice hayranlık uyandıracak özelliklere kavuştular. Bu nedenle Geleneksel Türk Khamlığı'nda hayvanlara büyük saygı ve sevgi beslenmesinin yanı sıra Şamanlar tarafından hayatın ayrılmaz parçası olarak kabul edilirler.

Hayvanlar insanların vazgeçilmez dostları ve öğretmenleridir. Şamanlar onlardan avlanmayı, korumayı, aileyi, mücadeleyi, asaleti, şifayı ve töreyi öğrenmiştir.

Hayvanlar bu bilgelikleriyle yeryüzünde varlık göstermemiş olsalardı insanlığın gelişim süreci çok daha sancılı ve uzun sürerdi muhtemelen. Zira yer üzerinde ağaçların rüzgârdan sallanmaları dışında hiçbir hareket olmazdı.

Hareketin olmadığı yerde, gelişim de mümkün olamaz. Bu açıdan hayvanların varlığı dünyaya can ve hareketlilik katmıştır. İnsanlar onlar sayesinde gelişip güçlenebildiler. Hayvanların özelliklerine bedensel olarak sahip olmasalar dahi kullandıkları araç gereçlere o hayvanların niteliklerini yansıtmayı çalışarak hayal kurmayı da öğrendiler. Kuşa bakarak uçak, kaplumbağaya bakarak ev yapmayı öğrendiler. Böylece hayvana karşı duyulan hayranlıkları da arttı.

Bazı Türk boyları soylarının çeşitli hayvanlardan türediğine inandı. Kuğudan, geyikten, börüden (kurt), ayıdan, attan, bürkütten (kartal), yılandan, ejderden türedikleri inancını günümüze dek savundular. Bu bağlılıklarını soyadlarında da belli ettiler. Soylarının türediğine inandıkları hayvanların yediklerini yediler, içtiklerini içtiler ve toplum kurallarını da onlarınkine benzettiler. Hayvanın kendini tedavi etme şeklini kendi tedavilerine aldılar.

Mesela baykuşun geceleri nasıl iyi görebildiğini, neden gece avlananların gözlerinin gündüz avlananlardan daha büyük olduğunu anlamaya çalıştılar. Bir yılanın nasıl olur da avını gözleriyle öldürebildiğini hayretle izlediler. Bu ve bunun gibi yüzlerce hayvanın özelliğini inceleyerek kendi mizaçlarına ve sağlık sorunlarına deva olabilecek en uygun hayvanı bilmeyi başardılar.

Her hayvanın kendine has özelliği, güçlü organları ve sihri vardır. Ak Kham'lar yerin üzerindeki hayvanların özelliklerini kullanmayı yeğlerler çünkü yeraltı hayvanlarının gücü insanın ruh, zihin ve beden yapısına uygun değildir.

Kham'ların tedavi çadırlarında birçok hayvanın tahniti, başı ya da başka unsurları bulunur. Avlanıyor olmaları Kham'ların hayvanlara atfettikleri kutsiyete ters düşen bir hareket olduğu düşünülse de bu doğru değildir. Kham'lar hayvanları gelişigüzel avlamazlar. Gerçek bir gereksinim sonucu avlanırlar.

Örneğin bir Kham, ölüm döşeğine yatmış bir hastanın hangi organından neden mustarip olduğunu görür ve hastalık derecesini tespit eder. Bazı rahatsızlıklar bitkisel ilaçlarla tedavi edilebilirken bazıları için hayvansal ilaçlar hazırlamak gerekir. Kham atalara yolculuk yaparak hasta kişi için hangi hayvanın hangi organının lazım geldiğini öğrenir. Döndüğünde lazım olan hayvanı hasta kişiye söyler. Eğer hasta gerekenin yapılmasını arzu ederse, Kham da kişiden adak olarak ormana bir adet büyükbaş ya da küçükbaş hayvan salmasını ister. Bunun üzerine Kham bir kez daha atalara gider ve ihtiyaç duyulan hayvanı diler. Ormanın sahibi bu isteği kabul ettiğinde, özel avlanma yetisine sahip avcılar ya da Kham'ın kendisi ormana gönderilir ve hayvanı derinliklerde beklemeye başlar.

Eğer ki avcının bir ailesi varsa, o eve dönünceye dek evde yas tutulur. Kimse gülmez. Kimse eğlenmez. Bu hassasiyet, kendini feda edecek olan hayvana ve ormanın sahibine duyulan saygıdan dolayı uygulanır.

Beklenen hayvan çağrıldığı alana geldiğinde avcı onu geleneksel yöntemlerle avlar ve dua ettikten sonra süratle Kham'a geri döner. Zira lazım olan organın sıcakken çıkartılarak ilaç haline getirilmesi gerekir. Hayvandan geriye kalanlar tahnit haline getirilir ve Kham şifa için destekleyen eereni (yardımcısı) haline dönüştürülür. Böylece hayvan da ölmemiş olur. Sadece bedeni hareketsizdir, fakat süldesi o bedende var olmaya devam eder. Hayvan hangi hastalığın şifası için kendini feda etmişse Kham'ın eereni olarak da aynı hastalığın şifasında destek olmaya devam eder. Bu hayvanlar bir sonraki Kham nesline de devredilebilir.

Bazen insanlara ölümcül büyüler yapıldığında da hayvan kullanılır. Bu amaçla genelde yırtıcı olanlar ya da güçlü boynuzları olanlar tercih edilir. Özlerindeki güç her türlü büyüden daha güçlü olduğundan dolayı, büyüleri yok etmek ya da sürekli büyüye maruz kalan biri için tılsım oluşturmak üzere kullanılır. Bu tılsımların bir çeşidi de kotazdır. Kotazlar hayvanların süldelerinde, sünelerinde ya da özütlerinde oluşturdukları taşlardan meydana getirilir. Bu taşların çok ciddi güçleri ve kendilerine özel iyeleri (koruyucu ruhları) vardır. Canlıdırlar ve zaman ilerledikçe büyürler de. Bu özel taşlar gerekmedikçe, canlı bir hayvandan avlanmak yoluyla elde edilmez. Hayvanlar birbirini avlayabildiklerinden avlanmış olan hayvandan artakalanların içinden de elde edilir. Bu işlem için de yine atalara başvurulur. Kham hayvandaki taşın neresinde olduğunu ve o bölgeye nasıl varılacağını anlatır. Bunu yapmak için ormana adak sunulması gerekmez. Fakat taşı bulmak için destek olan atalara çöven (helva) kavrulur.

Hiç kuşkusuz soyut âlemin de hayvanları vardır ve o hayvanların da kendilerine has özellikleri vardır. Örneğin güç hayvanları...

Güç hayvanları üçe ayrılır:

1. Doğuştan gelen: Doğum anından itibaren bireyin kişiliğiyle uyumludur. Sezgisel gücü ve özellikleriyle hayat yolunda daha kolay ve tehlikesiz yürüyebilmesi için kişiye refakat eder. Bu nedenle bazı insanların koku duyuları çok daha gelişmiştir. Bu yüzden bazılarının tehlikeye karşı sezgileri çok daha güçlüdür. Bazıları daha hızlı koşar, geceleri daha iyi görür, daha iyi yüzer.

Bu özelliklerin nedenini doğuştan gelen güç hayvanında aramak gerekir. Bazı insanlar sahip oldukları yeteneklerin hangi hayvandan geldiğini hissederler ya da doğrudan bilirler. Fakat çoğu yanlış yönlendirilmelerden dolayı hayvanıyla olan bağlarını zayıflatmışlardır. Bu bağı zayıflatan temel faktörlerden biri şehir yaşamıdır. Bu hayvanlar soyut olmalarına rağmen şehir hayatına gelmezler. Soyut hayvanın ne olduğunu öğrenmek ve onunla bağı güçlendirmek için ne yapmak gerektiğini Kham'a danışmak gerekir.

2. Doğadaki iyeler tarafından güçlendirme unsuru olarak gönderilen: Bu hayvanlar süldeyi bir sonraki olgunluğa taşımak için ve nihayetinde gökle bağ kurabilmek için iyeler tarafından gönderilirler. Bu hayvanlar değişkendir. Bazen ayı olurlar, bazen dağ kaplanı ya da geyik. Kişinin ruhen içinde bulunduğu zorluklara karşı iyeler tarafından gönderilen uygun hayvanın gücü benimsenir.

3. Gökten çağrılan: Zor elde edilen güç hayvanıdır. Kişinin süldesinin güçlü, yüreğinin ak, iradesinin sağlam, kontrolünün güçlü ve sarsılmaz olması gerekir ki ihtiyacı olduğunda güç hayvanını gökten çağırabilsin. Eski Kham'lar böyle bir güce sahiptiler. Çağırdıkları hayvanın sırtına binerek dakikalar içinde dünyanın diğer ucuna ulaşabildikleri söylenir. Bu hayvanlar olağan görünümlerinden çok daha büyüktürler ve yerdeki temsillerine göre daha abartılı şekilleri vardır. Örneğin iki metre boyunda ateşten bir börü (kurt), on beş metre uzunluğunda ağzında ayı dişleri olan ak bir yılan, kanatlı bir at gibi...

Soyut hayvanlardan somut hayvanlara dönecek olursak, şehir hayatının zorlayıcı doğasından dolayı çoğu hayvanın uzun zaman önce uzak ormanlara ve dağlara çekildikleri gerçeği çıkar karşımıza. Bu yüzden birçok sırları ve faydaları unutulmuş ya da zaman içinde önemsiz hale getirilmiştir.

Aşağıdaki listede bazı tanıdık hayvanların gizlenmiş özellikleri ve onlardan ne şekilde faydalanılabileceği yer almaktadır.

Uyarı: Bazı uygulamalarda hayvan organlarının kullanım şekillerinden bahsedilmiştir. Lakin bu avlanmalar için özel ritüeller, bilgi ve deneyim gereklidir. Bu nedenle hayvanların organlarına ulaşmak için yerli yersiz keyfi avlanmaların tehlikeli olduğunun altını çizmekte fayda vardır. Zira her olumsuz ve yanlış eylemin acıklı bir faturası olur.

At

İnsan ve at arasında ruhsal bir bağ vardır. At binenler bilirler ki atla binicisi arasında derin bir duygusal bağ kurulur. Binici yere baktığında atı da yere bakar. Binici başını çevirdiğinde atı da aynı şeyi yapar. Binici içinde bir yön belirlediğinde ki bu his süneyle (yürekte oturan ruh) bağlantılı olduğundan, binici hareketsiz kalsa bile at binicinin yürekten seçtiği yolda yürümeye devam eder. Çünkü at, üstüne bindirdiği insanın sünesiyle bağlantıya girer. Kişinin sünesi odaksızsa at da odaksız olur. Sağa çekildiği halde sola gider. Odak sorunu yaşayanlar, ata binmelidirler.

Her atın kendine has özelliği vardır. At tehlikeleri haber verir.

At görüldüğünde yere tükürüp dilek tutulabilir. Zira atın görüntüsü insanın yüreğini ve zihnini berraklaştırır. Bu şekilde kuşkudan uzak bir dilek tutmak mümkün olur. Dilek dilemeden evvel yere tükürmek önemlidir zira düşünceler ağızda oluşur ve bu şekilde ağızda bekleyen olumsuz düşünce dışarı atılır.

Atlar insan ruhunun ulaşması gereken yeri işaret ederler. "Tüm yazıklardan (günah) arınmalı ve ak at kadar olunmalıdır. Ancak o zaman insan gibi yaşamanın ne demek olduğu daha iyi görülür" der kadim atalar.

Bazı Kham'ların da atları vardır. Bu atların özellikle benekli olmaları gerekir.

Bir atın buğday sarısı olduğu halde koyu beneklere sahip olması onun sihirli bir at olduğunu gösterir. O atların diğer atlara göre kendi başlarına inisiyatif kullanma kabiliyetleri daha yüksektir.

Görünmeyen varlıkları görmek isteyenler gözlerine benekli bir atın göz sıvısını damlatmalıdırlar.

Atın kuru kafası evin içine asılırsa o eve kut gelir ve karanlık gücün etkilerini evden uzak tutar. Kham'lar bu nedenle tören alanlarına kuru at başı asarlar.

Kişi eğer birinden zarar bekliyorsa ya da birinden zarar görüyorsa önce bir at yelesi bulmalıdır. Yeleyi dokuz parçaya ayırıp uçlarını birbirine bağlamalıdır. Ona rahatsızlık veren kişinin adını bir kâğıda yazıp üç defa katlamalıdır. Birbirine bağlı saçları kâğıda dolamalı ve deri bir keseye yerleştirip kesenin ağzını dikmelidir. Keseyi kendi evinin dışında rüzgâr alan bir yere asmalıdır. Böylece rahatsızlık veren kişinin müdahalesinden uzak kalır.

Atın köpekdişi de tılsımlıdır. Atlar eski çağlarda yırtıcı hayvanlar oldukları için bu diş de o zamanlardan kalmadır ve tılsımı da çok güçlüdür. At dişini yanında bulunduranların kazancı da çalışkanlığı da bol olur.

Atlar sıcak nefesli varlıklardır. Bu onların yüreklerinin güçlü olduğunu gösterir. Bu nedenle atın nefesi şifa uygulamalarında kullanılır.

Atın nefesi solunum yolu sıkıntılarını iyileştirir. Özellikle boğmacaya karşı etkilidir. 21 gün boyunca her akşam saat 20.00 ile 22.00 arası atın önüne geçip onun nefesini solumak yeterlidir.

Atın sol ön ayağından alınmış bir at nalı evin girişine asıldığında kötülüğü uzak tutar. Nalın evde çakıldığı yer neresi olursa olsun iki ucu da göğe doğru bakmalıdır. Böylece doğurganlık ve bolluk da çoğalır. Nalın uçlarının aşağı bakması ters etki yaratır ve evin kutu kaçar.

Yatak odasına iki ucu göğe bakan bir at nalı asıldığında kâbus görülmez. Ay'ın da boynuzları yukarıya doğru bakıyorsa bu dolunaya geçişin başladığı dolayısıyla da bereketin çoğalacağı anlamına gelir. Ay'ın boynuzlarının aşağıya bakması bereket açısından iyi değildir zira Ay bu pozisyonda yeniaya doğru küçülmeye başlamıştır. At nalındaki tılsım da aynı simyaya dayanır.

Ayı

Ayılar, tehlikeli ve hırçın yırtıcılar olarak görülseler de, bu doğru değildir. Koca ormanın içinde ayıdan daha nazik ve utangaç bir hayvan bulunmaz. Ayının iç huzuru çok güçlüdür ve dinginliğe büyük önem verir. Hayatı boyunca yemek arayışında olur ve bundan da gayet memnundur. Başka hiçbir şeyle alıp veremediği yoktur. Aile hayatını en az özgürlüğü kadar sever. Genelde hep yalnız gezer.

Erkek ayılar, çiftleştikten sonra dişilerinden uzak dururlar. Birlikte avlandıklarında yiyecekleri paylaşacakları için yavrulayacak olan dişinin gıdası azalacağından erkek ayı, avlandığını bir başına yemesi için dişisinden uzak durma fedakârlığını gösterir. Somon mevsimi başladığında ve her ayıya yetecek miktarda yiyecek bulunduğunda bütün aile fertleri bir araya gelir.

Ayılar çok özel ve çok güçlü varlıklardır. Orman iyesinin büründüğü hayvandırlar. Postu ormana benzeyen başka bir hayvan yoktur. Ayının postuna yakından dikkatle bakıldığında çam ormanlarına benzer. Ormanın iyesi bu nedenle bir hayvana bürünmek istediğinde ayıyı seçer. Bunda ormanın en güçlü hayvanı olmasının da payı vardır.

Özütü fazlasıyla güçlü olan ayılar, şifa amacıyla da kullanılırlar. Böbrekleri, ödü, yağı, dişleri, burnu ve tırnaklarından çok güçlü ilaçlar ve tılsımlar yapılır. Ayının pençeleri çok önemlidir. Ömrünün çoğunu onlara yoğunlaşarak geçirir. Bu sebeple ellerindeki ve tırnaklarındaki güç yoğundur. 300 kiloluk cüssesi ve pençeleri sayesinde rahatlıkla ağaca tırmanabilir.

İştahtan kesilen bir bebeğin ağzına ayı tırnağı verilerek emdirilir. Bu onların iştahını açar.

Ayıların sesi duyan herkesi ürkütebilecek güçtedir. Seslerindeki ürkütücü güç dişlerine de tesir etmiştir. Ayının dişini hastalıklı bölgeye sarmak ya da kolye gibi boyunda taşımak hastalığı korkutup kaçırır.

Boyun bölgesine asılan her şey doğrudan yüreğe nüfuz ettiği için anlamı ve tılsımı olmayan kolyelerden uzak durmak gerekir. Amacı olmayan bir şey yüreğe nüfuz ettiğinde yüreğe oluk oluk amaçsızlık ve anlamsızlık hissi akar. Bu nedenle güçlü, amaçlı, anlamlı ve doğal olan kolyeler taşınmalıdır. Bağışıklık sistemini korumak için bir tutam ayı kılı boyun bölgesine bağlanmalıdır. Ayı kılı, nasıl ki ayıyı soğuktan ve tehlikelerden koruyorsa kişiyi de koruyacaktır.

Bir ayıya isim vermek onun saldırmasına neden olabilir. Çünkü ormanın koruyucu ruhu çoğu zaman ayı bedeninde dolaşır ve kendisine isim verilmesinden hoşlanmaz. Orman iyesine isim vermek, dedemize lakap takmakla eşdeğerdir. Bu onun saldırmasına neden olur.

Ayı görmek bereket getirir. Bu durumda ilk tepki doğal olarak korkup kaçmak olabilir lakin doğada hiçbir şey tehdit edilmediği sürece zarar vermez. Saygılı ve hürmetli davranıldığında hiçbir sıkıntı yaşanmaz.

Arı

Arı çok kutsal bir varlıktır. Değerli özelliklere sahiptir. Arılar hassas varlıklardır. Dünyada olan biten her şeyden haberleri vardır. Dünyanın diğer ucunda gerçekleşen bir felaketi dahi arılar bilir.

İnsanların evlerine her zaman girmezler. Geldiklerinde de mutluluk verici haberlerin yaklaşmakta olduğuna işaret ederler. Elbette bu uğur sadece arıya evde kalma müsaadesi tanınırsa geçerli olur. Eve giren arı kovalanmamalı, öldürülmemelidir. Bu mutluluğu da kovmak anlamına gelir.

Türkçedeki ruhani zenginlik ve geniş anlam sayesinde bu kutsal hayvanın nasıl bir yapıya sahip olduğu, temizliği, ruhani saflığı, güzelliği ve çalışkanlığı taşıdığı "arı" isimle güçlü bir şekilde temsil bulmaktadır. Bu incelikli anlam dünyanın başka hiçbir dilinde karşımıza çıkmamaktadır.

Arıların çıkardığı ses büyük kitlelerin dua ettiğinde çıkardığı sesle aynıdır. Bu ses işitildiğinde dua etmek, duanın gücünü artırır. Bu nedenle arı kovanlarının yanında dua etmek bereketlidir.

Halk arasında yaygınca kullanılan "Başına talih kuşu kondu" deyimi de aslında arı için söylenmiştir. Kafaya arı konması, kişinin sıkıntılarından kurtulacağına işaret eder. Sülde güçlü olduğunda etrafa hoş bir koku yayar. Bu nedenle "Bebeklerin saçları cennet gibi kokar" der kadim atalarımız. Bazen eşlerin saçlarının böyle koktuğu hissedilir. Arılar bu özel kokuya doğru çekilirler. Süldesi güçlenen kişinin yaşamındaki sorunlar da çözülmeye başlar.

Bazılarınınsa başları kötü kokuludur. Sanıldığı gibi kirden ya da yağdan değil, süldesinin zayıflığından dolayıdır. Sülde güçlendikçe, o kötü koku da kendiliğinden geçecektir.

Birini işe almadan ya da evlenmeden evvel onu arı kovanlarının arasında dolaştırmak ve o işe ya da evliliğe uygun olup olmadığını görmek mümkündür. Zira arılar kişinin niyetini hisseder ve ona göre tepki verirler. Örneğin arı kovanlarının arasında duran kişiye sevgisi sorulduğunda verdiği cevap doğruysa arı onu sokmaz, yalan söylüyorsa sokarlar. Arılar yalanı sevmezler. Evlenme andının arı kovanları arasındayken yapılması bu açıdan çok daha sağlıklıdır. Bu sayede aile hayatı tamamen sağlama alınmış olur. Bereketi mühürlenir.

Arı sokması, kişiyi romatizmadan korur.

Ateşböceği

Ateşböcekleri, temmuz ve ağustos aylarında kendilerini gösterirler.

Onların bulunduğu yerde gök ve yer birleşmiştir. Gökteki yıldızlarla adeta bir gibi görünürler. Aralarında duran kişiye gökyüzündeymiş gibi heyecan verici bir his tattırırlar. Böylesi bir an yakalandığında atalardan, ruhu her zaman bu derece yüksekte tutmaları için destek istenmeli ve şu tılsımlı sözler söylenmelidir:

"Ey atalarım. Ey göğün hanları! Ulu Kayra Han'ın adıyla sizden dileğim şudur: Süldemi. sünemi, özütümü

her zaman yıldızlara yakın tutmama destek olun ki ben de sizlere emin adımlarla kavuşmaya devam edebileyim."

Gözlerinde gece körlüğü rahatsızlığı olanlar, bu sözleri tekrarladıktan sonra bir tane ateşböceği alıp yediklerinde görüleri açılacaktır. Böceğin tadı biraz rahatsızlık verici olabilir lakin ilaçlar genelde acıdır. Böceği yutmak güç geliyorsa, başka bir yiyeceğin arasına konarak da yutulabilir.

Boğa

Boğa çok güçlü bir hayvandır. Çatalhöyük ve Göbeklitepe'deki boğa başı sembollerinde de görüleceği gibi binlerce yıl dünya dinler tarihinde sembol olarak kullanılmıştır.

Bedensel gücüne bağlı olarak hayvanlar âleminde sarsılmaz bir otoriteye sahiptir. Boğaların akciğerleri ve tenleri hariç her uzvu çok güçlü ve tesirli ilaçlardır. Özellikle erkeklerin üreter sistemindeki zayıflıklarını güce çevirme konusunda eşsizdirler. Kanlarında yoğun testosteron vardır. Boğa eti sığır etine nazaran daha sağlıklı ve daha güç vericidir. Boğa eti cinsel gücü artırır. Ancak burada bir noktanın altını çizmekte fayda vardır. Cinsel güç, sevişme sıklığı ya da yoğunluğu değildir. Burada bahsedilen şey, erkeğin eril gücüdür. Yani bedensel dayanıklılığı, direnci ve aktifliği... Erkekte bütün bunlar yüksek oranda bulunduğu sürece ve ruhsal açıdan da özel bir problem yaşamıyorsa üreter sisteminde herhangi bir sıkıntı yaşamayacaktır.

Boğa hayası yemenin çok güçlü bir afrodizyak etkisi vardır. Bu etkiyi yaratan şey de erkekte spermin yoğunlaşmasıdır. Sperm üretiminde sıkıntısı olan erkekler, mutlaka boğa hayası yemelidirler. Bu dönemde ten kokuları da boğanınkini andıracaktır ki bu iyi bir şeydir zira erkeğe gücünün üstüne çıkma cesareti verir. Limitleri zorlama ve başarı arzusu da bu hislere dahildir.

Sorunları çözüme kavuşturma konusunda da boğanın başından ve boynuzlarından destek alınabilir. Bunun için kuru bir boğa başı bir yoga matının üzerine konur ve kurukafayla baş başa gelecek şekilde yanına uzanılır. Gözler kapatılarak yaşanan sorunlara odaklanılır. Sorunlar kişinin kendisine değil de arkadaşına aitmiş gibi mesafeli bir hisle düşünülür. Çözüm üretmeye çalışılmaz. Bu iş boğanın gücüne bırakılır ki güçlü boynuzlarıyla sorunları dağıtsın. Boğalar ve inekler dünyanın en sorunsuz hayvanlarıdır.

Boğa ağılına girmek ve burada biraz zaman geçirmek, onları okşamak kişiyi yıldırım çarpmasından korur. Bu nedenle dışarıdan gelecek herhangi bir olumsuzluğun eve girmesini önlemek için pek çok Kham'ın evinde ya da kapı girişinde boğa kafası bulunur.

Baykuş

Baykuşlar bazı kültürlerde karanlığa hizmet eden varlıklar olarak tasvir edilseler de bu doğru değildir. Baykuşlar Şamanların "gece gözü"dür ve karanlıkta olan bitenleri Şaman'a anlatırlar.

Bilinmeyeni görürler ve bilinmeyen ilimleri bilirler. Her Kham'ın eerenleri arasında bir baykuşu vardır. Baykuşlar, geceleri Kham'ın görmediği bir tehdidi fark ederlerse ve o tehlikeyi kendileri bertaraf edebilecek güçteyse, işlerini sessizce hallederler.

Baykuşlar iki boyut arasındaki habercilerdir. Bu nedenle baykuşa sorulan her sorunun mutlaka cevabı vardır. Bilgedirler ancak herkese sırları açık etmezler. Bilgiyi verecekleri kişiye saygı duymak isterler. Baykuşlar insanları sürekli izlerler. Çaba ve çalışkanlık gördükleri kişilere cevapları verirler, bir sonraki pratikliğin yolunu gösterirler.

Baykuşlar, dünyanın en sessiz avcılarıdır. Bu onların dış dünyadaki işlevlerinin bir göstergesidir. Fakat bunun yanı sıra iç doğalarında da sessizce bilgi avlarlar. Bu nedenle bilgi toplamak deyimi yanlıştır. Bilgi toplanmaz, avlanır. İç doğamızdaki baykuş yeni bir bilgiye ihtiyaç duyduğunda sessizce araştırmaya başlarız. Aradığımızı bulduğumuzdaysa heyecan duyarız ki bu, toplamaktan değil avlamaktan dolayı duyulan heyecandır.

Kham'ların "bört" adını verdikleri başlıklarında kartal tüyünün yanı sıra baykuş tüyü de bulunur. Buradaki amaçları başlarının hafif kalması ve herhangi bir negatif duruma odaklanmadan göğün katmanlarına doğru yol alabilmektir. Törenler sırasında gölge varlıkların gözünde bu şekilde görünmez olurlar.

Dünyanın en sessiz uçan kanatlısı olmaları nedeniyle gecelerin varlıkları tarafından fark edilmeden görevlerini sürdürebilirler. Gece vakitlerinde dolaşan kötücül ruhlar tarafından saldırıya uğramamak için mutsuz sesler çıkarırlar. Zira geceleri mutlu seslerle öten büyük bir kuş dikkat çekicidir, çabuk görülür ve saldırıya uğrama ihtimali yüksektir. Baykuşun mutsuz sesi aslında bir kamuflajdır.

Baykuşlar göğün ajanıdırlar. Başlarını 360 derece döndürerek etraflarında olan biten hiçbir şeyin kaçmasına imkân vermezler.

Bilinenin aksine baykuşun bir evin çatısında ötmesi, o evden ölü çıkacağına değil, kötülüğün yolda olduğuna ve bunun için derhal tedbir alınması gerektiğine işaret eder. Bu sırada ruhlu bir ateşe demir konursa ya da baykuşa karabiber sunulursa bir süre için dili uyuşacaktır ve eve gelebilecek olan olumsuzluklar yok olacaktır. Bu ritüeli uygulamak için yeterli olanaklar yoksa kişinin üzerindeki bütün kıyafetleri çıkarması ve onları tersyüz ederek yeniden giymesi gerekir.

Sevgilisine ya da eşine baykuş eti yediren kadın, istediği şeyleri yaptırmak konusunda hiç zorlanmaz. "Her kuşun eti yenmez" sözü atalar tarafından erkekler için söylenmiştir.

Baykuşun yuvasına bakmak ve ellemek talihsizlik doğurur. Eğer gebe bir kadın baykuş ötüşü duyarsa bu doğuracağı çocuğun kız olduğunu gösterir.

Tuzlanmış baykuş eti yemek gut hastalığını iyileştirir. Baykuşun yumurtasını yemekse gözlerdeki keskinliği artırır ve karanlıkta görme kabiliyetini güçlendirir.

Eşek

Eşeklerin sırt bölgelerinde çarpı ya da haça benzeyen bir şekil vardır. O bölgeden biraz kıl kesilirse ve boyunda taşınırsa diş ağrılarından korunulur. Eşeğin dişleri çok güçlüdür. Dişler doğrudan karaciğerle bağlantılıdır. Hassas ya da zayıf dişler, karaciğerin de zayıf olduğunun göstergesidir. Güçlü bir karaciğeri olan eşeğin sırtındaki tüyler karaciğerin gücünden en çok etkilenen yerlerdir. Ayrıca vücut tüylerinin de nedeni karaciğerdir. Bu sebeple karaciğer bölgesinden tüyler kesildiğinde diş hassasiyetine de destek olur.

Yeni diş çıkaran bebeklere bu yöntem uygulanabilir. Böylece çektikleri diş ağrıları diner. Ayrıca kızamık ve boğmacadan da korunmuş olurlar.

Bebek doğduktan sonra kuyruğunu görecek şekilde eşeğin sırtına bindirilip gezdirilirse hiçbir hastalığa kapılmaz. Bu Anadolu'da halen süregelen bir gelenektir.

Rahatsızlanan çocukların saçlarından biraz kesilip ekmeğin arasına konur ve tereyağıyla kapatılarak eşeğe yedirilir. Böylece çocuk yaşadığı rahatsızlıktan kurtulur.

Eşek ölüsü görmek büyük uğur getirir. Yüklerin hafifleyeceğinin de işaretidir. Eşek ölüsünün üzerinden atlamak uğuru daha da artırır.

Gebe bir kadın eşek görürse bu çocuğunun bilge bir kişiliğe sahip olacağını gösterir.

Gelincik

Gelincikler çok akıllı, dikkatli ve intikamcıdırlar. Bazı kara Kham'lar gelinciklerin intikamcılık güdüsünü kara büyü yapmakta kullanırlar. Ak Kham'lar ise bu hayvanların diğer güçlerinden faydalanmayı tercih eder.

Gelincik öldürmek büyük bir felaket getirir. Gelincikler tekeşli yaşadıklarından dolayı, onlara zarar vermek yuva yıkmak demektir. Bunun doğadaki cezası büyüktür. Çünkü o hayvan bir daha ömrünün sonuna dek eş bulamayacaktır, mizacını yaşayamayacaktır. Bir gelinciğe zaruri olarak ihtiyaç duyulduğunda eş bulmamış olan bir gelincik avlanmalıdır.

Gelincikler rahatlıklarına düşkündürler. Yuvalarını özenle bezerler. Yavrularını da itinayla büyütürler. Gelincik yuvasından bir parça alıp eve götürülürse, o evde sevgi dolu, üretken ve ışıkla parlayan bir aile hayatı yaşanır.

Gelincik görmek maddi güvencenin yaklaşmakta olduğunu gösterir. Gelinciğin görüldüğü yere sebze ve meyve dışında herhangi bir yiyecek bırakıldığında gelincik bunu kendisine bir ikram ve teşekkür olarak kabul eder. Doğa da bu teşekkürün bereketini sunmaya devam eder. Gelinciğin gözlerinde güçlü tılsımlar vardır. Geceleri çok iyi görürler. Kham'ların gerçekleştirdikleri tılsımlarda gelincik gözleri kullanılır. Bu gözler görünmeden gelen tehlikeleri haber verirler.

Güvercin

Güvercinlere şehir hayatında da sıkça rastlamak mümkündür. Yazık ki çokça görüldüklerinden dolayı da değerleri pek bilinmez.

Güvercinler neredeyse vurdumduymazdırlar. Uçan sıçanlar olarak bilinirler. Doğada varlığını sürdürebilecek güçleri olmayan güvercinler, şehir merkezlerine yırtıcı hayvanlar giremediği için burada ahkâm keserek yaşarlar. Son derece rahat hayatları vardır.

Yemek bulmak için mücadele etmek zorunda olan kuşların tüylerinde mücadele enerjisi vardır. Rüzgâra, yağmura ve fırtınaya karşı son derece dayanıklıdırlar. Güvercinin tüyleri bu güçten yoksundur ve kırılgandır. Fakat bu kuşun tüylerinde de kendi başına buyrukluğun enerjisi mevcuttur. Bu nedenle cebinde güvercin tüyü taşıyanlara kimse zorla hiçbir şey yaptıramaz.

Horoz

Horozlar gökle yer arasına sıkışmış varlıklardır. Kanatları vardır ama uçamazlar. Bu sebeple iki boyut arasındadırlar. Kargalar da aynı şekilde iki boyut arasındadır. Ancak kargalar yeraltı ile yerüstü arasındaki boyutlar arasında sıkışmıştır.

Horozların güneşle yakın bağları olduğundan dolayı geceyi kovarlar. Sesleri karanlık güçlerin yeraltına kaçmasını sağlar. Bunu yapabildikleri için çok korkusuzdurlar. İnsanların görevli koruyucularından biridirler.

Horoz gece yarısı ötüyorsa bir yeraltı varlığı önünden geçiyordur.

Kara bir tavuğun yumurtası yenmemelidir. Onun yumurtasıyla büyü yapılmaktadır. Eğer ki bir tavuk ötecek olursa onun derhal kesilmesi gerekir. Zira içine bir yeraltı varlığı girmiştir. Dolayısıyla yumurtası da zehirlidir.

Horoz ev kapısının önünde ötüyorsa misafir geliyor demektir. Gün ortasında ötüyorsa zehirli bir yağmur yaklaşıyordur ve o yağmurdan su içilmemeli, altında da durulmamalıdır. Dışarıda asılı duran çamaşırlar varsa hemen içeriye alınmalıdır.

Horoz ayağını yanında taşımak kişiyi kara güçlerden korur, saklı fırsatları bulmasına destek olur. Zira horozların ayakları yerin altındaki yemeklerini bulup çıkarmakta oldukça maharetlidirler.

Kurt

Sibirya Türklerinde kurt kelimesi ağaç kurtları için söylenir. Börü ise vahşi kurdun gerçek adıdır. Börünün ruhunda ve bedeninde sihirli güçler vardır. Bu nedenle pek çok özelliği ve organı ilaç yapımında kullanılır. Börünün bu derece güçlü olmasının nedeni gökyüzündeki hanedanlığı hayvanlar âleminde temsil etmesi için yaratıldığındandır. O ne ormanın iyesine, ne dağın, ne de göğün iyesine bağlıdır. Börüden göğün üstü sorumlu. Türkler her zaman börüyü atası olarak görmüştür, çünkü aile, devlet ve toplum düzenini börülerden öğrenmişlerdir.

Başka hiçbir hayvan yoktur ki, ölüsünün ardından ağıt yakıp dua etsin. Ulumak kurtların dilinde yaratanı anmaktır. Börüler tekeşlidirler ve aile kavramına büyük önem verirler. Yavrularını yeteneklerine göre yetiştirirler. Bebek bakıcılığı yaparlar ve onlara adil avlanmayı öğretirler.

Güçlü bir börünün karaciğerini yiyen gebe bir kadının, doğum sancıları hafifler.

Börünün herhangi bir şeyini üzerinde taşıyanların öğrenme kapasiteleri olumlu yönde gelişir. Daha odaklı olurlar ve gereksiz detaylar içinde boğularak vakitlerini harcamazlar.

Bir börünün sağ ayağı, boğaz enfeksiyonu yaşayan birinin boğaz bölgesine bağlanırsa rahatsızlığı geçer. Börülerin ayakları güçlüdür. Çünkü her hava koşulunda rahatlıkla koşabilirler. Hiç durmadan 400 km hızla yürüyebilirler. Bacakları birer dinamo gibidir. Yorulmak yerine hareket ettikçe daha da enerji üretir.

Börünün dişini kolye olarak taşımak, yıkıcı köze karşı güçlü bir silahtır. Boyun bölgesinde ne taşınırsa yüreğe onun gücü yansır. Plastik malzemeler takanlar yüreklerine plastik işler. Börü dişi yüreğe işledikçe duyuları keskinleştirir. Aile yapısı düzene girer.

Bebeğin damağına bir börü dişi sürülürse diş çıkarma döneminde ağrıları az olur. Börü dişini emzik olarak kullanmak bu açıdan iyi sonuçlar verecektir.

Börü dışkısını göze sürmek kataraktı iyileştirir. Zira börünün karaciğeri ve safrası son derece güçlüdür. Gözler, karaciğere bağlı organlardır. İnsanın kendi safrası zayıf olduğu için onu gözlerine uygulamamalıdır.

Börünün akciğeri yendiğinde melankoli gider. Melankoli ve depresyon akciğerlerin zayıf düşmesi sonucunda görülen ruh halleridir. Elbette psikolojik nedenleri de vardır.

Uykusuzluk sorunu uzun sürdüğünde ciddi ruhsal sorunlara ve gerginliklere neden olabilir. Birçok ilaç uykusuzluğu gidermek için sunuluyor olsa da her zaman etkili değildir zira her uykusuzluğun nedeni bedensel gerginlik, ağrı ya da hazımsızlık değildir. Bazı enerjilerin saldırılarından dolayı meydana gelen uykusuzluklar için uygun bir ilaç yoktur.

Bunun için bir börünün kurukafasını yatak odasına, yatağın başucuna koymak gerekir. Böylece enerji saldırılarından doğan uykusuzluk sorunu tedavi olur.

Kartal

Bürküt (kartal) göğün iyesinin bürüdüğü hayvandır. Atalarla olan bağlantının en güçlü olduğu noktaların üzerlerinde uçarlar. Atalardan bir şey istemek için bu tür yüksek noktalar en uygun alanlardır.

Bürküt gücü, tanrısallığı ve ölümsüzlüğü temsil eder. Bu nedenle pek çok ülke bürküt simgesini bayraklarında, paralarında ya da meclislerinde sembol olarak kullanmışlardır.

Birkaç bürkütü bir arada uçarken görmek aile hayatına huzur geleceğinin işaretidir. Bu bürkütleri gören kişinin ruhunun göğe daha yakın olduğunu ve daha ak olduğunu gösterir.

Hareketsiz bir bürküt görmek hoşlanılmayan birinin yoldan gelmekte olduğuna işaret eder. Hoşlanılmayan kişi eve geldiğinde kapıyı görecek şekilde oturtulmalıdır ki çabuk gitsin. Sevilen insanları da kapı arkalarında kalacak şekilde oturtmak gerekir ki daha uzun kalsınlar.

Bürküt yumurtası bulanlar onu pişirip eşleriyle birlikte yemelidirler. Böylece büyüye karşı efsunlanmış olurlar.

Bürkütün pençesi kanatlarından sonra en güçlü uzuvlarıdır. Pençelerini kapattıkları an yetişkin bir köpeğin ısırma gücü kadar basınç uygularlar. Bu güçleri sayesinde ceylanları bile kapıp götürebilirler.

Parkinson hastalığı yaşayanlar, bir bürküt budu yemelidirler. Kartalın budundaki tendonlar olağanüstü güce sahiptirler ve yiyenin karaciğeriyle birlikte merkezi sinir sistemini de etkiler.

Bürkütün pençesi ya da tırnağı kolye olarak boyna asıldığında başarı tutkusu verir ve nazarlardan korur.

Bürkütün (kartalın) dilini üzerinde taşıyanların yükseklik korkuları geçer. Çünkü insanlarda da hayvanlarda da dil, yüreğe bağlıdır. İnsanın yüreğine korku girdiğinde dilinde yaralar ya da başka rahatsızlıklar oluşur. "Korkudan dili tutuldu" sözünün derinliğinde de dille yürek arasındaki bağlantı sezilir. Yükseklerde uçan bir varlığın yükseklik korkusu olmayacağından dolayı onun dilini taşımak, korkuyu dindirir.

Bürkütler bulutların üzerinde uçarlar ve kanatlarıyla bulutları yarabilirler. Bahçesinde sis istemeyenler, bürkütün (kartalın) tüyünden güç alabilirler. Bürküt tüyünün bulunduğu yerde sis olmaz. Yaşamında önünü ve ardını net göremeyenler, kaygı ve belirsizlik içinde olanlar da üzerlerinde bürküt tüyü taşımalıdırlar. Saça takılan kartal tüyü, kişinin göğe yakın olmasını sağlar.

Karga

Kargalar önceleri ak güvercinlerden de ak varlıklardı ve atalardan gelen haberleri insanoğluna ulaştırırlardı. İki boyut arasında görev yapan kargalar, Erlik Han'a (Yeraltı Hanı) da bu haberleri taşımaya devam ettikçe yazık ki kararmaya başladılar ve bugünkü görüntülerini aldılar. Karanlık tarafa da laf taşımaları onları kapkara kıldı.

Büyü yapımında çok güçlü bir araçtır, çünkü büyünün olduğu boyutla doğrudan bağlantılıdır. Karganın oturup izlediği nokta her zaman boyut arası açık olan bir kapıdır. Kara Şamanlar o kapıdan yeraltına inerler. Yeraltına inmek isteyen kara Kham'lar karganın gözlerini yanlarında taşırlar.

Sabahın erken saatlerinde birden çok karga bağırıyorsa, bu fırtına veya şiddetli rüzgârın yaklaşmakta olduğunun habercisidir. Kargalar ağızları açık uçuyorlarsa bu da ertesi gün de dahil olmak üzere sıcak ve kuru günler yaşanacağına işaret eder.

Kargalar yağmurda uçmayı sevmezler. Bu nedenle yemeklerini de geceden toplarlar. Geceleri ortalarda dolaşıp yemek toplayan kargalar, ertesi günün yağmurlu geçeceğini haber verirler.

Ormanlar, her daim yemek barındıran bölgelerdir. Kargalar, kendi yemeklerini biriktirme zahmetine girmedikleri için etraftaki hayvanların biriktirdiklerinden çalarlar. Eğer ki orman hayvanları yemek bulmakta zorlanıyorlarsa kargalar bir süre sonra o ormanı terk ederler. Kargaların sürüler halinde terk ettikleri bölgelerde kıtlık yaşanıyor demektir.

Kargalar uzun yaşayan varlıklardır. Çünkü başkalarının heba ettiği yaşam enerjisini emerler. Zamanını gereksiz işlerle harcayarak hayatını bereketsizleştiren insanların kaybettikleri hayat gücü yeryüzünde silinip kaybolmaz. Doğada iz bırakır. Kargalar bu izleri takip ederek insanların ya da diğer hayvanların gereksizce savurdukları hayat enerjisini çekerler. Kara renkte olmaları da enerjiyi daha güçlü emebilmelerini sağlar.

Ölü bir karga topladığı hayat güçlerini serbest bırakmıştır. Bulunduğu bölgede toplanmayı bekleyen, boşta kalmış bir yaşam enerjisi vardır. Karga ölüsü görenler bu enerjiyi kendisine toplamış olur. Bu yüzden karga leşi görmek iyidir.

Kargalar yeraltı kuşlarıdır ve çok da zekidirler. Zekâ pratiğini güçlendirmek isteyenler, üzerlerinde karga tüyü taşımalıdırlar.

Kırlangıç

Kırlangıçlar çocukların ruhlarını taşırlar. Hatta çocukların ruhlarıyla doğarlar. Ergenliğe erişmemiş çocukların ruhları kırlangıç olarak doğar. Bu şekilde ergenliğe erişene dek oyun dönemini tamamlarlar. Kırlangıçları izleyenler, içlerindeki çocuksu ruhu hemen tanırlar ve bunu derinden hissederler.

Bir kırlangıcı öldürmek ya da yuvasını yıkmak büyük uğursuzluktur. Evlerin üstünden uçan kırlangıçlar eve güvenlik ve koruma sağlarlar. Kırlangıçlar uçarken çocuklar gibi çığlıklar atıyorlarsa bu yağmurun gelmekte olduğuna işaret eder.

Kuğu

Kuğu, tekeşli yaşayan ve bununla da gurur duyan asil bir hayvandır. Her anını eşiyle geçirmeyi severler.

Sadık bir eş isteyenler, üzerlerinde kuğu tüyü taşımalıdırlar. Kuğunun tüyünü eşinin yastığına dikenlerin sadakat sorunu olmaz.

Bu işlem bir büyü uygulaması değildir. Kişide sadakat ve bağlılık olduğu halde bunu gösteremiyorsa onun yastığına kuğu tüyü dikmek, var olan ancak ifade bulmayan sadakat duygusunu güçlendirecektir.

Keçi

Keçi, asiliğin efendisidir. Ona kimse zorla bir şey yaptıramaz. Keçiler şifacılık konusunda çok şey bilirler.

Kadim Kham'lar aynı zamanda iyi birer çobandılar. Keçilerinde bir rahatsızlık oluştuğunda o keçiyi takip eder ve hangi otları yediklerine dikkat kesilirlerdi. Bu otları kendilerine danışan hastalara reçete ederlerdi.

Keçiler kendilerine çok dikkat ederler. Her zaman en iyi otları yemeye çalışırlar. Bu uğurda tehlikeli sarp yamaçlara tırmanmaktan bile kaçınmazlar. Keçiler kafalarına koydukları şeyi muhakkak yaparlar. Hiçbir şey onları hedeflerinden alıkoyamaz. Kolayca tehlikeli yolları aşabilirler. Bu yüzden önemli bir yolculuğa çıkarken yanında keçi kılı taşımak büyük uğur getirir. Ruhani yolculuklarda başarı hedefinde de keçinin yol aşabilme gücünden yararlanılabilir.

Keçilerin karaciğerleri de çok güçlüdür. Karaciğer sıkıntısı olanlar, hasta bölgeye 21 gün süreyle sabah 6 ile 9 arası bir saat boyunca oğlak basabilirler. Bu işlem rahatsızlıkları iyileştirecektir.

Koyun

Koyun el altında bulunan en kolay ilaçtır. Birçok organı sadece temizliğinden ötürü bile hastalık sağaltımında kullanılabilir. Omurga rahatsızlığına karşı omurgasından, dalak sorunlarına karşı dalağından, böbrek sorunlarına karşı böbreklerinden faydalanılabilir.

Koyunun diz eklem kemiğini taşımak romatizmaya iyi gelir. Evde oturan romatizma hastaları koyunun eklem kemiklerini dizlerine ve dirseklerine bağlayarak bir saat beklettiklerinde olumlu sonuçlar almaya başlayacaklardır.

Zatürree ya da herhangi bir akciğer rahatsızlığı geçirenlerin ayaklarının altına koyunun akciğeri yerleştirilirse, kişi çabuk iyileşir.

Zehirli bir yılan tarafından ısırılan kişinin, yaralı bölgesine sarılan yeni yüzülmüş koyun postu zehri hemen alır.

Boğmaca geçirenler, koyunun nefesini içlerine çekerek soluduklarında çabuk iyileşirler.

Verem rahatsızlığı yaşayanlar, sabahın erken saatlerinde koyun ağılının etrafında tur atmalıdırlar.

Şamanlar koyunun taze yüzülmüş derisini "yeniden doğuş" ritüelinde kullanırlar. Bu ritüel içindeki ve üstündeki bütün ağırlıkları çekip aldığı gibi, kişinin yazgısını da değiştirebilecek güçte bir ritüeldir. Kendine güvensiz, korku ve kaygı dolu kişilerin içindeki bu olumsuzluğu çekip çıkarmak üzere yapılan bu uygulamada kullanılan en etkili yardımcı güç koyunun postudur.

Bir koçun kurukafası evin giriş kapısının üstüne asıldığında belayı evden uzak tutar.

Köpek

Köpekler, insanların gözüne görünmeyenleri işaret etme yetileriyle tanınırlar. Elbette ki her hayvanın insan gözüyle görülemeyen varlıkları ve enerjileri görebilme yeteneği vardır ancak iyi ya da kötü huylu olanları ayırt edebilecek kapasiteye sahip değillerdir. Zaten her köpekte de bu yetenek yoktur. Yalnız yedi tırnaklı doğan köpeklerde görünmeyen varlıkları iyi ya da kötü huylu olarak ayırt edebilme yeteneği vardır.

Köpeklerin yaratılış sebebi, insanları kollamak ve tehlikeleri haber vermek hatta bu tehlikeleri bertaraf etmektir. Yedi tırnaklı doğan köpekler, diğer türdeşlerine göre çok daha sağduyuludurlar. Bir şeyin yanlış olup olmayacağını bilirler. Sivas Kangalları bu tarz köpeklerdendir. Sağduyularından dolayı hiçbir eğitime gereksinim duymazlar, ancak komut da almazlar. Sağduyuları gelişmemiş olanlar iyi ve kötüyü ayırt edemedikleri için genelde komutlara da riayet ederler.

Köpek boşluğa doğru dikkatle ve sürekli bakıyorsa eğilerek iki kulağının arasından onun baktığı yere doğru bakarak ruhları görmek mümkündür.

Köpeklerin özütleri güçlü olduğu için yaraları çabuk iyileşir. Salyaları da güçlüdür. Yaralarını yaladıklarında çabuk kabuk tutar ve iyileşir. Köpeklerin bu özelliğinden faydalanmak mümkündür. Yeni doğmuş bir bebeğin yüzü köpeğe yalatılırsa, o bebek geçireceği hastalıklardan ya da yaralanmalardan çabuk iyileşir. Bu yöntem yetişkinler için geçerli değildir. Zira bebeklerin emiş gücü daha yüksektir. Bu tarz özel sıvıları bedenlerine ve hücre yapılarına çabuk işlerler. Bu özellik yetişkinlerde kaybolmuştur.

Bazen köpekler sağlıkları için ot yerler. Bitkiler daha

fazla su çekebilmek için yağmur öncesi kendilerini açarlar. Böylece köpekler de kendileri için en uygun olan otu kolayca bulmuş olur. Köpeğin ot yemesi bu yüzden yağmurun da yaklaşmakta olduğunun habercisidir.

Hastalanan kişinin rahatsızlığını bir köpeğe aktarması mümkündür. Bunun için hasta olan kişinin saçlarından biraz kesilir, üzerine tereyağı sürülmüş iki dilim ekmeğin arasına konup köpeğe yedirilir. Bu şekilde hastalık köpeğe aktarılmış olur. Hasta kişi köpeğin yanında yatarak da hastalığını ona devredebilir. Bu acımasızca gerçekleştirilen bir uygulama gibi görünse de aslında öyle değildir. Zira hayvanların özütleri insanın özütünden çok daha güçlüdür. Bu sayede insanın baş edemeyeceği bir rahatsızlığı dahi kolayca atlatabilirler.

Köpek besleyenler kendileri rahatsızlandığında köpeklerinin de aynı hastalığa kapıldıklarına tanık olmuşlardır. Bu tesadüfen cereyan eden bir olay değildir. Köpeklerin rahatsızlıkları emebilme özelliklerinden dolayıdır.

Kedi

Kedilerinin evden kaçmasına engel olmak isteyenler, patilerinin altına tereyağı sürmelidirler.

Yeni doğmuş bir bebeğin yaşadığı evde kedi bulunmamalıdır. Zira kediler bebeklerin nefeslerini çalarlar.

Ölümden sonra kişinin ruhunun huzura erip ermediğini anlamak için, kediyi mezarın ya da tabutun yanına bırakmak yeterlidir. Kedi mezarın üzerine çıkıp yürüyorsa, göçen kişinin ruhu henüz gitmemiştir.

> Kara kedilerin uğursuz oldukları doğru değildir. Kara kedi kişinin üzerine doğru geliyorsa bu ona uğur getirir.

Kurbağa

Kurbağalar göğün sorumlusu ve yaratanın oğullarından biri olan Ülgen Han'ın yeraltı savaşçılarındandır.

Son derece sessiz ve çok da sabırlıdırlar. Kurbağalar Geleneksel Türk Khamlığı'nın öğretilerinde Ülgen Han'ın (Kayra Han'ın oğlu) yeryüzüne gönderdiği savaşçılardan biridir. Kötü varlıkları diliyle yakalayıp yutar. Anüsü olmadığı için de o varlığın ondan tekrar çıkabilmesi söz konusu değildir.

İri gözleriyle avlarını hipnotize edebilirler, hatta sinir sistemlerini yakıp paralize bile edebilirler.

Kurbağalar talih sembolüdür.

Kurbağa görmek bir hastalığın iyileşeceğine işaret eder.

Geleneksel Türk Khamlığı'nda insan teni, yeryüzü gibidir. Buna göre yeryüzünde nasıl ki kara kişiler birtakım bölgelere ev yapıp buradan kötü enerjilerini yayabiliyorlarsa, insan teninde de olumsuz enerjiler kendilerine yurt bulabiliyor. Bu kötü yurtlardan biri de nasırdır. Kurbağanın olumsuz enerjileri yutabilme özelliği olduğundan dolayı onları yakınlarına getirmek bile tendeki kötü varlığı def eder. Kurbağayı nasıra sürtmek de iyileştiricidir.

Hasta insanın ağzına kurbağanın başı sokulduğunda, hayvanın içeriye bıraktığı nefes hastalığı yok eder.

Eve kurbağa girmesi uğurdur. Bu durumda kırka kadar sayıp kurbağaya talih getirdiği için teşekkür etmek gerekir. Sonrasında ona zarar vermeden kapı önüne götürülmelidir. Kurbağaya dokunmak doğurganlığı durduracağından dolayı onu bir eldivenle dışarı çıkartmak daha doğru olacaktır.

Kurbağalar kesinlikle kovalanmamalıdır. Aksi halde saygısızlık edildiği için eve uğursuzluk yayılmaya başlar.

Evin kapısına kurbağa bacakları asmak dışarıdan gelebilecek kötü güçlere ve büyüye engel olur.

Kurbağa yavrularının gölün kenarında birikmesi, fırtınanın yaklaşmakta olduğunu gösterir.

Kurutulmuş küçük bir kurbağa ipek bir kesenin içine yerleştirilip kolye gibi boyunda taşınırsa epilepsi (sara) hastalığının önüne geçer, zaman içinde iyileştirir.

Kaplumbağa

Kaplumbağanın tek gücü zırhı olduğundan bedeninde topladığı tüm gücü zırhına verir. O zırh onun evi, onun kalkanı, onun hayatıdır. Kaplumbağanın zırhından bir parçayı boyun bölgesine asarak taşımak, kişiyi negatif enerjilerden korur.

Bir kaplumbağa görüldüğünde sırtına el sürmek ve o eli yüreğe bastırmak, yüreği koruma altına alır.

Karınca

Karınca evin girişine yakın bir bölgeye yuva yapmışsa bu güven duygusunun ve yakında gelecek olan zenginliğin habercisidir. Aynı zamanda yağmurun yaklaşmakta olduğunun da işaretidir.

İşyerinde düzen ve disiplin isteyenlerin karınca sürüsünün resmini giriş kapılarına asmaları gerekir. İşyerine 21 gün boyunca gelip gidenler karıncaların resmini görecektir.

Böylece kişide içsel olarak karıncaların çalışma etiği tetiklenecektir. Genel olarak daha üretken bir ortam oluşacaktır.

Leylek

Göçüyle birlikte ilkbaharın ve doğadaki yeni yılın gelişini haber verir.

Leyleğin bir evin üzerine yuva yapması, o eve yeni üyelerin katılacağının habercisidir. Leyleklerin gagalarında çocuk taşırken tasvir edilmelerinin altında bu geleneksel bilgi yatmaktadır.

Yeniyi getirme ve mutsuzluğu mutluluğa dönüştürme güçleri vardır. Leylekler göç edip gittiklerinde yuvalarından bir parça koparıp oturma odasına koymak, aile saadetini korur. Evin çocukları da ailesinin ayak izlerini takip eder.

Örümcek

Doğanın en güçlü sezgilere sahip olan hayvanlarından biridir. Odaklanmanın ustasıdır.

Zihinsel derinleşme ve odaklanma çalışmalarında örümcekten faydalanmak mümkündür. Bunun için örümceğin resminin ya da kendisinin bulunduğu bir yere oturup onu izlemek gerekir. Böylece örümceğin hareketsizliğinin içindeki güç de hissedilmeye başlanır. Çok geçmeden örümceğin dingin gücü onu izleyen kişiye de geçer ve onun bedeninde yayılmaya başlar.

Örümcekler çok sabırlı ve planlıdırlar. Çalışma odasına bir örümcek biblosu (ki geleneksel olarak bu gerçek bir tahnit örümcek olmalıdır) koyanlar, planlı ve sistemli çalışırlar. Örümceğin geometrisindeki güç, kişiye aynı anda pek çok işe hâkim olabilme becerisi, sabır, itina ve plan sağlar.

Örümceklerin sağlık açısından da faydaları vardır. Sıtma geçiren kişinin boynuna duvardan kuş tüyüyle alınmış bir örümcek ağı yerleştirildiğinde sıtması diner.

Uzun bacaklı örümcek

Genelde banyo tavanlarında görülürler. Uzun bacaklı örümcek öldürüldüğünde yağmur gelir.

Evin köşelerine ağını örmesi, bu bölgeleri seven kötü enerjileri uzak tutar ya da hapseder.

Tavşan

Tavşanlar gözleri açık halde doğarlar. Bu onların köze karşı güçlü olduklarını gösterir.

Kara tavşanlar vurulmazlar çünkü onlar yeraltına bağlı iyelerin büründüğü hayvanlardan biridir.

Uğura ihtiyacı olanlar her yeniayın ilk günkü sabahına uyanır uyanmaz kimseyle konuşmadan üç kez üst üste "Ak toolay" (beyaz tavşan) derlerse, o ay çok şanslı olurlar.

Bir hayvanın arka bacakları ya da belden aşağısı geniş ve güçlüyse, onun böbrekleri de güçlü demektir. Böbrekler güçlü ise doğurganlık da o kadar güçlüdür. Bu sebeple tavşanlar çok yavrularlar. Atalar da sağ iken müstakbel eşlerinin bacaklarının güçlü olmasını isterlerdi zira bu doğurganlığın bir göstergesidir onlar açısından. Tavşanların bu gücünün kadınlara sirayet etmesi için hayvanın arka bacaklarından bir tanesi kadının üzerinde taşınmalıdır.

Yeni doğmuş bir bebeği tavşan ayağıyla baştan aşağı silmek, ona hayatı boyunca uğur getirir. Tavşanın ayakları en güçlü yerlerdir. Bu özellikleri onların çoğu zaman hayatta kalabilmelerini sağlar. Bebeğin de olumsuzluklar karşısında manevra yapabilmesi için bu yöntem kullanılır.

Tavşan kanı cilde sürüldüğünde lekeleri ve çilleri yok eder.

Yılan

Yılanlara zarar vermemek ve onları öldürmemek gerekir çünkü yılanlar yakınlarında bulundukları kişilere ruhen bağlı olurlar. Dolayısıyla yılana zarar vermek, kişinin kendine zarar vermesidir.

Yılana bir iyilik yapıldığında, yılan onu mutlaka sahibine geri ödeyecektir.

Yılanlar bulundukları ortamlara hızlı uyum sağlayabilen hayvanlardandır. Bulundukları ortamın ısısını alırlar. Bu yetenekleri de onları dışarıdan gelecek tehlikelere karşı görünmez yapar.

Yılanlar gizli hazinelerin ve zenginliklerin koruyucularıdır. Başlarında büyük bir sihir taşırlar. Yılana fısıldayarak "Oosi" denildiğinde yılan o kişiden kendisine bir zarar gelmeyeceğini bilir ve olduğu yerde kalarak savunmaya geçmeden yatar.

Yılanların her yıl üzerlerinden sıyırıp attıkları deri dışarıya asılırsa bolca yağmur gelir. Çatıdan aşağı sallandırılırsa evi yangına karşı korur.

Başı ağrıyanlar kafalarını yılan gömleğiyle sardıklarında ağrıları hızlıca diner. Yılan gömleğini yanlarında taşıyanlar hastalıklara karşı koruma altında olurlar.

Yılanın dişini üzerinde taşıyanlar ateşlenmelere karşı savunma halindedir.

Yılanın yuvasında bulunan çakıltaşları göz hastalıklarına ve büyüye karşı etkili birer silahtır. Yuvadan taş almak için yılanın yuvasını terk ettiğinden emin olmak gerekir.

Yılanın yüreği, yüksek ve düşük tansiyonu dengeler. Yılanın yüreğini boynunda taşıyanların odağını hiç kimse bozamaz.

Yılanın omurgası sabır ve dayanıklılık verir.

Yılanın dilini yanında taşıyanın tehlikeyi algılama güdüsü güçlenir. Sezgileri keskinleşir.

Kobra yılanının baş bölgesinde açık renkli bir taş bulunur. Bu onların karanlıkta bile her şeyi açık ve net görebilmelerini sağlar. Bu renkli taşa sahip olanlar, bütün hastalıklarla savaşabilecek güce ulaşırlar. Yılan sokması halinde de ısırılan bölgeye bu taş yerleştirildiğinde, zehri emmeden düşmez.

Yarasa

Yarasanın yüreği iki parça gümüşün arasına konup sarıldığında kötü güçlere karşı koruma sağlar.

Yanında uğur taşımak isteyenler yarasanın karaciğerini kolye olarak boyunlarında taşımalıdırlar.

Tespihböceği (Topböceği)

On üç adet topböceği bir kesenin içine yerleştirilip çocuğun boynuna asılırsa, çocuğun ağzındaki yaralar geçer.

Yusufçuk

Bir yıl içinde evlenmek isteyenler yusufçuğu elleriyle yakalayıp ona zarar vermeden avuçlarının içinde tutmalı, sonrasında ona teşekkür ederek özgür bırakmalıdır.

Kham'lar açısından hayvanlar çok değerlidirler ve her an özgürce sahipsiz bir şekilde yaşamalarının onların temel hakları olduğuna inanırlar.

Bu yüzden de şifa amacıyla kullandıkları hayvanları gelişigüzel avlamazlar.

Kham'lar, şifa yapmak için bir hayvanın organına ihtiyaç duyduklarında önce ormanın iyesiyle irtibata geçerler. Hastanın yaşaması için hangi organa ihtiyaç duyuluyorsa lazım olan hayvanı yollamasını isterler. Bu bilgiyle avı bekleyen avcı, kendini şifa için feda edecek olan hayvanı beklemeye başlar, kovalamaz. Kendine şifa verecek olan hayvan görevini bilerek gelir ve avcıya teslim olur. Avcı da hayvanın kanını yere dökmeden onu usulünce avlar. Av esnasında avcının evinde de adeta matem havası eser. Çocukları oyun oynamaz, eşi şarkılar söylemez. Bütün bu töreler güçlü bir saygının göstergesidir. Bu töreye göre avlanmayan hayvanlar şifa getirmezler.

Tarlakuşu

Üç adet tarlakuşu yumurtası yiyenler güçlenip güzelleşirler. Tarlakuşunu parmakla işaret ederek gösterenlerin parmağında dolama çıkar.

Kaz

Bir kazın göğüs kemiğini dolunayda elma ağacının altına gömmek yıl boyunca uğur getirir.

VI. BÖLÜM

TÖLGE

Geleceği görmek, duymak ya da okumak yeryüzünde her daim canlılığını koruyan bir amaç olmuştur. Tarihte pek çok medeniyet, geleceği okuyabilmek için yöntemler geliştirmişlerdir ve bu yöntemleri devlet yönetimlerinde dahi strateji oluşturmak amacıyla kullanmışlardır. Kadim Türkler, gelecekten haberdar olma yöntemine "tölge" adını vermişlerdir. "Töl" yavru/çocuk anlamına gelir. Tölge de bu durumda doğurulan/yavrulanmış olan demektir.

Tölge ve fal arasındaki en önemli fark birinin soyut varlıkların yardımıyla gerçekleşmesi, diğerininse dış doğanın etkileşimine göre gerçekleşmesidir.

Fallar genelde yeraltı varlıklarının yardımıyla oluşturulur. Örneğin bir falcı, kahve falına bakarken kişi hakkında, kimsenin hiçbir şekilde bilemeyeceği çok özel bilgileri anlatmaya başlar. Aslında falcının fincanda gördüğü hiçbir şey yoktur. Bağlantıda olduğu yeraltı varlığı ona lazım gelen görselleri sunarak hayalinde canlanmasını sağlar ya da falcıya doğrudan fısıldar.

Ak Kham'lar böylesi bir yönteme hiçbir zaman başvurmazlar. Yeraltı varlıklarına hiçbir zaman güven olmayacağını ve onlardan zarardan başka bir şey gelmeyeceğini bilirler. Onlara karşı ilgisizdirler. Kham'lar doğanın işleyişini bildiklerinden dolayı, açtıkları tölgeyle ilgili olarak doğanın değişmeyen gerçeklerini göz önünde bulundurarak, anlatırlar.

Bunun için dış doğanın döngüsünü, niteliğini, kişiliğini ve işleyişini kullanırlar. Her canlı, yaratanın koymuş olduğu doğa kanunlarına tabidir. Yaklaşan olumlu ya da olumsuz olayların vermiş olduğu birtakım sinyaller vardır. Tıpkı şiddetli rüzgârların sonunda yağmurun yağması ya da kışın güneşli havanın kar toplaması gibi...

İnsanların deneyimledikleri içsel sıkıntılar ya da olaylar, aslında yaklaşmakta olan başka bir olayın habercisidir.

İç doğamızda neler oluyorsa enerji bedenimize de yansır ve bu yansıyan veriler yeraltı varlıkları tarafından yorumlanarak falcıya ulaştırılır.

Dünyayı geniş bir beden olarak düşünecek olursak bu bedende meydana gelen depremler, seller ve yeraltı kaynaklarının açığa çıkması gibi durumlar karşısında gökyüzündeki bulutların şekil değiştirmesi, yoğunlaşması ve kararması söz konusu olur. Dolayısıyla bulutlara bakarak, yeraltında ne olduğunu anlamak mümkündür.

İnsanın enerji bedeni de tıpkı bulutlar gibi şekil değiştirir, yoğunlaşır, saydamlaşır, bulanır, netleşir. Enerji bedenindeki bu değişim, içdünyamızdaki travmaların, duygusal yoğunlukların ve sıkıntıların yansımasıdır. Yeraltı varlıkları işte bu yansımaları yorumlayarak durum tespiti yapar ancak gelecek olayların haberciliğini yapmaları mümkün değildir. Nasıl ki gökteki kara bulutlar yağmurun geleceğini gösterirse, enerji bedenindeki kara bulutlar da kişinin üzüleceğini ve ağlayacağını haber verir.

Dış doğayla ilgili olan tölgeler derin bir doğa anlayışının, bilginin, marifetin ve irfanın varlığıyla gerçekleşir.

Fallarda kişinin sorununu ortadan kaldırmaya yönelik yapılan hiçbir işlem yoktur. Oysa Geleneksel Türk Khamlığı'nda kişinin yazgısından dolayı gerçekleşen bir sorun değilse yaşadığı sıkıntıyla ilgili mutlaka bir çözüm bulunur.

Kham'lar tarafından kullanılan bazı tölge sistemleri

Huvanaak: 41 farklı nehirden toplanmış olan taşların belirli bir sisteme göre açılmasıyla bakılan tölgedir. Her Kham kendine has bilgisiyle Huvanaak'a bakar ve gördüğü sorunu çözmeye çalışır. Çözümünde ya yine Huvanaak'ı kullanır ya da düngürleriyle ve başka araç gereçleriyle atalardan o kişinin üzerindeki sıkıntıyı kaldırmaları için birtakım Şaman uygulamaları yaparlar.

Huvanaak işleminde, kişi aşamadığı sıkıntısını taşlara sorar, bunun üzerine Kham da taşlarına gerçeği göstermeleri konusunda konuşarak taşları dağıtır. Buradan aldığı bilgiyi kişiye okur. Huvanaak göğe sorulan soruların yere yansıyan kodudur. Ve bu kodu ancak bir Kham çözebilir.

Çarın Tölgesi: Koyunun kürekkemiğiyle bakılan bir tölgedir. Daha güçlü bir sonuç almak için saksağanın kürekkemiği de kullanılır ancak saksağanı yakalamak oldukça zordur.

Bu yöntemde tölgeye baktırmak isteyen kişi kürekkemiğini bir hafta boyunca yanında taşır. Sonrasında Kham'a getirip verir. Kham da bunun üzerine ruhlu bir ateş yakar ve ateşin eril olmasını bekleyip kemiği ateşin üzerine koyar.

Kemik bütünüyle kararıncaya dek ateşte kaldıktan sonra çıkarılır. Kham kemiğin üzerinde oluşmuş olan çatlaklara, girintilere, çıkıntılara ve noktalara göre kişinin tölgesine bakar. Kemik üzerinden kişinin yazgısını anlatır. Evlenip evlenmeyeceğini, çocuğu olup olmayacağını, başarılı olup olmayacağını, hayatında geçmesi gereken zorlukları, mal mülk sahibi olup olmayacağını söyler. Bu oldukça zahmetli bir tölgedir ve ciddi hazırlıklar gerektirir.

Aşık atma tölgesi: Aşık kemiği oyununu birçoğumuz çocukken oynamışızdır. Bu oyun aslında bir tölge türüdür. 4 adet aşık kemiği ortaya zar gibi atılır. Kaçının dik kaçının yatay geldiğine göre sorulan soruya olumlu ya da olumsuz yanıt verilir. Genelde çocuklar arasında oynanır. Kızlar hoşlandıkları bir çocuğun kendilerini sevip sevmediğini sorarlar.

Yay tölgesi: Okçulukta kullanılan bir yayla gerçekleştirilir. En iyi sonucu almak için gerçekten avlanmakta kullanılmış yayla elde etmek mümkündür.

Yay, tam ortasına denk gelecek şekilde işaretparmağının üzerine konur. Parmağın üzerinde dengede durmalıdır.

Bu tölge bir tepenin üzerindeyken bakılır. Tepelerde rüzgârlar daha güçlü eserler ve olumlu ya da olumsuz her bilgiyi taşırlar. Kham tepenin üzerinde önce rüzgârın iyesine sunuda bulunur. Ardından yayı parmağına takar ve rüzgârın esmesini bekler. Rüzgâr estikçe yay oynamaya başlar. Bazen sallanır, bazen döner, bazen de titrer. Kham da burada oluşan gelişmeleri yorumlar. Halk diline yerleşmiş olan "Bakalım rüzgâr ne getirecek?" deyimi bu gelenekle bağlantılıdır.

Bunlara benzer birçok tölge türü vardır, ancak en önemli ve en güçlüleri bunlardır. Güçlü bir Kham her an her şeyle tölge bakabilir. Örneğin bir kişi Kham'ı sokakta görüp onu durdursa ve kendisiyle ilgili bir soru sorsa bile, Kham o kişinin durduğu yerden, etrafındaki nesnelerden, hava durumuna kadar her şeyi değerlendirip tölgesine bakabilir. Kham'ın şuuru her an doğayı takip etmekle meşgul olduğundan dolayı, doğanın ilkelerini her şeyde görür hale gelir.

Tosdaş tölgesi: Dokuz taşla bakılır. Güçlü tölgedir. Bunun için dağdan dokuz taş toplamak gerekir. Bu taşlar bir araya getirildiğinde iki avucu da kapatabilecek büyüklükte olmalıdırlar. Renklerinin kara olmasına özen gösterilmelidir. Mümkünse içinden göğün geçtiği taşlar olmalıdır ki onlar da dağın en tepelerinde bulunurlar. Taşlar ne kadar yüksekten toplanırsa, gökle de o kadar bağlantılıdırlar. Dağların tepelerine doğru bitki örtüsü saydamlaşır. Özellikle bu bölgelerde bilge taşlar bulunur. Taşları seçerken acele etmemeli ve seçim için zaman tanınmalıdır. Her biri tek tek avucun içine alınıp hissedilmelidir. Elbette ki taşları toplamadan önce dağın iyesinden de izin alınmalı, ona süt sunulmalı ve fısıldayarak şu sözler söylenmelidir:

"Ey yeryüzünün bekçisi, dağların efendisi. Atam. Beni duyduğunu biliyorum. Sana bu sütü sundum. Afiyet olsun. Ulu Kayra Han'nın adıyla Tosdaş bakabilmem için senin ve çocuklarının bilgeliğine ihtiyacım var. Dokuz taşı toplarken en güçlü olanları himayeme verirsen sevinirim. Onlara çok iyi bakacağıma ant içiyorum."

Dokuz taş temin edildikten sonra ırmak kenarından bir ya da iki kilo kadar kum alınmalıdır. Kumu alırken de iyesinden izin istenmeli, süt sunulmalı ve şu sözler söylenmelidir:

"Ey akan suların bekçisi, ırmakların sahibi... Atam. Beni duyduğunu biliyorum. Sana bu sütü sundum. Afiyet olsun. Ulu Kayra Han'nın adıyla Tosdaş bakabilmem için

senin ve çocuklarının desteğine ihtiyacım var. Dokuz taşın kumunu toplarken en güçlü olanları himayeme verirsen sevinirim. Onlara çok iyi bakacağıma ant içiyorum."

Irmağın içine eller girebilir fakat ayakların kesinlikle suya değmemesi gerekir. Irmağın iyesi bundan hoşlanmaz. Kumu topladıktan sonra kuruması için tepsi içinde yayılıp açık bir alana çıkarılmalıdır.

Kum kuruduktan sonra içindeki çakıllar, yosunlar ve çalı çırpılar ayıklanmalıdır. Kum tamamen temizlenmiş olmalıdır.

40 santimetrelik yumuşak bir deri parçası kullanarak küçük bir kese hazırlanır. Bu deri parçası tölge sırasında önce altlık olarak da kullanılabilir, ardından uçlarından toplanıp deri bir iple bağlanarak kese haline getirilebilir. Dokuz taşı koymak için de ayrıca bir kese daha hazırlanabilir.

1. Tölgeye sorulacak soru net olmalıdır. "Ne yapmam gerekir?" diyerek bitirilmelidir.

Örneğin:

• "Ben (ad, soyadı), ileride güçlü bir ailem olmasını istiyorum. Bunun için ne yapmam gerekir?"

• "İçinde bulunduğum sorundan (sorunun adı) alnımın akıyla çıkabilmem için ne yapmam gerekir?"

• "Benim (ad, soyadı), ruhumun daha da olgunlaşması, saflaşması ve arınması için ne yapmam gerekir?"

Soruyu oluşturduktan sonra bir kâğıda yazmakta fayda vardır zira tosdaşı başlatırken o soruyu üç defa net bir şekilde, her defasında değiştirmeden tekrarlamak gerekir.

2. Kumlu kese açılır ve kumu eşit derecede altlığın üzerine dağıtılır. Bunun için demirden bir cetvel kullanılabilir. Cetvelin demir olması önemlidir zira kuma yapışmış olan bir kara gölge varsa bu şekilde o da dağıtılmış olur.

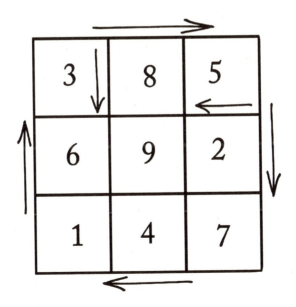

3. Kuma cetvelin ucuyla ya da başparmakla 9 küçük kutu çizilir. Yukarıdaki görselde de görüldüğü gibi önce dışarıdaki büyük kare çizilir, ardından sağdan sola ve yukarıdan aşağıya çizgiler çekerek içeride 9 adet küçük kare oluşturulur. (Kutuların içinde görünen sayıları yazmaya gerek yoktur. Bunlar, ileride anlatılacak olan konuyu kolaylaştırmak amacıyla yazılmış rakamlardır.)

4. Taşlar da keseden çıkartılır ve iki avucun içinde tutularak yüreğe yaslanır.

5. Taşlar yüreğin üzerindeyken gözler kapatılır ve tölgeye sorulan soru derinden hissedilir. Başka bir şey düşünülmez. Burada sadece hisler vardır. Bu yüzden kaygısız, rahat ve stressiz olmak önemlidir. Sorulan soruya karşılık yaratandan ve atalardan mutlaka bir yanıt geleceğine tam olarak güvenilmelidir.

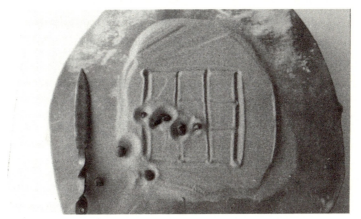

6. Avuçlar açılmadan kumun ortasına doğru uzatılır ancak eller kuma yaslanılmaz. Havada kalacak şekilde uzatılır.

7. Güven içinde dua edilir ve şu sözler söylenir:

"Ulu yaratanın adıyla tosdaşımı bakıyorum ve atalarımdan destek istiyorum."

8. Ardından tölgeye sorulacak olan soru üç kez tekrarlanır: "Ben (ad, soyadı), ... ne yapmam gerekir?"

9. Soru sorulduktan sonra şöyle söylenir:

"Dokuz taşım benden çıktı.
Yedi Han'dan destek aldı.
Dokuz kattan yanıt aldı.
Yanıtı da kumda kaldı."

10. Bunun üzerine taşlar havaya atılır ve kumun üzerine düşmeye bırakılır. Taşların tedirginlikle atılmaması gerekir. Bu tedirginlik taşa yansır ve tölge zayıflar.

11. Taşlar kumun üzerine düştükten sonra çizgilerin üzerine denk gelenler ya da altlığın dışına çıkanlar ayıklanır. Kuma çizilmiş olan küçük karelerin içine düşen taşlar durur. Tölge de bu taşların konumuna göre yorumlanır.

Tölgeyi yorumlayabilmek için karelerin içindeki sayıların ne anlama geldiğini bilmek gerekir. Doğada sayılar birden dokuza kadardır. Ondan sonrakiler sadece tekrardır. Her bir sayının kendine has, özel bir anlamı vardır. Geleneksel Türk Khamlığı'nda sayılar ruhani değerler de barındırır. Sayıların içindeki göksel anlamı önemserler. Bu sebeple kültürümüzde bazı sayılar kutsaldır. 40, 41, 3, 7, 9, 12, 4, 99 gibi sayıların kutsallaştırılmasının ruhani sebepleri vardır.

Buna göre tosdaş tölgesinde kullanılan sayıların anlamları aşağıdaki gibidir. Bu sayıların ve anlamlarının zamanla içselleştirilmesi ve benimsenmesi gerekir. Kâğıda bakmadan tölgeyi yorumlar hale gelmek önemlidir.

1 = Yeni başlangıç, ilahi olan, birlik, birleşme, kavuşma, kesinlik, inziva

2 = Karşıtlık, sohbet, buluşma, tezatlık, ortaklık, alternatif, doğum ve ölüm, eşlilik, seçenek, ayrılık

3 = Yol, müddet, istişare, düşünceler, sonlanma, aracılık, aile, anlam

4 = Adalet, eşitlik, eşik, karar, kararlılık, şart, dürüstlük, sağlamlık

5 = Sonuç, deneyim, işlev, tamamlanış

6 = Uyum, aile, erdem, soyluluk, iyilik yapmak, paylaşmak, vicdan

7 = Metafiziki ruhsal çaba, ruhsal açılım, ermek, dua, ibadet, şükür, gayret

8 = Yılmamak, öğrenim, dayanıklılık, azim, derinleşmek, danışmak, rehberlik almak

9 = Nihayet, son kulvar, kaynak, merhamet, kurtuluş, feraha ermek

Sayıların anlamlarından görülmektedir ki hiçbiri dünyevi konularla ilgili değildir. Her biri soyut kavramlarla anlamlanmıştır. Bu sayede yaratanın izni ve ataların desteğiyle her soruya yanıt alınabilmektedir.

Taşların ayıklama işlemini tamamladıktan sonra en küçük sayıdan başlamak üzere yorumlama yapılır.

Örneğin çizgi üzerine ve altlık dışına çıkan taşlar ayıklandıktan sonra kutu içinde 2, 4, 7, 9 numaralı kutuların içinde taşlar duruyorsa, bunların yorumlanma sırası da yine bu şekilde küçükten itibaren olmalıdır.

Tölgeye sorulan sorunun "Ben (ad, soyadı) yeni bir iş kurmak istiyorum. Bunun için ne yapmam gerekir?" olduğunu varsayarsak 2, 4, 7, 9 sıralı taşlar şu şekilde yorumlanır:

2 = Ortaklık, ayrılık (Eski işten ayrılmak, yeni ortaklık kurmak)

4 = Kararlılık, karar (Eski işten ayrılma konusunda kararlı olmak)

7 = Ruhsal çaba, gayret, şükür (İş konusunda çaba ve şükür içinde olmak)

9 = Feraha ermek, nihayet

Buna göre iş konusunda bir ortaklık olmalıdır, kararlılıkla sürdürülmelidir, ruhsal çabayla, gayretle ve şükrederek nihayete kavuşulacaktır.

Taşlar kutuların içine denk gelmez ve savrularak dağılırsa bu da tölgesine bakılan kişinin arınması gerektiği anlamına gelir. Elleri, ayakları ve yüzü yıkayıp ağzı sütle çalkaladıktan sonra yeniden tölgenin başına oturulabilir. İkinci kez denen tölgede taşların üzerinden demir bir bıçakla geçilir ki tölgenin üzerlerindeki dağınıklık açılsın.

Unutulmamalıdır ki, tölge sadece bir yol göstericidir. Kişinin iradesini ve bireysel karar alma hakkını elinden almaz. Dilekleri gerçekleştirmez. Tölgeye sadece alternatif bir çözüm yolu bulabilmek amacıyla başvurulur. Yüreğin sesini dinleme gücünün yerini tutmaz. Yürek daima hakikatin ve doğrunun yolunu gösterir. Yürek sesi derin bir histir. İçsesler yürekten gelmez. Yalan ve rehavettir. İçsesleri dinlemek doğru değildir.

Tosdaş tölgeye bakıldıktan sonra üzerinde kumun bulunduğu derinin uçları kaldırılıp toplanarak kese haline getirilir ve deri bir iple bağlanır. Ardından kese toprağın üzerine güç toplaması için bırakılır. Dokuz taş da bir kese içine yerleştirilerek mandalla dışarıya yüksek bir yere asılır ki rüzgâr tölgeye sorulan soruların enerjisini alıp götürsün, enerjiyi tazeleyip yenilesin. Yükseğe asılan kese gece boyunca orada bırakılmalıdır.

VII. BÖLÜM

NESNEYE BİLİNÇ VEREREK DESTEKÇİ TILSIMLAR YAPMAK

Eeren nedir?

Şamanların varoluşlarından beri süregelen bir yöntemdir. Şamanlar manevi güç açısından yüksek donanıma sahip olsalar da işleri kolaylaştırmak ve kendilerine ek destek sağlamak için duru bir nesneye bilinç vererek ve bu duru nesneleri ruhlandırarak onları bir ulağa dönüştürmüşler, böylece kendilerine destek olan koruyucu ve yardımcı tılsımlar yapmışlardır. Duru nesnelerin bilinçlendirilmesi ve ruhlandırılmasına "eeren" denir. Eerenler, köz (nazar) değmesinden, korunmaya ve şifaya kadar destek olarak yapılan sihirlerdir.

Eerenlerin yapımında ağaç, toprak, taş, kemik gibi doğal element ve malzemeler kullanılır. Bu malzemelerden yapılmış hazır bir nesne satın almak yerine bu nesneyi elde yapmak eerenin gücünü daha da artırır.

Eeren yapımında sayı sınırlaması yoktur. Dileyen dilediği kadar eeren yapabilir fakat ancak ne kadar çok eeren yapılırsa sorumluluklar da artacağı için dengeli ve ölçülü olmakta fayda vardır. Zira her eereni beslemek ve onunla özel olarak ilgilenmek gerekir. Eerenler beslenmezlerse ve ihmal edilirlerse ruhlandırıldıkları görevin tersine işlemeye başlarlar.

Örneğin başarı için yapılmış olan bir eeren ilgisizliğe terk edilmişse, unutulmuşsa ve beslenmemişse eerenle kurulacak her göz teması başarısızlık hissini tetikleyecektir, eerenin de gücü zayıflayacaktır.

Uyarı: Eerenlere negatif amaçlar ya da başkasının hayatını doğrudan etkileyecek bilinçler yüklenmemelidir.

Ruhlandırma

Ağaç, toprak, kemik, taş gibi doğal element ve malzemelerle elde özel olarak yapılmış olan eeren, ardıçla tütsülenir. Ardıç, binlerce yıldır ritüellerde kullanılan bir tütsüdür. Tohumu kuşun boğazında dolaşır ve ekileceği yere tohumlanmak üzere bırakılır. Bu nedenle hem göksel hem de yer gücünü barındıran kutsal bir bitkidir. Ardıcı satın almak yerine toplamak daha değerlidir. Ardıcın birkaç türü vardır fakat tütsü için en çok tercih edileni mavi ardıçtır.

Eeren, mavi ardıcın dumanıyla tütsülenerek negatif enerjilerden arındırılır. Ardından her tarafı temas edecek şekilde süte yatırılarak yıkanır. Eeren'in yıkandığı süt kesinlikle atılmaz ve bir ağacın gövdesine dökülür. Sonra avuç içine bir miktar tereyağı sürülür ve eerene masaj yapılarak güçlendirilir. Tereyağı eerene yavaşça ve iyice yedirilir. Böylece eeren'i canlandıran süt de eeren'in bünyesine hapsedilir. Ardından ona ismi ve görevi söylenir.

Örneğin: "Senin Ulug ve görevin de hayatımdaki bütün kilitleri açmak. Bunun için ruhlandın."

Eerene ismi ve görevi üç kez tekrarlandıktan sonra yeniden mavi ardıçla tütsülenir ki ismine ve görevine herhangi

bir negatif enerji bulaşmasın. Tütsüleme sabah saat 06.00'da
ya da akşamüzeri saat 18.00'de yapılmalıdır. Zira bu saatler-
de artı ve eksi dengededir. Dolayısıyla güç noktası sıfırdır.
Yeni yaratımlarda her şeyin sıfırdan başlaması ve nötr bir
anda gerçekleşmesi gerekir.

Yukarıdaki görselde görünen eerenin adı Akdede'dir...
Eerenlerin görevi gizlidir, söylenmez ve taşınma sırasında
evde bırakılmaz, yeni taşınılan yere de götürülür.

VIII. BÖLÜM

DUYULARIN ORUCU

Duyular soyuta aittir, somuta değil. Duyular dünyevi alanın içindeki ahireti duymak için yaratılmıştır. Tamamen ruhani nedenlerden dolayı duyularımız vardır. Tatlar, sesler, hisler, kokular ve görüntüler soyut kavramlardır. Bu nedenle duyular ne kadar keskinleşirlerse, kişi de o kadar derinleşir ve soyut olanı algılamaya, deneyimlemeye başlar.

Çağımızda genel olarak insanların duyuları zayıf olduğundan dolayı kısa vadede görünmeyeni görmeye başlamak fantastik bir yaklaşım olacaktır. Bu nedenle daha gerçekçi olmak gerekir.

Duyular her gün ve her an hoş olmayan bir sürü şey algılıyor. Doğal olmayan sesler, kokular, görseller vb. Bu oluşumlar duyuları ciddi derecede doğanın uyumundan kopartıyor ve köreltiyor. Bunun en belirgin göstergesi sükûnetten hoşlanmama ve adeta istem dışı gürültü arayışına girme dürtüsüdür. Böyle bir arayış duyuların ne kadar pislendiğine göstergedir. Bu pisliklerden öncelikle arınılması gerekir. Yani duyuları sıfırlamak gerekir. Ardından güçlenmeleri mümkündür. Uzunca bir süre idmandan sonra duyulmayanı duymak, görülmeyeni görmek gibi ek güçlerin de bu şekilde edinilmesi sağlanır.

Kham'ların duyuları güçlendirmek adına kendilerine has

özel yöntemleri vardır. Bu yöntemlerden biri de duyuların orucudur. Lakin bu oruç da gelişigüzel uygulanmaz. Her bir orucun uygun bir zamanı vardır ve doğrudan mevsimlerle ilgilidir.

Beş duyu organının orucu beş mevsime dağılmalıdır. Her ne kadar dört ana mevsim olsa da, mevsimden mevsime geçiş süreçleri farklı bir ara mevsimdir.

Görme orucu

22 Mart-21 Haziran, ilkbahar: İlkbaharda karaciğer oldukça yoğun çalışır. Gözler, karaciğerin dış doğaya açılan kapılarıdır. Örneğin öfkelenildiğinde karaciğer yangın halinde olduğundan gözler de kızarır ve kaşınır. "Öfkeden gözü döndü!" deyimi bu bağlantıyı ifade eden eski ve doğru bir yaklaşımdır. Gözlerin yoğun olarak çalıştığı mevsim ilkbahardır. Gözler ancak bu mevsimde iyileştirilebilir. Gözde herhangi bir sıkıntı yoksa bu mevsimde görüyü daha da keskinleştirmek mümkündür.

Görüden yoksun kalındığında gözler daha çabuk iyileşmeye başlar. Milyonlarca rengi, resmi ve görseli görüntüleyerek enerji kaybetmediğinde, hasarlı yapısını düzeltmeye koyulur.

Görü orucu için ilkbaharın en güçlü ve faydalı zamanı 21 Nisan ile 21 Mayıs arasıdır. Bu bir aylık süreç içinden uygun bir hafta seçilir ve gözler bu hafta boyunca kapalı gezilir. Sabah saatlerinde bağlı gözlere ışık sızmasına engel olmak için uyku gözlüğü kullanmak daha uygun olabilir. Görü orucu için bizim tavsiye edebileceğimiz tarih 1 Nisan-8 Nisan haftasıdır.

Her an için aralıksız bir şekilde görmeye programlı olan gözler, uzun süre kapalı kaldığında başlangıçta rahatsızlık duyulacaktır. Kaşınacak ve ovulmak isteyeceklerdir. Gözkapaklarına inatlaşmak ve ne olursa olsun uyku gözlüğünü çıkarmamakta kararlı olmak gerekir. İkinci günün sonunda gözler, maruz kaldıkları işleme alışmaya başlayacaktır.

Görü orucu, karaciğeri de onarır. Zira karaciğer de görüye harcadığı enerjiyi bu kez kendisini iyileştirmeye odaklayacaktır. Görme orucu süresince yağlı yemeklerden kaçınmak gözlerin ve karaciğerin onarım ve güçlendirme işlemine büyük katkıda bulunacaktır.

Bu uygulamayla birlikte ilk fark edilecek değişim asabiyetteki düşüş olacaktır. Sakinleşme başlayacaktır.

Görme orucuyla birlikte kişi normal şartlarda sinirlenip tepki verdiği konuların ne kadar da önemsiz olduğunu fark eder. Süldenin, sünenin ve özütünün dinlendiğini hisseder. Ne kadar da önemsiz konularla ilgili kendisini yıprattığını algılar. Sevdiği insanı duyuyor, kokluyor ve ona dokunuyor olsa da göremiyordur ve bu süreç içinde sevdiği insanı daha fazla dinlemeye başladığını, onu daha yoğun öpebildiğini, daha derin bir anlamla koklayabildiğini deneyimler. Algısı ve hisleri gelişir. Bu yüzden görme orucu, soyut âleme girişin ilk ve en önemli adımıdır.

Bir haftanın sonunda, gözler hemen açılmamalıdır. Loş bir ortamda ışığa yavaş yavaş alıştırılmalıdır. Önceleri soluk görünen doğa artık daha dopdolu ve canlı renklerle ışıldamaya başlayacaktır.

Tat orucu

21 Haziran-21 Eylül, yaz: Bu dönemde tat alma duyusu oldukça yoğun çalışır. Tat almak yürekle bağlantılıdır. Dil, yüreğin dış doğaya açılan kapısıdır.

Her ne yeniyorsa ya da ne içiliyorsa her birinin tadı önce yüreği etkiler. Kötü bir şeyin tadı alındığında yürekteki neşe kaçabilir. Neşe yoksa yemek yeme arzusu da yoktur. Karnımız aç olsa bile içimizden yemek yemek gelmez. "Ağzımızın tadı kaçtı!" deyimi bu yüzden çok anlamlıdır.

Bebeklerin tat alma duyuları ak süt kadar saf olduğu için neşelidirler ve gülüşleri yürekleri ısıtır. Bebeğin bildiği tek tat süt olduğundan dolayı yüreğinin saflığını ve temizliğini koruyabilir. Ne var ki abur cuburla tanıştığında bu saflığı bozulmaya başlar. Çocuklar abur cubur sayesinde, yüreğindeki merhamet duygusunu kaybeder. Merhamet, anlayış, saygı, hürmet gibi doğuştan gelen erdemler yapay yiyeceklerle körelmeye başlar.

Doğadaki tüm varlıklar yediklerine dikkat ederler ve bu yüzden de yürekleri saf kalır.

Dil, yürek kadar hassastır. Yılanlar ve diğer sürüngenler dilleriyle havayı koklarlar ve havadaki tehlikenin tadını alabilirler.

Dilin tatma duyusunu körelten bir diğer faktör de kötü düşüncelerdir. Sesli düşünceler sanıldığı gibi duyulur düzeyde konuşmak demek değildir. Ses duyulmadığı halde ses tellerinin çalıştığı konuşmalardır.

Örneğin, şarkıcıların sesleri kısıldığında konuşmaları ve şarkı söylemeleri yasaklandığı halde ses tellerinin tembelleşmemesi için şarkıları düşünerek söylemeleri tavsiye edilir.

Bu şekilde ses duyulsa da duyulmasa da aslında ses telleri çalışır, hareket eder.

Buna göre ses tellerimiz olmasa aslında kelimelerle düşünmemiz de mümkün olmaz. Ses telleri ağzımızın bir parçasıdır. Olumsuz şeyleri içimizden sesli düşündüğümüzde, kendi kendimize kızıp sessizce kavga ettiğimizde, birine içimizden ya da dışarıdan küfür ettiğimizde, bela okuduğumuzda, dedikodu yaptığımızda, o düşüncenin enerji niteliği anında tükürük vasıtasıyla dilimizi sarar. Tükürük elektrik iletkenliğine sahiptir ve sesli düşünceler de birer elektrik akımı olduklarına göre, doğrudan tükürükle yüreği etkilemiş olur.

Atalarımız zamanında "Kimse hakkında bırakın kötü bir söz söylemeyi, düşünmeyin bile, bu yüreğinizi karartır" diyerek tembihte bulunmuşlardır.

Buna karşılık güzel düşünceler de yüreği aklaştırır, pisliklerden arındırır. Merhamet, hoşgörü, hürmet, samimiyet gibi olumlu erdemler yüreğin arındığına ve tat alma duyusunun bebeğinki kadar saf ve tertemiz olduğuna işarettir. Karamsar düşünceleri olanların yapabilecekleri en iyi şey o düşünceyi derhal tükürmektir. Böylece olumsuz düşünce kişiyi terk eder.

Şamanlar dışarıda bir dışkı gördüklerinde bile tükürürlerdi zira dışkıyı gördüklerinde dışkının adı ses tellerinde titreştiği ve onu sesli olarak içlerinde duydukları için kötü enerjinin yüreklerine inmesine fırsat vermeden tükürürlerdi.

Dildeki duyunun onarılıp güçlendirilmesi için bir hafta boyunca sudan başka hiçbir şey içmemek ve yememek gerekir. Bu oruç en kolay uygulanabilen duyu orucudur. Başlangıçta ilk birkaç gün dilin alışkın olduğu tatlara karşı duyduğu bağımlılıktan dolayı küçük bir zorlanma söz konusu olabilir. İkinci günün sonunda bu zorluk da aşılmış olacaktır.

Tat orucu, dili ve yüreği saflaştırır, bedeni bütünüyle temizler. Yaz mevsiminde gerçekleştirilmesi de işi ayrıca kolaylaştır zira sıcak havalarda kimsenin canı çok yemek çekmez. Güneşin gücü bedene büyük ölçüde yeter. Tat orucu için en uygun zaman 1-8 Ağustos arasıdır. Bu süreçte bedeni bütünüyle güneşe teslim etmek gerekir. Böylece bedenin gözenekleri gün ışığını yüreğe emebilir.

Koku orucu

21 Eylül-21 Aralık, sonbahar: Koku duyusu doğrudan akciğerlerle bağlantılıdır. Akciğerin dış doğaya açılan kapısı burundur.

Koku algısı suni kokularla zaman içinde körleşir. Doğanın kokusundan haber almak güçleşir. Ayılar ve inekler yağmurun kokusunu alırlar ve ona göre hareket ederler. Her ikisi de beslenecekleri gıdaları burunlarının yardımıyla rahatlıkla bulurlar. Zehirli bitkilerden uzak dururlar. Aslında insanların da böylesi bir koku mekanizmaları vardır fakat kozmetik ürünlerden ve tütün tüketiminden dolayı bu duyunun doğal ayarlarında kaymalar olur.

Koku duyusunun önemiyle ilgili daha anlaşılır bilgi verebilmek için hormonlardan bahsetmek gerekiyor. Eşinin kokusunu alan bir erkek börü (kurt) aralarında 400 kilometrelik bir mesafe olmasına rağmen kokunun izini sürüp eşini bulabiliyor. Börü bunu, eşinin katıksız doğal kokusunu tanıdığı için başarabiliyor. Aynı duyu insanlarda da vardır. Erkekler gerçek eşlerini kokularından tanırlar ve dünyanın bir diğer ucunda bile olsa, onu arayıp bulurlar. Bunu sağlayan şey doğal koku hormonlarının dengesidir.

Kadınlar doğum kontrol hapı kullandıklarında hormonsal dengeleri altüst olduğundan koku alma duyuları da değişir. Bu sebeple yanlış eşler seçerler. Zira koku algıları deformasyona uğramıştır. Seçtikleri erkekler de hormonal dengesi bozuk bir kadının kokusunu gerçek kokusu sanıp, onun ruh eşi olduğu yanılgısına düşer. Sonuç olarak çocuk sahibi olmaya karar verip doğum kontrol hapları terk edildiğinde ilişkilerinin boyutu değişir. Çocuk yapmaya karar verdikleri halde ayrılan çiftler aslında koku duyularındaki deformasyonun hezeyanına maruz kalmışlardır.

Koku duyusunu güçlendirmek için koku orucu gerçekleştirilir ve bir hafta boyunca çalışılmaz. Telefonlar kapalı tutulur, kimseyle iletişim kurulmaz, televizyon izlenmez, teknolojiden uzak durulur.

Koku orucunda mümkünse orman yakınlarına, ormana ya da dağa çıkıp çadır kurmak gerekir. Etrafta kimsenin olmaması tercih edilmelidir. Buna cesaret edemeyenler bir hafta boyunca hiç konuşmamak şartıyla yakın arkadaşlarıyla kamp organize edebilirler. Bu uygulamada önemli olan doğanın kokularının içinde olmak ve asla konuşmamaktır.

Konuşmama kuralının nedeni, kokuların algılanmasını güçleştirmesinden dolayıdır. Konuşurken etraftaki kokular berraklıkla algılanmaz. Hem koku almak hem de konuşmak mümkün değildir. Çok konuştukça koku duyusu ihmal edilmiş olur. Böylece burundaki algı reseptörleri işlevlerini yitirmeye başlar. Sinir uçları uyuşur. Narin kokuları algılayamaz hale gelir. Bu nedenle insanların çoğu kokuyu güçlü şekilde içeride hissedebilmek için kozmetik sektöründe delici, yüksek, sert ve kalıcı kokuları arama ihtiyacı duyar.

Koku duyusunun fabrika ayarlarına geri getirilmesi gerekir. Bunun için de koku orucu gerçekleştirilir. Koku orucu için en uygun zaman 1-8 Kasım haftasıdır.

Bu mevsimde beden daha derin nefes alma ihtiyacı hisseder. Buna karşılık ulu yaratanın kusursuz sisteminde ağaçlar bu üç ay boyunca hiç olmadığı kadar bolca oksijen üretirler. Sonbahar mevsiminde insanların daha çok susmalarının, içe dönmelerinin ve ara sıra derin nefesler çekmelerinin nedeni budur. Zira bu esnada gerçekten değerli bir koku alınmıştır.

Koku orucu sırasında kimseyle konuşulmadığı için birkaç gün sonra düşüncelerde de bir sükût yaşanır. Dışarısı nasılsa içerisi de öyle olmaya başlar. İç doğa dış doğayla uyumlanır.

Koku orucunu uzun yıllar boyunca gerçekleştirenler de vardır. Kendi arzularıyla yıllarca konuşmayanlar, orucun sonunda öyle güçlü bir iradeye sahip olurlar ki diledikleri her şeyi başarırlar.

İşitme orucu

21 Aralık-20 Mart, kış: En çok yıpratılan duyu organı kulaktır. Zira sürekli "uyanık"tır. Kulaklar uyurken bile çalışmaktadır. Bu da dış tehditlere karşı bedenin en etkili savunma mekanizmalarından biridir.

Kulaklar, böbreklerin dış doğaya açılan kapısıdır. İşitmenin yanı sıra bedenin denge merkezidir. Tek kulağı sağır olanların yürüyüşlerindeki aksamanın nedeni de budur. İki kulağı duymayanlar dengede olduklarından böylesi bir sıkıntı yaşamazlar. Araçlar için aks neyse, insan için de kulak odur. Kulakların ayarında küçücük bir oynama söz konusu olduğunda, bedendeki hareket kabiliyetinde de sapma olur. Hangi kulak duyuyorsa, o kulağın bağlı olduğu beyin lobu ve fonksiyonlar aşırı uyarıldığından kişi daha hassas ve sert karakterli bir yapı gösterir.

İşitme duyusunun güçlenmesi için sessizliğe ihtiyaç vardır. Dış seslerin, gürültünün, müziğin etkisiyle işitme duyusu çabuk yorulur. Bu yorgunluk önceleri çınlamalar şeklinde kendisini gösterir. Çınlama süresi uzadıkça kulaklar hasar görmeye başlar. Sessizlik orucu bu rahatsızlığı gidermek açısından da çok faydalıdır.

İşitme duyusu sayesinde kilometrelerce uzakta olan bir sesi duymak mümkündür.

Orta Asyalı kadim atalarımız bundan binlerce yıl evvel birtakım sesler işitiyorlardı. Gündüzleri farklı sesler, geceleri farklı sesler duyuyorlardı. Bu sesler yeryüzünden gelmiyordu. Çok geçmeden duydukları seslerin bedenleri ve ruhları üzerinde olumlu tesirler yaptığını saptadılar. Sesleri derinlemesine dinlediklerinde bunların güneşten geldiğini anladılar. Diğer sesinse dünyadan ve yıldızların ışığından geldiğini fark ettiler. Bir süre sonra bu sesleri taklit etmeye başladılar ve sonunda aynı sesleri üretmeyi başardılar. Bu sesleri şifa amaçlı kullandıklarında hastaların iyileştiğine tanık oldular. Bahsettiğimiz seslerin genel adına da "Khöömey" dediler.

Buna göre aslında güneşin, dünyanın ve hatta göğün bile kulakla işitilebilecek düzeyde muhteşem sesleri var. Kulakların bunları işitebilecek güçlerine yeniden kavuşabilmesi de kuşkusuz mümkündür, fakat bunun bir hafta içinde başarılabileceğini söylemek gerçekdışı olacaktır.

Bu hedefe odaklanmak çok daha derin ve ilmi bir öğretiyle gerçekleşebilir ve yaklaşık yedi yıl sürer.

Buradaki bir haftalık işitme orucuyla ilk etapta hedeflenen şey işitme duyusunu arındırmaktır. İşitmeyi güçlendirme konusunu şu aşamada ele almak doğru olmaz. Doğal dengeye geri gelebilmek için öncelikle kulakların temizlenmesi gerekir. Duyulan yalanlar, kendi kendine söylenen gerçekdışı varsayımlar, kavgalar, bağrışmalar kulağın dengesini ciddi derecede yıpratır. İyileşmek için çirkin seslerin kulaktan arındırılması gerekir. Bu da ancak sessizlikle mümkündür.

Kış mevsimi sessizliğin ruhuna dalmak için oldukça uygundur. İşitme orucu için en verimli zaman havaların soğuk ve karlı olduğu zamandır. Bundan dolayı oruç için 1-7 Aralık haftasını tercih etmek etkili olacaktır.

Sessizliği sağlayabilmek için yine bir orman evi ya da kamp tercih edilebilir. Birçoğumuz uzun süren sessizliğe dayanamayacağımızı düşünürüz. Bu korkuların ve çekincelerin temelinde duyulardaki ayarsızlığın yarattığı dengesizlik vardır.

Dokunma orucu

14 Haziran-28 Haziran, geçiş mevsimi: His mevsimi, mevsim geçişleridir. Örneğin ilkbahardan yaza geçiş zamanında ilkbahar 20 Haziran'da biter ve 21 Haziran'da yaz mevsimi başlar. Bu durumda mevsimin geçişi 14 Haziran-28 Haziran arası gerçekleşiyor demektir. İki haftalık bu geçiş sürecinde bir hafta boyunca dokunma duyusundan tamamen mahrum kalmak gerekir.

Dokunma hissi en yoğun olan ve dış doğayla daha fazla temas halinde olan organlar eller ve dudaklardır. Ayaklar da belli bir dokunma hassasiyetine sahip olsalar da eller ve dudaklar kadar güçlü değildir. Bu sebeple dokunma orucunda kıstas ellerdir.

Ellerin sadece dokunduğu şeyi hissettiğini söylemek doğru değildir. Eller çok uzağındaki bir nesnenin de sıcak ya da soğuk olduğunu hisseder. Tehlikeli mi, sert mi, yumuşak mı olduğunu rahatlıkla anlayabilir.

Dokunma duyusu bir başka görü yöntemidir. Karanlıkta burun, gözler, kulaklar ve dil işlevsiz kalınca etrafı tanımlayabilmek için eller uzatılır. Dokunma duyusuna "karanlıktaki görümüz" demek yanlış olmaz. Dokunma temasla başlamaz. Çok daha ötelerden itibaren başlar.

Kham'lar dokunmadan bile birinin bedenindeki rahatsızlığı eliyle hissedebilirler ve hatta bu rahatsızlığa hiç temas etmeden yine eliyle müdahalede bulunurlar.

Atalar bize ellerimizle tedavi etme yöntemini öğrettiklerinde, en fazla serçeparmağının tırnağının ucuyla dokunabileceğimizi ve hatta o parmağın ucuna önceden kına yakmış olmamız gerektiğini tembihlerlerdi. Kınanın koruyucu özelliği parmağa yakılmış bir zırh görevi görür.

Dokunma orucu, hiçbir şeye dokunmayarak gerçekleştirilir. Bunun için pamuk ya da satenden bir eldiven kullanılmalıdır. Eldiven bulmak güçse pamuk çorap da tercih edilebilir. Bir haftalık dokunma orucu boyunca sadece bu pamuk çoraba temas edilir, başka hiçbir şeyle temas kurulmaz. Yüz yıkamak için ayrı bir çorap kullanılmalıdır. Kurulandıktan sonra yine aynı pamuklu çoraplar ellere geçirilmelidir. Burada önemli olan ellerin nesnelere temas etmemesini ve his oluşmamasını sağlamaktır.

Dokunma duyusu, yoğun olarak kullanılan ve birçok şeye karşı bağımlılık geliştiren bir duyudur. Bu nedenle dokunma orucu biraz zorlayıcıdır.

Bir hafta sonra orucun sonunda ilk temasın neyle yaşanacağını özenle seçmek gerekir. Gül yaprağına ya da suya dokunmak daha anlamlı ve fark yaratıcı olacaktır.

Şifacılıkla uğraşanlar, dokunma orucunu her mevsim geçişinde muhakkak yapmalılar. Bu oruç ellerindeki yeteneği güçlendirmekle birlikte başkalarından topladıkları olumsuzluklardan arınmalarına da yarayacaktır.

Duyuların orucu, doğaya, hayata ve kişisel yaşama karşı oluşmuş olan duyarsızlık potansiyelini küçültmek ve hatta eritmek içindir. Öz-gücün öz-gürleşmesi demektir. Zira güneşin batışını görmekle, güneşin batışını deneyimlemek aynı değildir. Yemeği yemekle, yemeği deneyimlemek farklıdır. Doğayı dinlemek başkadır, doğayı işiterek deneyimlemek bambaşkadır...

Psişik yeteneklerin gelişebilmesi için güçlü bir disiplin gerekir. Nasıl ki hayvanların birbirinden farklı özellikleri ve yetenekleri varsa elbette insanların da doğarken yanlarında getirdikleri farklı yetenekleri vardır.

Yeteneklerin bebekle birlikte büyüyüp gelişmesi ve korunması ebeveynlerin disiplinine ve özenine bağlıdır. Bu bilinçle yetiştirilmeyen kişilerin doğal güçleri zamanla körelmeye başlar.

"Anne geceleri evde yürüyen birilerini görüyorum" diyen bir çocuğa "Yok öyle bir şey hayal görmüşsün" diye karşılık veren ebeveynlerin bilinciyle yetişenlerin doğal yetenekleri gelişme fırsatı bulamaz. Zira çocuk da bir süre sonra gördüklerinin hayal ürünü olduğuna kendisini inandırmayı başarır. Yine de güzel olan şudur ki tohum her zaman içeride durmaya devam eder ve gelişmek için fırsat bekler. Bu tohumları uyandırabilmenin en etkili yolu duyu oruçlarıdır.

Bunun yanı sıra süldenin de güçlendirilmesi gerekir. Süldeyi güçlendirmenin en basit yöntemi de karanlıkta oturmaktır. Süldenin evi olan hipofiz bezi karanlıkta uyarılır ve gök gözü böylece güçlenmeye başlar. Gök gözü (hipofiz bezi) güçlendiğinde dünya, gökteki varlıkların gözüyle görülür.

Gün ışığı çevreye ve dünyevi olana fazlasıyla dikkat çeker ve bu nedenle gök gözüyle görmek için gerekli olan güç, gün içerisinde harcanmış olur. Şehirlerde geceler de gündüz kadar ışıklandırıldığı için yeterli karanlığı yakalayamayan gök gözü zayıflar.

Kham'lar güneş battığında karanlıkta oturarak gök gözlerini güçlendirirler. Sabahın ilk ışıklarına kadar karanlığa bakarak gök gözünün "deposunu" doldururlar.

Kham'lar gök gözleri sayesinde görülmeyen gerçeklikleri görürler ve bu gözü güçlü tutmak ve hatta daha da güçlendirmek zorundadırlar. Bunun için de güneş battığı andan itibaren karanlıkta oturarak karanlığın içindeki ışığı görmeye çalışırlar. Karanlık çöktüğünde gök gözü güçlenmeye başlar. Bu güç bir enerji türüdür ve depolanır. Fakat gün ışığıyla birlikte gözler kullanılmaya başlandığında bu enerji azalarak tükenir. Gök gözü yorulur. Gözün karanlıkta kalması göze güç katar ve gök gözünün deposunu genişletir. Kasa ne kadar kan pompalanırsa, kas lifleri o kadar genişler ve kasın hacminde genişleme meydana gelir. Genişledikten sonra daha fazla kan pompalayabilir. Çalışmayan bir kas nasıl küçülürse, çalıştırılmayan gök gözü de zayıflar.

Gece karanlığında yıldızlara bakıp içlerinden bir tanesine odaklanmak hem gök gözünü güçlendirir ve keskinleştirir hem de odaklanmada süreklilik kazanarak uygulanan tedavilerin ve törenlerin gücünü doğrudan etkiler.

IX. BÖLÜM

RÜYA

Geleneksel Türk Khamlığı'ndaki rüya algısı birçok rüya ilmine nazaran büyük ölçüde farklılık gösterir.

Bu açıdan "rüya âlemine dalmak" deyimi büyük önem taşır. Rüyada bir âlemden/boyuttan/dünyadan diğerine geçiş söz konusudur. İnsan rüyayı beyninde görüyor oluyor olsaydı ataların söylediği "rüya âlemine dalmak" deyimi yersiz ve hatalı olurdu. Zira beynin içerisine fiilen dalıp orada hareket etmek mümkün değildir. Rüya âlemine kelimenin tam anlamıyla dalınır ve bu dalış işlemini de süne gerçekleştirir.

Süne kitabın ilk bölümünde bahsettiğimiz üç ruhtan gezgin olanıdır. Hareket halindeki süne rüyaların cereyan ettiği boyuta gider. Buraya da sülde tarafından yönlendirilir. Sülde gün içerisinde yaşadığı, fakat "tam" olarak deneyimleyemediği olayın anlamsızlığına kapıldığında anlam veremediği bu olayların boşluklarını doldurmak için süneyi rüya boyutuna gönderir. Süne oradayken sülde geçmişte gördüğü her şeyi tarar.

Doğduğundan bugüne görmüş olduğu her nesneyi, işitmiş olduğu her sesi, her sözü, tatmış olduğu her lezzeti, dokunmuş olduğu her nesneyi, kokladığı her kokuyu kelimenin tam anlamıyla "gözden geçirir". Bilim insanları bu tarama işlemini, gözkapakları kapalıyken ve hızlıca hareket ederken yaşanan REM (Rapid Eye Movement) deneyimi olarak tanımlarlar.

Oysa o esnada sülde adeta hayatının kitabındaki tüm sayfaları müthiş bir hızla tarar ki gün içinde yaşanan anlamsızlığı ve yarım kalmış deneyimi tamamlayabilsin. Gözler de süldenin tarama işlemini takip ettiğinden hareket halindedir. Süldenin bulduğu ve uygun gördüğü her şeyi rüya âleminde/boyutunda/dünyasında sünesi vasıtasıyla sanal da olsa tekrar "deneyimler" ve boşluğu ne şekilde olursa olsun tamamlamaya çalışır. Böyle bir durum söz konusu olduğunda garip ve anlamsız rüyalar görülmüş olur, fakat sülde için bir boşluk doldurulmuştur. Eğer ki o gece uyku sırasında boşluklar doldurulmamışsa, büyük ihtimalle ertesi gün rüyanın devamı ya da tekrarı görülür.

Sülde süneyi bir anıdan bir diğerine, oradan da duyuların anı repertuvarında koştururken, anlamsız ve birbiriyle bağlantısızmış gibi görünen rüyalarla karşılaşır. Bazen yeşil bir çayırda gezinirken, birdenbire çocukluğun geçtiği eve gidilir rüyada. Böylesi gelgitli rüyaların sonunda sülde yine de anlam boşluklarını dolduramadıysa, kişi rüyadan uyandıktan sonra bedeninde anlamsız gerginlikler hisseder.

Böyle durumlarda uyandıktan sonra kimseyle konuşmadan evvel rüyayı suya anlatmak gerekir.

Atalarımız "Kötü bir rüya gördüğünüzde sudan başka kimseye anlatmayın" derlerdi. Bu uygulamanın amacı rüyanın tesirini üzerinden atmak içindir.

Normal şartlarda bir nehre ya da akan bir suya gidilerek rüya anlatılır. Dolayısıyla akan su, evdeki musluktan akan su da suyun iyesine tabi olduğundan musluktan akan suya da rüya anlatılabilir.

Bunun için rüyayı anlatmadan evvel suya şu sözlerle ses-
lenilmelidir:

*"Ulu Kayra Han'ın adıyla. Suyun iyesi... Suyun iye-
si... Suyun iyesi. Sana anlatacağım rüyamın tüm tesirleri-
ni ve üzerimdeki etkisini al. Seninle akıp gitsin."*

Ardından rüya hatırlandığı kadarıyla suya anlatılır. An-
lattıktan sonra da el, göz, kulak, burun ve dil arındırılır.

El için: "Rüyamda dokunduklarımdan arınıyorum."
Göz için: "Rüyamda gördüklerimden arınıyorum."
Kulak için: "Rüyamda duyduklarımdan arınıyorum."
Burun için: "Rüyamda kokladıklarımdan arınıyorum."
Dil için: "Rüyamda tattıklarımdan arınıyorum."

Bunlar söylendikten sonra her duyu organı yıkanır.
Sonrasında suyun iyesine teşekkür edilir ve musluk ka-
patılır.

Güzel bir rüya görüldüğünde yataktan çıkmadan evvel ve
kimseyle konuşmadan üç defa "Muradım olsun!" denmeli ve
yataktan kalkılmalı. O ani kalkış muradın bir an evvel ger-
çekleşmesi adına atılmış güçlü bir adım olarak sayılır.

Rüyaların genel anlamda yorumlanması oldukça zordur.
Bunun için kişinin derinlemesine bir psikolojik analizinin
yapılması gerekir. Boşluğu bir türlü doldurulamayan, yarım
kalmış bir deneyim var ise, onun tam olarak ne olduğunu
anlamak ve tamamlamak için kişinin psikolojik yapısı iyi
analiz edilmelidir.

Bazen bu dünyadan göçmüş atalar rüya âleminde görü-
lür. Onlar da kişideki boşluğu doldurmak için üst dünyadan

desteğe gelirler ve duyulması gereken bir cümle söylerler. Ardından yine geldikleri yere geri dönerler. O cümle boşluğu dolduracak bir anahtar gibidir. Uyanıldığında ilk söylenen cümle rüyadaki atanın ağzından dökülmüş olan cümle olursa, soyut âlem olan rüya âleminden, somut olan dünya âlemine bir geçiş yapılmış olunur. Yarım kalmış deneyimin boşluğu, söylenen cümlenin anlamıyla bir anda dolmuş olur.

Örneğin kişi rüyasında göçen dedesini gördü ve "Dedem bana sahilde yürümek istediğini söyledi ve gitti" dedi. Bu anahtar cümle somut gerçeklikte söylendiğinde soyutta yarım kalmış deneyimin kilidini açar ve kişi o anda sihirle dokunulmuş gibi bu cümlenin aslında ne anlama geldiğini bilir.

Bazı insanlar rüyalarını sıklıkla tanıdıklarıyla paylaşırlar. Bunu yapmak her zaman için iyi sonuç vermez çünkü her dinleyen kulağın kendi algısı vardır ve kişiyi yanlış yönlendirebilir. Rüyalar o nedenle sadece bu ilme ehil olan kişilere anlatılmalıdır.

X. BÖLÜM

ŞAMAN'IN ŞAHSİ İLAÇ DOLABI

Kham'lar erginleşirken birtakım rahatsızlıklar geçirirler. Kham olarak yetişen kişi Kham'lık şuuruna girdiğinde bedeni halen eski şuurunun gücündedir. Zira beden, yeni düzene bilinç kadar hızlı adapte olamaz. Bunun için bedenin uyumlanması gerekir. Rahatsızlıklar birer birer atlatılarak uyumlanma sağlanır. Bu zaman zarfında Kham olarak yetişen kişiye ne hocası ne de ataları yardım eder. Rahatsızlıktan rahatlamaya geçmeyi kendisinin başarması gerekir.

O güne dek hocalarından, atalarından öğrendikleriyle maruz kaldığı rahatsızlıktan kurtulabilmenin yolunu bulmalı, bilgilerini kendi üzerine tatbik edebilmelidir. Bunu başaramadığı takdirde işin sonu deliliğe ya da dünyadan göçüp gitmeye varabilir.

Kham içinde bulunduğu bu zorlu durumda ne yapıp ne eder, öğrendiklerini tedavisine dahil edebilir, ilaçlarını doğru hazırlayabilir, semptomlarını yaşayarak izler ve bilgisine katarsa, iyileştiğinde başkasına vereceği tavsiyeleri bizzat deneyimlemiş olacağından ehil olmaya da başlayacaktır.

Bu bölümde Şamanların uyguladığı bazı tedavi yöntemleriyle birlikte, kolayca hazırlanabilecek ilaçlar da öğretilmektedir.

Kesik yaraları:

Evde bir parça odun kömürü bulundurmak çok önemlidir. Kesik kazalarında yaranın üzerine kömür tozu dökmek, kanamayı derhal durduracaktır. Kömür havanda toz haline getirildikten sonra kapaklı bir kabın içinde saklanabilir. Taşkömürü yerine ağaç kömürü kullanmaya dikkat etmek gerekir. Taşkömürü yerin sadece 7 karış altından çıkartıldığı için şifalı bir gücü ve ruhu olmaz. Yeraltı karanlığına yakındır. Ağaç kömürü yerin üstünde oluştur ve içinde zehir barındırmaz. Şifalıdır, güçlüdür ve ruhludur.

Kömür tozu yarayı kapattığı gibi, herhangi bir enfeksiyon oluşmasına da engel olur, yaradaki bakterileri emer. Her ağaç kömürü şifalıdır. Ancak bir de ruhlu olan şifa kömürleri vardır. Ruhlu şifa kömürünü dilersen kendin de elde edebilirsin. Çakmaktaşıyla yakılmış bir ateşte tahta parçasını yakabilir, kor haline dönüştüğünde kumla örtebilirsin. Koru üfleyerek söndürmek ya da üzerine su tutmak ateşin iyesini hoşnut etmez.

Bu şekilde hazırlanmış bir ağaç kömürü çok şeye iyi gelir, zira gücü diğer kömürlerden çok daha fazladır. Atalarımız, çocukların alınlarına kömür isinden çarpı boyayarak onları nazardan korurlardı.

Şifalı ağaç kömürü baş ağrılarına da iyi gelir. Tamamen yanmamış bir odun parçasının ucundaki kömür tozunu bir tatlı kaşığıyla alıp bir bardak suya ekleyerek içmek baş ağrısını alacaktır. Zihinsel bir rahatlama, düşüncelerde hafifleme sağlayacak, midedeki zehri de emecektir.

Cilt kuruluğu:

Ülkemizde bolca bulunan tatlı levrek yağı güçlü bir hayvandır ve deri rahatsızlıklarının tedavisinde kullanılır. Doğal bir ilaçtır ve şifalı bir kremdir. Cildi derinlemesine besler. Özellikle soğuk havalarda cilde katkısı büyüktür. Açıkta kalan bölgelere akşamdan levrek yağı sürmek ertesi gün soğuk havanın kavurucu ve kurutucu etkisinden korur. Yağı deriye yedirmeden önce, o bölgeyi elle ovarak ısıtmak gerekir. Deri gözenekleri bu şekilde açıldıktan sonra yağı derinlemesine çeker.

Levrek yağı, aynı zamanda ok uçlarının ve demir nesnelerin paslanmasını önlemek için de kullanılır.

Balıklar derin suların dibi ve kayalık aralıkları gibi karanlık bölgelerde bulunmayı çok severler, zira karanlıkta bolca melatonin üretirler. Büyüme hormonu ve gençlik hormonu da denen melatonin, epifiz bezinin pineolasit adı verilen hücrelerinden salgılanır. Biyoritmi (sirkadyan ritim) belirler, biyoritim üzerinde etkilidir ve pineolasit hücreleri ışığa duyarlıdır. Elektromanyetik dalga yoğunluğu arttıkça melatonin salgılanması azalır.

Melatonin, kişiden kişiye değişse de yaklaşık olarak 23.00 ile 05.00 saatleri arasında salgılanan bir hormondur. Hormonun temel görevi vücudun biyolojik saatini koruyup ritmini ayarlamaktır. Bunun haricinde melatoninin güçlü salgılanmasının kansere karşı koruyucu etkisi vardır. Bu nedenle lösemi ve diğer kansere yakalananların kesinlikle karanlık ortamlarda yatırılmaları istenmektedir. Yapılan son araştırmalara göre hormonun yaşlanmayı geciktirici etkisi de vardır.

Balıklar kendileri için yeterli miktarda melatonin topladıklarında yağlanmaya başlayarak kışa hazırlık yaparlar.

Yağları melatoninle doludur ve bu yüzden de şifa gücüne sahiptir. Bu nedenle kış aylarında bolca balık yenmelidir.

Uzun ve karanlık kış gecelerinde uyuyup dinlenerek melatonin toplamak insanlar için de çok önemlidir.

Şaman ataları, tenlerinin gözeneklerini açmak için levrek yağını sürmeden önce tenlerini acı biberle ya da ısırgan otuyla ovarlardı. Dileyenler bu yöntemi de uygulayabilirler. Biraz yakıcı bir işlem olmasına rağmen, oldukça faydalıdır ve derinin kan dolaşımını hızlandırır.

Levrek yağı deriye yedirilerek sürüldükten sonra gün ışığı görmeyecek şekilde tülle sarılmalıdır. Pek çok ilacın tedavi edemediği deri rahatsızlıklarını levrek yağıyla onarmak mümkündür.

İştahsızlık, hazımsızlık:

Ayı ödü (safra) uykusuzluğa çok iyi gelir. İştahsızlığı ve dirayetsizliği giderir. Ayı ödü çok güçlü bir şifadır. Ayılar hayatları boyunca yemek arayışında olurlar ve sürekli bir şeyler yerler. Bu da onların özütlerinin (bedeni işleten ruhunun) ne kadar güçlü olduğunun göstergesidir.

Ayıların sindirimi çok hızlı gerçekleşir ve bu hız nedeniyle boş kalan midelerinde uyanan açlık hissi öd depolamalarını sağlar. Bu işlem sürekli gerçekleştiğinden dolayı ayılar yediklerinden her zaman en yüksek şekilde faydalanırlar ve onu yoğun bir bedensel güce çevirirler.

Hazımsızlık, şişkinlik, uykusuzluk, iştahsızlık, yorgunluk çekenlerin suyuna 5 saniye içerisinde attığı adım sayısı kadar ayı ödü damlatılmalıdır. Ayı ödü bulunamadığında istiridye yemek de hazımsızlığa iyi gelir. Fakat karaciğeri ve öd kesesini ayı ödü kadar güçlendirmez. Ancak istiridyeyi yaz aylarında yememek gerekir.

Romatizma:

Romatizma halk dilinde nem rahatsızlığı olarak bilinir ve genelde denize ya da suya yakın yerlerde yaşayanlarda görülür. Bedenin en zayıf olduğu yerler eklem bölgeleridir. Bu bölgeler rüzgârla birlikte neme maruz kaldığında birtakım sıkıntılar oluşacaktır. Yağmur ve rüzgâr aynı şekilde bir kapının menteşesine değmeye devam ettiğinde bir süre sonra o menteşelerde de bir gıcırdama ve paslanma meydana gelecektir.

Romatizma sıkıntısı yaşayanların karasal iklimli bir bölgeye taşınmaları uygundur. Fakat buna imkânı olmayanlar için de uygulanan birtakım tedavi yöntemleri mevcuttur.

Romatizma rahatsızlığı yaşayanlar dizlerinin üzerine kedi oturttuklarında ağrıları hafifleyecektir. Bu her ne kadar kalıcı bir sonuç getirmeyecek olsa da anlık rahatlamalar sağlayacaktır.

Kedi yapısı itibariyle hem sıcak bir bedene sahiptir hem de olumsuz enerjileri emer. Kedinin beden ısısı hem dizleri rahatlatır hem de bedendeki kötü enerjiyi ve rüzgârı çekip alır. Bu işlem kediye zarar vermediği gibi hoşlarına da gidecektir.

Turpu ezip posasını çıkartmak ve bunu bir koyun kuyruğu yağıyla karıştırıp dizlere yedirerek sürmek de romatizma ağrılarına iyi gelir. Karışım sürülen bölgenin ince bir tülle sarılması gerekir. Bu işlemi gece yapmak daha uygundur ki karışım da sabaha kadar tedavisini yapsın.

Yatak ıslatma:

Yatak ıslatan çocukların ruhsal sıkıntılarına da değinmek ve bunları onarmak gerekir. Ancak bedensel açıdan çocukların yatak ıslatmalarını önlemenin etkili yolları da vardır.

Sibirya'da yatak ıslatan çocuklar gün boyu geyik dili kemirirler. Fakat bu Türkiye'de uygulanması zor bir yöntem olduğu için farklı bir yöntem uygulanması mümkündür.

Yatağını ıslatan çocuğun yüreğinde boşluk vardır. Yürekte boşluk varsa bu böbreklerde doluluk olduğu anlamına gelir. Eğer yürekle böbreğin arasında denge olmazsa biri daha fazla çalışır ki bu genelde böbreklerdir.

Dil de doğrudan yürekle bağlantılı olduğundan dilde bir sıkıntı varsa bu yürekte de bir sıkıntı olduğu anlamına gelir. Tarçın yüreğe iyi geldiği ve onu güçlendirdiği için çocuğun eline bir tarçın çubuğu verilirse ve onu emmesi ya da yalaması sağlanırsa yatak ıslatma sorunu ortadan kalkacaktır.

Çocuğun kalpte oturan ruhu kaçmadıysa tarçın yalamak sorunu kalıcı şekilde çözecektir fakat herhangi travmatik bir nedenden dolayı çocuğun ruhu kaçtıysa tarçın onu geri getirecek güçte değildir. Tarçın fayda sağlamıyorsa bu çocuğun ruhunun kaçtığını ve geri getirilmesi gerektiğini gösterir. Ruhun nereye kaçtığını bir Şaman hızlıca bulabilir. (Kaçan sünenin nasıl getirileceği "Üç Ruh" başlıklı bölümde etraflıca anlatılmıştır.)

Bronşit:

Halk dilinde bronşit olarak bilinen solunum yolu hastalığına Şamanlar "dattık tınış" adını vermişlerdir, yani "paslı soluk".

Soluk borusu paslandığında nefes alıp vermek demirin paslanması gibi acı ve gıcırtılı olur. Üstelik soluktaki pas çoğaldığında hava akımı giderek zorlaşır ve ciğerler işlevini yitirmeye başlar.

Sigaranın zararlı etkisinin yanı sıra nemli ve soğuk ortamları uzun süre solumak da pas üretir. Bu durumda kişinin yüreği de soğursa yaşadığı rahatsızlık tüberküloza yani paslı akciğer anlamına gelen "dattık ökpe"ye dönüşür. Yürekte bir sıkıntı yoksa pas soluk borusundan aşağıya ilerlemez.

> Soluk borusundaki pası sökmenin bir yolu ayakları taze koyun akciğerinin üzerine koymaktır. Bunu haftada bir kez tekrarlamak gerekir. Elbette tedavi sürecinde nemli ve soğuk bölgelerden de uzak kalmaya dikkat etmeli ve bolca acı yemelidir.

Kahverengi bir koyun postundan ya da devetüyünden bir çulu boğaza sararak uyumak da iyi gelecektir. Bu işlem 21 gün boyunca uygulandığında bronşitin izi bile kalmayacaktır.

Göz rahatsızlıkları:

Gözler kötü şeyler gördüklerinde kızarmaya, kaşınmaya ve batmaya başlar. Bu durumda gözleri hiçbir surette kaşımamak gerekir. Görülen şeyler göze birer ok olarak saplandığı için kaşımak da bu okları göze ikinci kez batırmak olacaktır. Nasıl ki göze kaçan kum tanelerini bastırıp kaşımak göze daha çok zarar verirse kötü görüntülerle göze batan okların da kaşımadan temizlenmesi gerekir. Bunun için göze keçi sütü damlatmak yeterlidir. Böylece hem gözler serinler hem de semptomlar azalır.

Doğal malzemelerden ekmek pişirip fırından taze çıktığı anda gözlere şifa uygulamak mümkündür. Doğal ekmeği hazırlarken çavdar kullanmak daha iyi sonuç verecektir. Ekmek mayalandıktan sonra küçük bir pide şeklinde yayılır, orta kısmına bıçağın sırtıyla (keskin tarafı tavana bakacak şekilde) saat yönünde bir çember çizilir. Bu çember dolunayı temsil eder. Ardından hamur sağdan sola toplanarak yuvarlanır.

Fırına sürülmeden evvel yüzükparmağıyla hamura üç defa süt damlatılır ve şu sözler tekrarlanır:

"Sen buğdaydan geldin ve pişip ekmek olacaksın. İçindeki şifa da Ay'dan geldi. Gözümü Ay gibi ak ve ferah kılsın."

Ekmek piştikten sonra fırından çıkarılır ve ortasına bardak basılarak büyükçe bir delik açılır. Bu sırada ekmekten tüten buhar şifa suyudur. Gözler bu buhara tutulduğunda kaşınma, yanma, kızarma sorunu ortadan kalkacaktır.

Sibirya Türkleri bu işlemi çay içmek için kullandıkları

"ayak" adındaki kâseyle yaparlar. Bardak ters çevrilip buhara tutulduğunda içinde su damlacıkları oluşur ki bu da gözün tedavisinde oldukça etkilidir. Bu sular iltihaplı gözlere damlatılmalı ve sonrasında gözler 15 dakika boyunca kapalı tutulmalıdır. Bu işlemi akşam saatlerinde uygulamak daha doğru olur ki Ay'ın su üzerindeki gücünden de faydalanmak mümkün olsun. 3 akşam tekrarlamak yeterli olacaktır.

Gözlerde ağırlık hissi varsa, iki tane taze yumurta alınmalı ve sadece tek gözde ağırlık olsa bile ikisinin de üzerine taze yumurtalar yerleştirilerek uzanılmalıdır. Yumurtaları gözün üzerinde tutmak zorsa ince bir tülle başa sarılabilir. Bu şekilde 30 dakika boyunca yatılmalıdır.

Penceresinden gökyüzünü izleme fırsatı olanların gözlerinde yorgunluk oluştuğunda gece Ay'a bakarak uzanmaları önemlidir. Ay'a bakarken gözlerin onun ışığıyla dolduğu hissedilmeli, her nefeste Ay'ın ışığı içeri çekilmelidir. Bu uygulama aynı zamanda bedeni ve hücreleri de yumuşatır. İyi bir uyku verir. 25 dakika boyunca Ay'a bakmak yeterlidir. Dolunay zamanlarında bu işlemin yapılması önerilmez, zira dolunay ruhu emdiği için baş ağrısı yapabilir.

Ateşlenme:

Ateşlenmelerde omuz kemiklerine parmak uçlarıyla hafifçe vurulmalıdır. Vücuttaki ateş eğer bu kemiklerdeki tıkanıklıktansa düşmeye başlar. Tıkanıklık açılmaya başladığında, hasta da kendini iyi hisseder. Ardından bir baş soğan alınmalı ve küçük küçük doğrandıktan sonra ak bir tüle sarılıp ayakların tabanlarına bağlanmalıdır. Ayak altlarında "atık su" delikleri vardır ve bu delikler tıkalı olduğunda vücudun içindeki atık su içeride gezmeye devam eder ve bedeni zehirlemeye başlar. Beden de bu zehirlenmeye karşı tepki olarak zehirle savaşa girer ve ısısını yükselterek ateş oluşturur.

Kramp:

Negatif yüklü bir elektrik çeşidi olan kramplar yüreği zayıf olan birinin hayatını tehlikeye sokabilir. Buna soğuk enerji de denebilir fakat ne olursa olsun demir kadar soğuk değildir. Demirin emici gücü kramptan daha yüksektir.

Bedenin hangi bölgesinde olursa olsun herhangi bir demir nesneyi krampıl bölgeye koymak yeterlidir. Demir hızlı şekilde krampın gücünü emecektir. En iyisi demir bıçak kullanmaktır fakat bu işlemden sonra o bıçakla hiçbir şeyin kesilmemesi gerekir.

Demir nesneyi krampıl bölgeye yerleştirmeden önce demiri arındırmakta fayda vardır. Demir nesnenin daha önce ne için kullanıldığı bilinmediği için üzerine çekmiş olabileceği negatifliklerden arındırılmalıdır. Bunun için evin dışında bir yerde toprağa sürülmelidir. Aynı şekilde hangi demir nesne seçilirse seçilsin, bir defa bile olsa kramp tedavisinde kullanıldıysa bir daha başka bir amaçla kullanılmamalıdır. Bundan böyle sadece krampı iyileştirmek için görev yapmalıdır. Kullanıldıktan sonra da yine en başında yapıldığı gibi evin dışında bir yerde toprağa sürülmelidir. Toprak demirin üzerindeki negatif enerjiyi emer ve arındırır.

Unutkanlık:

Unutkanlık rahatsızlığı üzerinde durulmadığı takdirde ilerlemeye devam eder ve kişi sonunda yemek yemeyi ve hatta altını tutması gerektiğini unutur hale bile gelir.

Alışkanlık haline gelen unutkanlıklar organların işlevini yapmayı unutması noktasına dek varır. Bu uzun vadeye yayılmış bir kendini imha yöntemidir.

Oysa bilinçli bir şekilde unutmak beyni aktif tutar, idare ve kontrolü güçlendirir.

Bu nedenle beyni beslemek ve güçlendirmek için birtakım çalışmalar yapmak gerekir ki bunlar içinde en eğlenceli olanı dünü hatırlamaktır.

Sabah uyandığında dün sabahki uyanışını düşünmeye başlayarak sırasıyla gün boyu neler yaptığını bir bir hatırlamaya çalış. Bu hatırlama egzersizinin içinde konuşulan sözler düşünülmemeli. Sadece olaylara odaklanılmalıdır. Zira sözler, görsel olanı canlandıramazlar. Ancak görsel olanlar kelimelere ve cümlelere dönüşür. O nedenle adeta bir film gibi önceki günü göz önüne getirmelisin. Dün sabah saatlerinden itibaren gece yatana kadar geçen aralığı sırasıyla hatırladıktan sonra gözlerini açıp güne devam edebilirsin.

Bu oldukça eğlenceli ve neredeyse 5 dakikayı aşmayan bir çalışmadır. 21 gün boyunca tekrarlanmalı fakat akşam saatleri uykuya özellikle dikkat edilmelidir. Bu 21 gün içinde güneş battıktan sonra evde ışıklar açılmamalıdır. Günün batmasıyla birlikte doğan gece karanlığı beyni besler. Güneş battığı halde ışığa maruz kalındığında beyin kendini beslemek yerine bedeni beslemeyi tercih eder. Bu yüzden de yeterince dinlenemez. Beyni karanlıkla beslemek, Güneş battığı an uyumak gerektiği anlamına gelmez. Karanlıkta oturmak, yatmak, uzanmak da yeterlidir. Bu uygulamadan sonra zekânın, idrak kabiliyetinin, algının ve ruhun ne kadar güçlendiği fark edilir düzeyde yoğun olacaktır. Beyni beslemenin bir diğer yolu da bolca balık yemektir.

Basur:

Basur, her ne kadar bir bağırsak rahatsızlığı gibi görünse de, aslında ruhun, zihnin ve bedenin, doğası dışında aşırı zorlanmasıyla oluşur. Bedensel zorlanma da, ruhsal zorlanma da bağırsakları etkiler.

Örneğin bir araba ittirirken bedende zorlanmanın ilk hissedildiği yer makattır. Öksürürken de beden ciğerlerinde bulunan toksini dışarıya atabilmek için önce gövdesinde bir basınç yani zorlanma oluşturur ve ardından var gücüyle öksürür. Bu sırada da yine makat kendini dışa doğru teper. Eğer ki bedendeki basınç bulunduğu şartlar itibariyle alışkanlık halini almışsa, basınçla birlikte o bölgeye hücum eden kan ve enerji, sonunda o bölgede şişme meydana getirecektir. Bu şişme de ya bağırsağın içinde ya da çıkışında oluşacaktır. Kabızlığın da etkisiyle buradaki şişkinlik, sürtünmeden dolayı yırtılma gösterir ve kan boşalır.

Geleneksel Türk Khamlığı'nda her rahatsızlık ruhsal kaynaklıdır ve bu rahatsızlığın da temelinde ruhsal zorlanmalar vardır.

Doğadan ve doğal olandan, doğal süreçlerden, doğal gıdalardan, doğal tepkilerden uzaklaşıp zorlayıcı ve doğal olmayan alışkanlıklara, tepkilere ve süreçlere kendimizi bıraktığımızda basur ya da bağırsak hastalıkları meydana gelir. Zira tabiatta zorlanma yoktur. Lakin mücadele vardır.

Örneğin bir zeytin çekirdeğinin kayalık zemin üzerinde ağaca dönüşme çabası boşunadır. Ne kadar güneş ışığı alırsa alsın, üzerine ne kadar yağmur yağarsa yağsın kök salmayacaktır çünkü ağaca dönüşmesi için uygun koşullara sahip değildir. Oysa nemli bir toprağın üzerinde bulunduğunda durum değişecektir. Doğayla uyum içerisinde bulunacaktır ve mevsimine uygun bir anda kök salmaya başlayacaktır. İşte uygun zemin üzerinde doğayla bütün halinde zeytin çekirdeğinin bu büyüme girişimine mücadele denir. Zorlanmadan ve doğayla uyum içinde büyümek için mücadele verir...

Basur rahatsızlığına karşı uygulanabilecek tedavi yöntemlerinden biri huş ağacı yaprağıyla hazırlanacak olan banyo suyudur. Bunun için iki avuç kadar huş ağacı toplanır, bulunamıyorsa kestane ağacı yaprağı da kullanılabilir. Yaprakların üzerine yağmur yağmamış olması önemlidir. Bu yüzden yaprak toplama işlemini yağmurlu havalarda yapmamak gerekir. Ne büyük ne de küçük yapraklar seçilmelidir hatta üzeri delikli olanları tercih etmek daha iyidir zira bu yapraklar daha şifalıdır.

İki litre su kaynatılıp bir leğene döküldükten sonra, avuçların arasında sıkılarak kırılan yapraklar da bu suya serpiştirilir. Suyun sıcaklığı dayanılır düzeye indiğinde 30 dakika boyunca leğenin içinde oturulur.

Bu işlem 21 gün boyunca üçer gün aralıyla uygulanmalıdır. Bu süreç içinde de mümkünse farklı huş ağaçlarının yaprakları toplanmalıdır. Aksi halde basur yaprakların verdiği güce alışır, bağışıklık kazanır ve iyileşmez.

Basuru tedavi etmek için uygulanabilecek yöntemlerden biri de taş ısıtmadır. Bunun için de deniz kenarından geniş bir taş alınır ve odun ateşinde ısıtılır. Sonrasında ısıtılan taş bir maşa yardımıyla ateşten alınarak yemek pişirmekte kullanılmayan bir tencereye yerleştirilir. Taşın üzerine bir baş sarmısak konur. Sarmısak, taşın sıcaklığıyla tütsülenirken tencere fayans bir zemin üzerine konur, yanına da bir sandalye çekilir. Bedenin alt kısmı çıplak halde makat dışarıya taşacak şekilde sandalyeye ters oturulur. Tencereden yükselen buhara temas etmesi sağlanır. Bu sırada belden aşağısı tencereyle birlikte çarşaf altına alınabilir. Böylece buhar, doğrudan basura tesir edebilir. Bu işlem bir hafta boyunca yatmadan evvel uygulanmalıdır. Zaman içinde basur iyileşecektir. Ancak süreç içinde beslenmeye de dikkat edilmelidir ve tedavi boyunca pişirilmiş sulu yemekler yenmelidir.

Yüksek ve düşük tansiyon:

Yürek, çok hassas bir organdır. Yanar, acır, ağrır, dağlanır, daralır ve ağırlaşır... Ruhsal, zihinsel ve bedensel acıları hisseden ve deneyimleyen başka bir organ daha yoktur. Yürekle sevilir, yürekle inanılır, yürekle yaşanır, yürekle ağlanır ve yine yürekle sevinilir. Bütün bu nitelikleri, onun aslında ne kadar da karmaşık bir yapıya sahip olduğuna işaret eder.

Yürekle ilgili yaşanan rahatsızlıkların temelinde de bu niteliklerin birinin ya da birkaçının eksikliği ya da ilgisiz kalmışlığı söz konusudur. Sevgi, inanç, yaşam, duygusal ifade ve sevinç ihmal edilirse ve ifade bulmazsa bir süre sonra yürekte sıkıntılar baş gösterir.

Yürek, bedenin güneşi gibidir. Nasıl ki güneşin yokluğunda kendimizi terk edilmiş, keyifsiz, mutsuz ve güçsüz hissediyorsak ve buna karşılık güneşin varlığında da bir o kadar canlı ve heyecanlı oluruz. Doğa bedenimizde yankı bulur. Doğada neler oluşuyorsa, bedenimizde küçük çapta aynı şeyler yaşanır.

Geleneksel Türk Khamlığı'nda, rahatsızlıkların kökeninde ruh temel alınır. Oluşum sürecini izlemek için de doğa oluşumlarına bakarlar. Güneşin doğuşu, batışı, yağmurlar, fırtınalar, kuraklık, gelgitler sadece dış doğada değil, iç doğada, yani bedende de meydana gelir.

Örneğin havalar doğal seyrinde ilerlerken sert rüzgârların çıkmasıyla halk üzerinde genel bir salgın başlar. Bunun nedeni rahatsızlığın bulaşıcı olmasından değil, denkleşmeden dolayıdır. Dış doğadaki bir oluşumun yaydığı hisler ve semptomlar, insanın iç doğasını yöneten ruhuyla "denk" ise, işte o zaman beden de dış doğanın "rahatsızlığını" benimser. Dışarıdaki oluşumu, iç doğasında üretir.

Yürek ateşten, akciğer de demirdendir. Eğer akciğerin kalkanı zayıfsa bedene giren rüzgâr ateşi ya söndürür ya da harlayıp yayar. Yürekte ateş söndüğünde nabız düşerken yaydığındaysa yükselir. Çünkü nabız yürekteki ateşin şiddetine göre hızlanıp yavaşlar.

Yürekteki ateş, rüzgârın da etkisiyle bütün bedeni adeta bir ateş topuna çevirir. Orman yangınları da aynı bu ilkelerle oluşur. Ormanda yanan küçük bir ateş eğer etrafı demirle çevrelenmezse rüzgâra maruz kaldıkça yayılacak ve kocaman bir orman yangınına dönüşecektir.

Peki ne olur da bedene rüzgâr girer ve bedenin kalkanı (bağışıklık) neden zayıflar?

Rüzgârla ilk temas eden organımız tenimizdir. Bu da kalkanın deri olduğunu gösterir. Derideki gözenekler hava koşullarına göre açılır ya da kapanır. Zira gözeneklerin de etrafında bir kas yapısı mevcuttur. Kaslar iyi çalışırsa gözenekler sıkıca kapanır ve rüzgârın bedene nüfuz edebileceği bir alan kalmaz. Dış kalkanla (deri) iç kalkan (akciğer) birlikte güçlü olduğunda rüzgârla gelen hastalıkların hiçbirine yakalanılmaz.

Yürekteki yüksek ateşi dizginlemek için demir tüketmek gerekir. Ateşin doğadaki yayılmasını demir önlüyorsa, aynı şekilde bedende de bu görevi görür. Bu nedenle demir, bakır, çinko, kobalt, krom değeri yüksek gıdalar tüketilmelidir. Demir elementleri bağışıklık sistemini güçlendirir ve dış koruma kalkanı olan deriyi ve iç koruma kalkanı olan akciğerin duvarlarını kalınlaştırır. Kalın duvarlı bir kalkan, kalın duvarlı bir sobaya benzer. Duvarları kalın bir sobanın ısınması hem güçtür hem de ısıyı yaymak yerine hapseder.

Yürek bazen ruhsal nedenlerle de ateşlenebilir. Ancak bu ruhsal nedenler kişiden kişiye değişen deneyimlere göre farklı şekillerde kendini göstereceğinden, hiçbir ruhsal travmayla ilgili genelleme yapmak doğru değildir. Bu yüzden bedensel göstergelere dayanarak kalıcı çözümler elde etmenin yöntemleri üzerinde duracağız.

Bir orman yangınını söndürecek en iyi şey yağmurdur. Yağmur ne soğuk ne de sıcak yağar. Ancak rüzgârın etkisiyle daha ziyade soğuk hissedilir. Bu da demektir ki beden ateşlendiğinde ılık bir suyla duş yapmak ateşi düşürür.

Uzun vadede soğuk algınlığına, nezle ve gribe yakalanmayı önlemek için yaz kış her mevsimde sürekli soğuk suyla duş yapılması gerekir.

Bu şekilde derideki gözenekler en soğuk ve en zor şartlarda bile kapalı kalmayı öğrenecekler ve rüzgârın bedene nüfuz etmesini engelleyeceklerdir. Kham'lar soğuk duş yöntemini ruhlarını güçlendirmek ve ruhlarıyla yolculuk yapabilmek için kullanırlar.

Bu yöntem ancak normal ve düşük tansiyonlu insanlar için uygundur. Yüksek tansiyonu olanların öncelikle yüreklerindeki ateşi normal seviyeye düşürmeleri gerekir.

Düşük tansiyonlu olanlar, kışta kalmış gibidirler. İç doğasında sürekli karakış hâkimdir. Kış mevsiminde metabolizma düşüktür. Bedensel hareketlilik ve üretkenlik en az seviyededir. Düşünme yetisi de düşük metabolizmadan dolayı rehavete girer. Kışın dışarıda nasıl ki hayat durgun, sessiz, üretkenlikten uzak ve karamsarsa, iç doğada da kıştan çıkılmadığında ve güneş geri getirilmediğinde, ruhsal açıdan hep kış mevsimi yaşanır. Kişi içindeki kışı bitirmek için hamle yapmadığında bu ruhsal soğukluk hayat boyu sürebilir.

Dış doğa için yapılan ritüeller, iç doğaya da tesir eder. Beyin hiçbir eylemin ya da söylemin dış doğaya mı yoksa iç doğaya mı yönelik olduğunu ayırt edemez. Her eylemi iç doğasına yönelik olarak kabul eder. Bu nedenle kışın bitimini kutlayan Sibirya Türkleri iç doğalarındaki kışın bitimini de kutlarlar. Böylece iç doğada da ilkbahar uyanır. İç doğada ilkbaharın uyanması demek yürekteki ateşin çoğalması demektir. Bu da düşük tansiyondan normal seviyede bir tansiyona geçmektir.

İlkbahar çiçeklerinin hepsinde güneşin/ateşin filizlendirdiği ruhtan vardır. Bu güç sayesinde her biri rengârenktir ve kendilerine has güzellikleri vardır. Doğanın ilkbahar çiçeklerinden faydalanarak iç doğadaki çiçekleri filizlendirmek mümkündür.

Bunun için arzu edilen ilkbahar çiçeklerinden ve yeni yeşermiş ağaç yapraklarından bolca toplayıp bir bardak kadar suyla 10 dakika boyunca kısık ateşte kaynatılmalı ve 30 dakika boyunca demlenmeye bırakılmalıdır. Ardından çiçeklerin posası süzülüp sıkıldıktan sonra yemeklerden önce ve yatmadan önce günde 4 defa dörder kaşık içilmelidir.

Bu bitki sıvısının ilkbahar çiçeklerinden ve yeni yeşermiş ağaç yapraklarından oluşması çok önemlidir. Yaz ya da sonbahar çiçekleri kesinlikle kullanılmamalıdır. Her mevsimin çiçeğinin niteliği farklıdır ve bu yüzden her bitkinin çayı her zaman içilmez. Bitkilerin içeriği mevsimseldir ve yanlış zamanlarda içildiğinde ters etkiler oluşabilir. Bu reçete ilkbaharda uygulandığında 3 ay içerisinde düşük tansiyon, normal seviyesine gelir.

Düşük tansiyon (düşük yürek ateşi) için uygulanabilecek etkili yöntemlerden biri toprak ısıtmaktır. Bunun için bahçeden ya da ormandan bir miktar toprak alınmalıdır. Deniz kıyısından alınacak ince bir kum da yeterli olacaktır. Bu uygulamada marketlerde satılan poşet topraklar kullanılmamalıdır. Toprağı/kumu tencerede yakıcı düzeyde olmadan hafifçe ısıttıktan sonra ayaklar ve eller bileklere kadar içine sokulmalıdır. Ayaklar ve eller için iki ayrı tencerede kum ısıtmak daha uygun olacaktır.

Düşük yürek ateşi (düşük tansiyon) aşırı yağmurların yağmasına ve bu şekilde ateşin yükselmemesine ya da güçlükle yükselmesine neden olur. Bunun için atık su çıkışlarının bulunduğu ayak tabanlarıyla avuçların kuru ve sıcak kuma maruz bırakılmasıyla iç doğadaki fazla yağmurun emilmesi sağlanır. İç doğada su seviyesi düştüğünde yüreğin ateşlenmesi uzun sürmez. Bu yöntem 21 gün boyunca her gün uygulanmalıdır.

Mide rahatsızlıkları:

Kham'lar beslenmelerine çok dikkat ederler ve midelerini de ayrıca önemserler. Güneş battıktan sonra ateş değmiş yemekler yemezler.

Dış doğa uykuya geçtiğinde iç doğanın da uykuya geçmesi gerekir. Güneş battıktan sonra pişmiş yemek yemeye devam etmek iç doğayı uyanık tutar. İç doğayla dış doğanın uyum halinde olması önemlidir. Eğer iç doğa dış doğanın ritminden cayarsa sağlıkta karmaşa başlar ki bu karmaşa da ilk olarak midede kendisini gösterir.

Mide sağlığın da rahatsızlıkların da ana merkezidir. Dış doğada toprak olarak yankı bulur. Dış doğadaki toprağın verimliliği toprağın sağlığını gösterdiği gibi, iç doğada da mide bedenin verimliliğini ve sağlığını gösterir.

Bilinçli bir çiftçi, toprağını kış mevsimlerinde ya da bazen yıl boyunca nadasa bırakarak o tarlanın verimini korumaya ve ondan ürün almaya devam eder. Buna karşılık, midesini gün boyu dolduran ve güneş battıktan sonra da pişmiş yemekler yemeye devam ederek midesini nadasa bırakmayan, dinlendirmeyen kişinin midesi gece boyunca mesai yapar ve dinlenemeden güne başlayıp öğütme işine devam eder. Mide sadece gıdaları değil, duygu ve düşünceleri de hazmetmeye çalışır. Gıdanın ve düşüncelerin ardı arkası kesilmediğinde dinlenme fırsatı bulamaz ve yorgunluktan dolayı da rahatsızlanarak çalışamaz hale gelir.

Nasıl ki dış doğa 9 ay boyunca toprağın ürün vermesine müsaade ediyor ve karşılığında da 3 ay dinlenmeye ihtiyaç duyuyorsa, insanın da iç doğası aynı ilkeyle işler. Güneşin doğumundan batışına kadar geçen süre içinde midesini kullanabilir. Güneş battığındaysa mide dinlendirilmediği takdirde tıpkı nadasa bırakılmayan toprakta olduğu gibi verimliliği düşer.

Sağlıklı mide demek, sağlam bir algı demektir. Midenin en iyi ilacı da az yemek, kaliteli uyku ve sessizliktir. Ancak buna ek olarak bazı başka uygulamalar da mevcuttur.

Mide yanması sorunu yaşayanların ikinci yağmur suyu ve sabah çiyi içmeleri rahatlatıcı olacaktır. Toprakta yangın varsa o ateşi iflah edebilecek tek şey yağmurdur. Ancak şehir hayatında yaşayanların yağmur suyu içmesi biraz sakıncalı olabilir. Zira egzoz dumanı ve hava kirliliği bulutlara karıştığından saf ve arı bir su olmayabilir. Bu nedenle yağmur suyu içerek mide yanmasını gidermek yöntemini, daha çok kırsal alanlarda yaşayanlar uygulamalıdır. Çiy, bulutsuz havalarda oluşur ve Ay'ın etrafında geniş bir hare gözlemleniyorsa bu çiyin bol olacağına işaret eder. Böyle zamanlarda ince ve ak bir tülü gergin ve yassı bir şekilde dışarıya asmak gerekir. Ertesi sabah güneş doğmadan kısa bir süre önce tülü alıp üzerindeki çiy sıkılmalı ve bekletmeden içilmelidir. Çiy içmek bütün bedene olağanüstü bir hafiflik verecektir ve mideyi serinleterek onaracaktır.

Mide yanmasına karşı uygulanabilecek etkili yöntemlerden biri de koyun midesidir. Bunun için bir koyunun taze midesi alınır ve çıkışları sıkıca kendir ipiyle bağlanır. Ardından rahatsız olan mideye siyah bir çaputla sarılarak sol tarafa doğru iki saat boyunca yatıp dinlenilir. Sonrasında koyunun midesi çözülür ve sokakta yaşayan bir kediye yedirilir.

Gözlere ve dilaltına nane yerleştirmek midede rahatlama sağlar. Bir ya da iki adet nane yaprağını kırılıp dilaltına yerleştirdikten sonra bir avuç dolusu taze nane de kırılarak gözlere konur ve iki saat boyunca bu halde beklenir. Gözlere naneyi koyduktan sonra açmamak gerekir. Yaprakların dökülmesini engellemek için tül ya da uyku gözlüğü kullanılabilir.

Mide rahatsızlıklarına karşı toprak suyu da içilebilir. Bir yemek kaşığı toprak kaynar suyun içine atılır ve soğuyana kadar bekletilir. Ardından tülle süzülüp içilir. Eğer ki yaşanılan bölgede doğal kil mevcutsa bir bardak suya bir tatlı kaşığı kil karıştırıp içilebilir. Killi suyu süzmeye gerek yoktur, suda çabuk çözülür. Killi su sabah kahvaltıdan önce ve öğleden sonra saat 15.00'te olmak üzere günde iki defa içilmelidir.

Kaynatılmış keçi sütünün içine petekli kara kovan balından bir parça koyup ılıyana kadar bekletilmeli ve sabah aç karnına içilmelidir.

Uyarı: Mideyi şifalandırmak için kullanılacak bütün ürünlerin doğal olması gerekir. Doğal olmayan bir ürün destekten ziyade zarar verir çünkü mide yorgun olduğu halde doğal olmayan bu ürünlerin içindeki katkıları ayrıştırmak zorunda kalacaktır.

Karaciğer rahatsızlıkları:

Karaciğer, dış doğada dünyanın ormanlarıdır. Nasıl ki ormanlar kullanılmış ve zehirlerle dolu gazları fotosentezleyip temizleyerek kullanılabilir oksijene dönüştürüyorsa, aynı işlevi iç doğada karaciğer yapar. Karaciğer kanın içinde biriken zehirleri filtreleyerek temizler. Dolayısıyla karaciğer iç doğanın ormanıdır.

Ormanların en büyük sahipleri ağaçlardır. Ağaçların karaciğerle olan bağını anlatabilmek için konuyu biraz daha açmak gerekir.

"Ağaç" çok kadim bir sözdür. Ağaç/agaç, /agaş/aggaş olarak da kullanılır. Ağaç bir isimden ziyade bir işlev belirtir. Ağ-aç. "Ağ" bilindiği üzere iletişim şebekesinin Türkçe karşılığıdır.

Geleneksel Türk Khamlığı'nda, ağ-açlar doğanın birbiriyle olan bağını sağlar. Bütün ağaçlar kökleri itibariyle birbiriyle iletişim halindedir. Yani dünyanın bir ucunda gereksiz yere bir ağaca zulmedildiğinde dünyanın diğer ucundaki ağacın bundan haberi olur. Bunun da ötesinde ağaca zulmeden kişinin kim olduğunu, onun kokusunu ve eşkâlini de bilirler. Bu yüzden ağaca zulmeden o kişi dünyanın neresine giderse gitsin, ağaçların saldırısına uğrar, kısa ya da uzun vadede imha edilmeye çalışılır. Ağacın dikilmesine destek olan ya da iyileştirilmesine yardım edenler de dünyanın dört bir yanındaki ağaçlar tarafından desteklenirler.

Bu görevin aynısını karaciğer de iç doğada yapar. İç doğaya zarar vereni hemen tanır ve onu bedenden dışarı atmaya çalışır. Bedene zararlı bir madde girdiğinde sistemdeki bütün iletişim şebekesini kullanarak zararlı maddeden her hücreyi haberdar etmek için bedende gerginlik yaratır. Diğer bir deyişle stres başlatır. Gerginlik bütün bedende hissedilen bir duygudur. Zararlı madde bedene girdiği gibi tanınır ve dışarı itilir. Zehirlenmelerde de bedenin verdiği reaksiyon buna yöneliktir. Kusma, burun akması, göz akması, ter, ishal gibi reaksiyonların tümü zehri dışarıya atmak içindir.

Doğadaki ağaçlar azaldığında doğanın iletişim ağı da dirhem dirhem azalmaya başlar. Oksijen azalır, niteliği düşer. Ormanların yok olmasında etken olan faktörlerden biri de yangınlardır. Yangınların bazıları doğal yollardan, bazıları da insan eliyle oluşur. Doğal yangınlar mevsimsel döngülerden ya da doğanın kendisini yenileme arzusundan ileri gelmektedir ki çoğu zaman gereklilik gösterir. Aynı yangınlar iç doğanın ormanında da yaşanır. Bunlar da hem doğal yollardan hem de insan eliyle oluşur.

Karaciğer insan eliyle yandığında iç doğanın ormanına göz göre göre ve bilerek kibrit atılmış olur. Zararlı madde kullanımı ya da bağımlılığı, geçmişte ailede ya da dışarıda yaşanan travmatik şiddet olayları, hoşgörüsüzlük ve merhametsizlik karaciğere atılan kibritlerdir. İnsanoğlu iç doğasını kendi eliyle yakmayı bıraktığında dış doğaya zarar vermeyi de bırakacaktır.

Karaciğeri korumanın ve onarmanın yolları:

Karaciğer yetmezliği söz konusuysa kişinin iç doğasındaki orman azalmış demektir. Bu genelde gergin, agresif ve sinirli insanlarda görülür. Orman yetmediğinde bedeni dolduran zehirler de yok edilemeyecektir. Bu durumda yapılması gereken en iyi şey ormanı genişletmektir.

Kurt, ayı ve geyik gibi güçlü hayvanların karaciğerini yemek karaciğeri beslemek açısından çok faydalıdır. Koyun ve ineğin karaciğeri, karaciğer yetmezliği rahatsızlığını iyileştirebilecek kadar güçlü değildir.

Atalarımızın eşleri aşerdiğinde genelde kaplan yüreği, kurt ciğeri, ayı böbreği gibi organlar arzu ederlerdi zira doğmaya hazırlanan bebeğin zayıf uzuvlarını tamamlamayı ya da güçlendirmeyi isterlerdi. Sibirya topraklarında bu gelenek halen uygulanmaktadır. Annesi bu tür hayvanlarla beslenen çocukların kişiliğinde yenen hayvanların güçlü özelliklerine rastlanır. Ayı kadar güçlü, kurt kadar bilge olabilirler.

Karaciğeri güçlendirmek için ilkbaharda iki avuç ot ve çiçek toplanır ve bunlar avuç içinde kırıldıktan sonra 40 derecelik yarım litre alkolün içinde 21 gün boyunca karanlık ve serin bir yerde bekletilir. Sonrasında sabah kahvaltıdan önce 2 yemek kaşığı, akşam da uyumadan önce 2 yemek kaşığı olmak üzere düzenli içilir.

Çok çalışan bir karaciğer, iç doğada aşırı geniş bir alana yayılmış kontrolsüz bir orman gibidir. Toprağın alanı daraltılarak ormanın genişlemesi durdurulabilir. Bu nedenle bir süre toprak mahsullerinden uzak durmak gerekir. Unlu gıdalara ara verildiğinde toprağın genişlemesi duracaktır. Bununla birlikte orman da genişlemesini sürdüremeyecektir.

Bu da karaciğerin ferahlaması demektir. Karaciğeri ferahlatmanın en iyi yöntemlerinden biri de at binmektir. Atın yüreği, onun en güçlü organı olduğundan üzerinde oturan kişi de atın yürek ritmine uyum sağlar. At hızlandıkça binicinin de yüreği hızlanır. Yani bedenindeki ateş artar ve fazlalık olan ormanı yakmaya başlar. Çok geçmeden kişi çok daha serinkanlı olmaya başlar. Ferahlar. Çünkü karaciğeri de artık ferahlamış, rahatlamıştır.

Taze bir koyun akciğerini karaciğer bölgesine sarıp 2 ya da 3 saat boyunca yüzüstü yatmak da karaciğeri iyileştiren yöntemlerdendir. Çünkü koyun soğuk nefesli bir hayvandır ve yüreğindeki ateş, akciğerlerini ısıtacak yoğunlukta çalışmaz. Serin kalan akciğerleri bu yüzden sıcağı emen bir niteliğe sahiptir. Fazla çalışan bir karaciğerin ısısı yüksek olacağı için koyunun akciğeri oradaki yoğun gücü, ateşi ve ısıyı emerek iyileşme sağlayacaktır.

Taze geyik kanı ya da karaciğeri vücutta kuvvetli bir dirençsağlar. Zira geyikler eksi 40 derecede bile vücut ısılarını koruyabilecek bağışıklığa sahiptirler.

Diledikleri an bacaklarına ve ayaklarına kanı pompalayarak kuvvetli bir ısı kalkanı oluştururlar. Kanın ısısını karaciğer ayarlar. Yüreğin tek başına kanı ısıtabilme yeteneği yoktur. Kan karaciğerde temizlenirken ısı dengesini de sağlamış olur. Eksi 40'a ulaşmış hava şartları kan dondurucu olduğundan kanı normalden daha da fazla ısıtır. Bu da karaciğerin gücüyle ilgilidir.

Karaciğer ve tansiyon rahatsızlıklarını iyileştirmek için taze geyik kanı içilmeli, ciğeri de çiğken çiğnenmelidir. Bu yöntem Sibirya'da oldukça yoğun kullanılmaktadır. Sibiryalı çocuklar bu uygulamaya çok alışıktırlar. Bu nedenle eksi 70 derecelerde bile yanakları al aldır ve yüzlerinden gülümseme eksik olmaz.